LES SALADES DE LA MÉDITERRANÉE

Du même auteur :

Cuina rossellonesa i de la Costa Brava, éd. Barcino, Barcelone, 1965.

Alimentació racional del cos humà, 2 vol., éd. Barcino, Barcelone, 1973.

365 menus équilibrés, éd. J. Lanore CLT, Paris, 1978.

Art et gastronomie, éd. J. Lanore, Paris, éd. numérotée à 400 ex., 1981.

Com nodrir-se, éd. Terra Nostra, Prades, 1982.

« De la utilització racional diària de la nostra cuina tradicional », revue du G.R.E.C. *Sant Joan i Barres* n° 89 - Faculté pluridisciplinaire, Perpignan, 1982.

La cuina catalana del Rosselló i els seus vins, G.R.E.C. - Faculté pluridisciplinaire, Perpignan, 1984.

La Cuisine traditionnelle des pays catalans face aux normes nutritionnelles et aux problèmes diététiques actuels, CETTAL, Château-Arnoux, 1985.

Pêches et nectarines du Roussillon, Crédit agricole des P-O, Perpignan, 1985.

La cuina medieval catalana a l'abast, éd. La Magrana, Barcelone, 1987.

Les Coques catalanes, éd. Loubatières, Portet-sur-Garonne, 1991.

Les coques catalanes, éd. Proa, Barcelone, (éd. catalane), 1992.

Aspectes de l'edat mitjana a la Catalunya del nord, CEDACC, Perpignan, 1993.

Reialme de Mallorca, de la història al mite, ouvr. collectif, CEDACC, Perpignan, 1994.

Technologie et hygiène alimentaire, 2 vol., éd. J. Lanore CLT, Paris, 4e éd., 1995.

Gastronomie et vins du Roussillon, éd. Loubatières, Portet-sur-Garonne, 1995.

Alimentation en collectivité, rations du 3e âge, chez l'auteur, 1995.

Menjo quatre vegades el dia, (bilingue catalan-français CP-CE1-CE2), CEDACC, Perpignan, 1996.

Cuina catalana alleujada per a regims, éd. Alta Fulla, Barcelone, 1997.

El gust de la fruita, (bilingue catalan-français CP-CE1-CE2), CEDACC, Perpignan, 1998.

Participation à l'inventaire du patrimoine culinaire de la France pour Le Languedoc-Roussillon : les charcuteries, le touron, Albin Michel/CNAC, Paris, 1998.

La cuina dels països catalans, (CD Rom), éd. Proa, Barcelone, 1999.

Cuisine et vins du Roussillon, (vidéo 17 min, français-catalan-allemand), chez l'auteur, 3e éd., 1999.

Els aliments de cada dia, (bilingue catalan-français CP-CE1-CE2), CEDACC, Perpignan, 2000.

Ma cuisine catalane au fil des saisons, Édisud, Aix-en-Provence, 2e éd., 2000.

L'Orange de l'arbre à l'assiette, (vidéo), C.D.D.P. Perpignan, 2000.

La Table médiévale des Catalans, Les Presses du Languedoc, Montpellier, 2e éd., 2001.

« La cuina dels països catalans, reflex d'una societat », *Gran Enciclopèdia catalana*, éd. Pòrtic, Barcelone, 2001.

La Cuisine du foie gras, Les Presses du Languedoc, Montpellier, 2001.

La Cuisine catalane, 2 volumes, éd. J. Lanore CLT, Paris, 8e éd., 2002.

La cuina de Catalunya-Nord i els seus vins, éd. Cossetània, Valls, 2002.

Noël gourmand. Pâques gourmands. Vendanges gourmandes, 3 fascicules, éd. du Conseil général des Pyrénées-Orientales, 2002.

À la table d'Éliane avec Marc Fourquet, éd. Trabucaire, Perpignan, (à paraître en 2002).

Arnau de Vilanova primer nutròleg europeu, (thèse, université de Tarragone 1998), (à paraître).

Éliane Thibaut-Comelade

LES SALADES DE LA MÉDITERRANÉE

— Préface de —
André Claret

— Tableaux de —
Gérard Calvet

Les Presses du Languedoc

Remerciements

André Claret, Llorenç Planes, Pere Verdaguer, Michel Molins (Chambre d'Agriculture des Pyrénées-Orientales, PROM VERT), le quotidien local *L'Indépendant* avec Jean-Michel Salvador, Manuel Vásquez Montalbán, Jaume Fàbrega, le docteur Bernard Ély, le cuisinier André Bonnaure et Gérard Calvet pour ses illustrations.

17, rue Rigaud, 34000 Montpellier.

SOMMAIRE

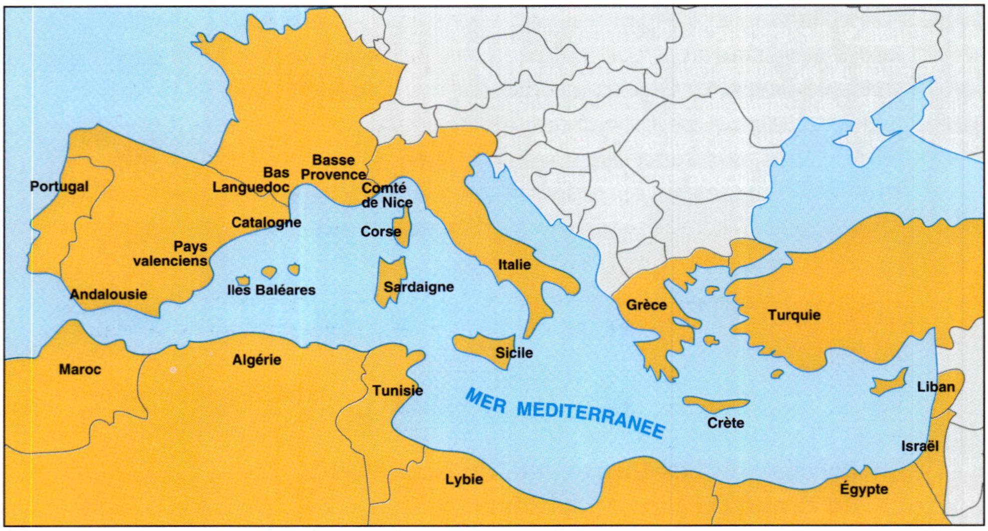
Portugal
Bas
Languedoc
Basse
Provence
Comté
de Nice
Catalogne
Corse
Pays
valenciens
Andalousie
Iles Baléares
Sardaigne
Italie
Grèce
Turquie
Sicile
Maroc
Algérie
Tunisie
MER MEDITERRANEE
Crète
Liban
Israël
Lybie
Égypte

PRÉFACE

Quelles salades ?

On aurait pu croire qu'il n'y avait plus grand-chose à dire sur la Méditerranée en tant qu'espace culinaire. La prolifération de livres, symposiums et rencontres voués à la « diète méditerranéenne » a fini par donner une sensation de trop plein. Nous avons senti le besoin d'un certain silence qui permette de séparer le grain de la paille, relire ce qui a été écrit pour en sélectionner les ouvrages authentiques, originels, ceux qui contribuent à se réconcilier avec un sujet trop médiatisé. Le livre d'Éliane Thibaut-Comelade contribue à cette réconciliation.

Il nous rappelle que le filon est loin d'être tari, et que la Méditerranée est une réserve inépuisable de sujets à traiter par les disciplines de l'alimentation. Avec une connaissance et une imagination qui est à la hauteur de la tache entreprise, Éliane Thibaut-Comelade prouve que la carte gastronomique méditerranéenne ne peut se réduire aux quelques menus qui prétendent en banaliser les possibilités. Nous voilà donc à nouveau devant un grand livre de cuisine méditerranéenne. Un livre destiné à l'esprit, à la connaissance, mais aussi au palais. Comme dirait un anglais : *food for thought* (aliments pour l'esprit), mais aussi le contraire, c'est-à-dire le savoir – historique, culinaire, culturel – au service de la gastronomie, sous la forme de recettes singulières, fascinantes, qui nous font nous exclamer : « Quelles salades ! », à la hauteur des possibilités que nous offre la Méditerranée dans la plupart des domaines artistiques et culturels.

L'idée d'écrire un livre sur les salades méditerranéennes pouvait paraître excessive. Nous savions déjà qu'elles ont été, depuis toujours, une préparation culinaire de première importance dans la diète méditerranéenne. La plupart des ouvrages qui traitent le sujet de manière rigoureuse s'y attardent sur un chapitre, ou nous livrent quelques recettes bien connues, et la plus élémentaire de toutes les salades, la laitue, était déjà un plat de référence sous l'empire Perse. Mais ce qui est extraordinaire dans ce livre, c'est l'approche d'ensemble, exhaustive par la variété des recettes qu'elle présente et par la multiplicité des registres avec laquelle elle en explique l'origine. C'est ainsi qu'elle fait des salades un paradigme de la cuisine méditerranéenne, une des manifestations les plus poussées de sa variété, ses couleurs, ses saveurs, ses textures, sa fascinante capacité d'exprimer une réalité culturelle diverse, de l'épouser, et de lui donner une dimension qui est a la portée de tous.

La salade n'est plus ce plat de second ordre, condamné à en accompagner un autre, une condition à laquelle elle a été réduite par l'évolution négative des habitudes culinaires. Elle récupère toute sa centralité, ses possibilités. Non seulement par ce quelle apporte au niveau gastronomique, mais aussi par la manière dont elle illustre la relation entre l'homme et le manger en Méditerranée. Tout y est, sous la forme de véritables œuvres d'art culinaires : les légumes, les fruits et les céréales, le sel, bien sûr, qui lui donne son nom, et l'huile d'olive, mais aussi le vinaigre, tiré du vin, ce troisième pilier d'une trilogie qui est au centre de l'identité méditerranéenne. Ainsi que beaucoup d'autres ingrédients qui peuvent faire de la salade un plat bien plus complet qu'on a tendance à le croire : des fruits secs, des œufs et des fromages, des viandes aussi, comme le jambon et le saucisson qui font la salade catalane.

Des salades qui sont presque toujours métisses, faites de concombres qui arrivèrent de Chine à travers l'Égypte, de poivrons dénichés en Colombie ou de tomate, le comble de l'intégration dans la culture méditerranéenne pour une plante venue des Andes. Mais qui sont aussi des éléments d'identité, et c'est bien là l'intérêt du livre, au-delà de son côté utile, pratique. Tous les Méditerranéens peuvent s'y retrouver et y récupérer une partie de leur histoire. Musulmans, juifs et chrétiens, gens du Maghreb ou du Mashreck, du Sud ou du Nord, tous y exprimeront leur penchant pour une ou autre salade. À partir d'un fond commun partagé par tous, et qui nous permet de dénicher, dans la manière de vivre et de manger des Méditerranéens, des réponses aux problèmes que nous pose aujourd'hui l'alimentation de l'espèce humaine.

André Claret,
directeur de l'Institut catalan de la Méditerranée.

SALADE ET TRADITION

Méditerranée. 1990, huile sur toile, 100 x 100 cm. Coll. privée.

Ma définition des salades

Aliments cuits ou crus assaisonnés avec une sauce type vinaigrette ou mayonnaise, dont l'élément de base est une huile végétale avec une préférence indéniable pour l'huile d'olive. Préparations consommées tièdes ou froides. Nourritures typiques du bassin méditerranéen occupant une place importante dans la ration alimentaire de ces pays. Préparations offrant une palette très riche allant des petits mets d'apéritif aux plats complets, en passant par des entrées très hautes en couleur et saveur. En résumé, une partie du patrimoine culinaire méditerranéen non négligeable.

Dans tout le Maghreb, dans la culture juive, les salades ont une fonction quasi esthétique et apéritive, c'est-à-dire qu'elles garnissent la table. Il est courant d'y voir en même temps une dizaine de salades présentées dans de petits raviers, constituant ainsi un plaisir des yeux par leur diversité de couleurs. On va de l'un à l'autre sans vraiment se servir et ils resteront sur la table tout au long du repas, à la disposition des convives qui, à leur convenance en mangent entre les plats principaux ou même entre les bouchées. Dans tout l'Orient et Proche-Orient on remarque le même souci à l'égard de l'hôte de passage qui honore la maison de sa présence, la même préoccupation de laisser à chaque individu son rythme de dégustation, chaque estomac étant son propre maître.

En pays catalans, la salade, l'*amanida* de crudités est toujours présentée en début de repas, comme en Languedoc et en Provence. Très fraîche et très craquante, aux couleurs diverses, elle n'est pas assaisonnée, chacun faisant sa sauce ; huile, vinaigre, sel, poivre, ailloli sont toujours sur la table. Toutefois, certaines préparations spécifiques appellent une salade d'accompagnement afin d'en faciliter la digestion. Par exemple, un *salpiquet de mongetes* (haricots blancs en saupiquet) ne peut se concevoir sans une belle salade de chicorée frisée bien aillée.

Origines de nos salades et crudités[1]

Nous sommes tellement habitués à nos variétés de fruits et légumes, si succulentes et si bien adaptées à nos désirs et à nos besoins, que nous avons du mal à imaginer qu'il y a 8 000 ou 10 000 ans leurs ancêtres n'étaient que des plantes sauvages auxquelles nous n'accorderions aujourd'hui aucune attention.

Le cresson, le pissenlit, que nous pouvons cueillir dans nos campagnes, ne sont pas dénués d'intérêt, pour agrémenter un plat ou préparer une salade, mais leur importance économique est mince. On ne nourrirait pas grand monde si nous n'avions le secours de nos plantes cultivables qui, correctement fumées et irriguées, produisent plusieurs dizaines de tonnes d'aliment par hectare.

Nous ne devons donc pas être surpris par cette obsession de tous les cultivateurs à rechercher la semence idéale : celle qui s'adapte au pays en produisant les légumes, fruits ou graines les plus gros et les meilleurs.

Depuis la naissance de l'agriculture, au début du Néolithique, il y a 10 000 ans environ, chaque année chaque agriculteur a choisi dans son champ les meilleurs sujets pour y recueillir les semences pour la prochaine récolte. En outre, chaque fois qu'une plante sauvage semblait présenter un intérêt, elle entrait à son tour dans les terres cultivées et sa sélection commençait.

Ainsi nos laitues actuelles, si savoureuses et si tendres, qu'il s'agisse de la laitue pommée, de la batavia, de la feuille-de-chêne ou de la romaine, ne sont que les modifications d'une plante bien vulgaire qui pousse dans nos champs et au bord de nos routes, la *Lactuca serriola* dont aucun de nous ne saurait quoi faire, et surtout pas une salade. Si elle a donné des descendants aussi remarquables c'est donc parce que des centaines de générations d'agriculteurs ont su sélectionner, chaque année, les graines des pieds les plus satisfaisants.

La *Lactuca serriola* est présente dans tout le bassin méditerranéen et dans une bonne partie de l'Europe et de l'Asie occidentale, mais la zone d'origine de sa culture est beaucoup plus restreinte. En effet tous les hommes qui ont côtoyé cette plante n'en ont pas vu l'intérêt. Seuls quelques-uns, ou éventuellement un seul, ont eu l'intelligence de prendre quelques graines pour les faire pousser, en secret peut-être, auprès de leur demeure. Le lieu où les premières cultures ont été mises en place est rarement connu avec précision. Pour la laitue on n'en sait pas beaucoup plus que pour les autres plantes cultivées : sans doute quelque part entre l'Inde et la Méditerranée orientale. Son cas est d'ailleurs particulier, car il semble bien que les premiers

1. Par Llorenç Planes, ingénieur agronome.

utilisateurs ne consommaient pas les feuilles, fort dures et coriaces, mais recherchaient plutôt un usage médicinal en utilisant les possibilités qu'offre la plante comme calmant. Ce n'est que bien plus tard, après que des changements importants sont sans doute intervenus, qu'on a commencé à sélectionner dans le but de consommer les feuilles.

À partir du lieu d'origine de la culture, les semences se sont répandues vers d'autres contrées, échangées, données, vendues, volées peut-être. Emportée par les caravanes, les militaires en vadrouille, les peuplades en migration, notre laitue a conquis plusieurs territoires de l'Ancien Monde. Là encore, les paysans ont continué leur sélection, chacun en fonction de ses goûts. Chaque région a eu sa variété de laitue, distincte de celles des régions voisines, séparée par les hasards et les desseins des agriculteurs. En effet les critères de sélection pouvaient être très différents d'un pays à l'autre et les graines apportées pouvaient posséder ou ne pas posséder tel ou tel caractère qui, absent ici, serait peut-être une caractéristique essentielle ailleurs.

De multiples types variétaux se sont ainsi créés, en particulier durant le Moyen Âge. Le développement du commerce, dès la Renaissance, et plus encore à l'époque moderne, a entraîné de nombreux voyageurs à ramener chez nous des graines de variétés inconnues qui ont charmé nos jardiniers.

Mais au XIXe siècle on a compris qu'on pouvait créer des variétés en faisant des croisements. On obtenait ainsi une plante présentant des caractères des deux parents et par un travail rationnel et patient on pouvait augmenter de manière relativement importante les collections variétales.

N'oublions donc pas que, à l'exception de quelques aliments sauvages, tout ce que nous mangeons nous le devons à tous ces ancêtres qui, durant plus de 8 000 ans, nous ont préparé nos plantes cultivées actuelles. Mais ces cultures ne sont pas dans leur milieu naturel, elles ne subsistent que parce que l'activité agricole les reproduit régulièrement. Si notre espèce s'éteignait, il ne faudrait que quelques années pour faire disparaître complètement nos salades, nos céréales et même nos arbres fruitiers.

Les laitues

Comme nous l'avons déjà dit, l'ancêtre de nos laitues est sans doute la *Lactuca serriola* que l'on retrouve dans une zone géographique très étendue comprenant l'Europe tempérée, l'Afrique du Nord et l'Asie occidentale, jusqu'au nord de l'Inde. L'origine de la culture est à rechercher dans cet ensemble de l'Asie occidentale. De là, elle a émigré vers l'Égypte, la Méditerranée orientale et, quelques siècles avant notre ère, la Chine. Les premières laitues se rapprochaient sans doute de nos actuelles romaines. C'est le cas de celles que les Égyptiens cultivaient dans le but d'utiliser la graine pour la production d'huile. Les Grecs en faisaient un usage médicinal et lui reconnaissaient un pouvoir calmant et narcotique, dû à son latex, mais ils la consommaient déjà en salade. La sélection de la laitue comme salade amènera à diminuer sa teneur en latex qui est la cause de son amertume. Les Romains en faisaient également usage et terminaient souvent le repas par de la laitue crue accompagnée d'une sauce chaude.

Dans un ouvrage édité en 1617, le Perpignanais Miquel Agustí parle de la laitue. Il conseille d'attacher les feuilles si on veut qu'elle soit tendre, ce qui nous laisse penser qu'il s'agit du type laitue romaine. Quant aux graines, il dit qu'elles aident à dormir si on les fait bouillir et si on les consomme avec leur bouillon.

La laitue pommée n'est attestée qu'au XVIe siècle. Elle se développera surtout aux XVIIIe et XIXe siècles dans les jardins français. Dans la péninsule Ibérique les formes pommées arriveront bien plus tard. En tout cas la laitue fut un légume royal : Louis XIV en faisait une grande consommation.

Les botanistes regroupent les laitues de nos marchés dans une seule espèce : *Lactuca sativa*. Toutefois leurs différences les ont amenés à constituer trois types variétaux : *Lactuca sativa capitata* (laitues pommées), *Lactuca sativa romana* (laitues grasses de type romaine), *Lactuca sativa crispa* (laitues à couper, à feuilles plus ou moins divisées).

La laitue présente des types de couleur verte (appelées souvent blondes) et des types de couleur rougeâtre (appelées rouges). La couleur rouge est due à des anthocyanes d'où la désignation de « laitues anthocyanées ».

Les laitues pommées, qui se caractérisent par des pommes compactes, peuvent se diviser en laitues beurre et batavias. La laitue beurre est sans doute celle qui atteint le plus grand degré de finesse et de subtilité. Dans les batavias, tendres et croquantes, on peut distinguer les types européens et les types américains. Ces derniers ont des pommes compactes bien distinctes des autres feuilles. C'est le cas de la batavia iceberg dont la pomme très grosse et serrée fait penser à un chou blanc. L'iceberg est la salade idéale, par sa consistance et sa résistance à la chaleur, pour être placée sur des hamburgers de nos modernes fast-foods.

Les laitues grasses, comprennent d'abord les romaines (laitues typiques des pays catalans), mais aussi beaucoup de types de petites laitues grasses comme la sucrine du Roussillon, la rougette de Nîmes ou le *cogollo de Tudela*. Ces petites laitues grasses présentent un cœur allongé, beaucoup plus serré que celui de la romaine classique. Les Espagnols ont bien su valoriser le *cogollo de Tudela* en vendant les cœurs préemballés. Les feuilles sont si étroitement serrées les unes contre les autres qu'il est très difficile d'y retrouver des insectes ou des impuretés, d'où une propreté remarquable.

Chez les laitues à couper on peut remarquer trois groupes : les lollos, les feuilles-de-chêne et les salad-bowls. Les lollos, d'origine italienne, présentent des feuilles très finement découpées sur le pourtour et un peu dures. C'est en particulier le cas de la *lollo rossa*, de couleur rouge, utilisée surtout comme garniture. La *lollo bionda* de couleur verte est plus tendre. La feuille-de-chêne typique, blonde ou rouge, présente des feuilles divisées, aux lobes relativement pointus. Elles sont assez rares sur les marchés. Par contre, on trouve assez fréquemment des laitues à feuilles aux lobes arrondis (rouges ou vertes) appelées communément « feuille-de-chêne » qui correspondent en fait à la salad-bowl des Anglo-Saxons. Le nom de laitue à couper s'explique par le fait qu'on peut régulièrement récolter les feuilles extérieures, les feuilles plus centrales venant les remplacer.

Mais les variations possibles de la laitue ne se terminent pas là. Il y a encore d'autres types, par exemple, la laitue asperge (*Lactuca sativa augustana*) cultivée en chine et qui produit une longue tige comestible.

Les chicorées

Les chicorées sont des plantes à magnifiques fleurs bleues que nous voyons fréquemment le long des chemins et des routes. C'est dire que la plante mère est autochtone. Une précision cependant : les chicorées consommées proviennent de *Cichorium intybus,* bien présente chez nous, ou de *Cichorium endivia* dont on ne connaît pas de manière sûre l'origine botanique.

Parlons d'abord de *Cichorium endivia.* Cette espèce regroupe ces salades que nous appelons scaroles et frisées, désignées il y a bien longtemps sous le nom d'endives. L'ancêtre pourrait être *Cichorium pumilum*, d'origine méditerranéenne. Le français distingue entre « scarole », à feuilles larges, et « frisée », à feuilles étroites. Il serait plus exact de parler de « scarole à feuilles larges » et de « scarole frisée » car la différence entre ces deux types tient essentiellement à la forme du feuillage. En effet l'Europe du Nord connaît surtout la chicorée à larges feuilles, plus rustique, à laquelle elle réserve le terme de « scarole ». En Europe méditerranéenne c'est surtout la chicorée frisée qui s'est popularisée. Cela explique qu'en catalan le terme *escarola* désigne la frisée française, la scarole à feuilles larges étant d'introduction récente.

Actuellement toute une gamme existe entre les frisées les plus fines et les scaroles les plus larges.

L'espèce *Cichorium intybus* est par contre bien présente chez nous. Elle était consommée comme salade sauvage, cueillie tendre au printemps à la sortie des feuilles, et particulièrement appréciée si une taupinière était venue la recouvrir et permettait de la cueillir parfaitement blanche. C'est dire que nos paysans connaissaient cette salade et savaient l'apprécier à l'état blanchi. Certains jardiniers français la vendaient sous cet état : c'était la barbe-de-capucin. Pour l'obtenir, on sème la chicorée au printemps, en automne on l'arrache, on coupe les feuilles et on garde les racines. Il suffit, durant l'hiver de mettre les racines en terre dans un local obscur pour leur faire produire la barbe-de-capucin, au fur et à mesure des besoins.

Mais on pouvait aussi utiliser la racine de *Cichorium intybus* pour un tout autre usage. Coupée en petits morceaux et grillée elle permettait, et permet toujours, de préparer une boisson dont l'amertume se rapproche du café. Nous avons tous le souvenir des cafés à la chicorée de nos grand-mères, qui avaient trouvé dans l'usage de ce produit un moyen de faire des économies. La Belgique et le Nord de la France en étaient de gros producteurs, en particulier à partir de la variété Magdebourg. C'est vers 1850 que des jardiniers de Bruxelles mirent au point le produit que nous appelons actuellement « endive », à partir de racines de chicorée Magdebourg, en utilisant une méthode proche de celle décrite plus haut pour la barbe-de-capucin. Il ne s'agissait pas tout à fait de la même technique car les endives étaient alors produites par des racines placées, non pas à l'intérieur, mais dans des tranchées recouvertes de terre. Les feuilles constituant le chicon devaient, bien entendu, être récoltées avant leur sortie à l'air libre. Aujourd'hui, la production se fait en chambre obscure, les racines étant plongées dans un bac de solution nutritive. En tout cas le secret en a été jalousement gardé, de telle sorte que, jusqu'à une époque récente, seuls les Belges et quelques maraîchers du Nord de la France savaient obtenir les précieux chicons. Et aujourd'hui encore, ne produit pas des endives qui veut !

Les Italiens quant à eux disposent dans leur patrimoine de nombreux types de *Cichorium intybus*, en particulier de couleur rouge. C'est le cas du type chioggia que l'on trouve dans les sachets de quatrième gamme et qui colore agréablement le mélange en rouge. Si une salade pure de chioggia risquerait d'être un peu amère et dure, quelques morceaux dans un sachet de scarole ne sont pas désagréables. Parmi les autres types italiens on peut citer la rouge de Trévise, la rouge de Vérone ou encore la *variegata di Castelfranco* bariolée de taches rouges. Les *Cichorium intybus* sont bien plus amères que les *Cichorium endivia* et bien souvent elles gagnent à être consommées blanchies : c'est le cas de la rouge de Trévise. Ainsi en croisant l'endive traditionnelle de Belgique à des chicorées rouges italiennes on a obtenu la variété carmine qui, cultivée comme une endive, donne un produit très semblable à l'endive mais dont la bordure des feuilles est rouge au lieu d'être jaune. C'est une salade encore rare sur le marché, mais qui devrait bien se développer.

Parmi les variétés de *Cichorium intybus*, il faudrait encore citer le pain-de-sucre, qui est une grosse chicorée à très larges feuilles, rappelant par sa forme le chou chinois, ou encore la variété Catalogne, à longues feuilles vertes, très cultivée en Italie.

Les salades peuvent aussi faire appel aux feuilles de quelques autres plantes qu'on peut trouver soit sauvages soit cultivées : le cresson, la mâche, le pissenlit et la roquette sont bien présents chez nous.

La roquette se rencontre dans nos champs à l'état sauvage. Les Romains l'utilisaient déjà et elle constitue une salade très populaire sur tout le pourtour méditerranéen. Quelques feuilles de roquette permettent de relever les salades un peu trop neutres. Miquel Agustí, cité plus haut, la conseille avec la laitue. Mais nous disposons d'herbes aux goûts beaucoup plus subtils encore, telles que l'*Helosciadium nodiflorum*, consommé en salade dans le Vallespir où il est connu sous le nom d'*àpit bord* ou céleri sauvage. À ce propos, disons que le céleri cultivé, *Apium graveolens* donne d'excellentes salades lorsqu'on utilise les feuilles blanchies du cœur. Par ailleurs tous les Roussillonnais connaissent le *coscoll*, une ombellifère pyrénéenne qui se cache sous le nom latin de *Molopospermum cicutarium*, et dont on fait des salades aux caractéristiques inimitables à partir des jeunes tiges.

On peut aussi relever le goût des salades grâce aux câpres qui sont les boutons floraux d'un arbuste méditerranéen : le câprier. Ils peuvent être salés mais le plus souvent ils sont conservés dans le vinaigre.

L'AIL, L'OIGNON ET L'ÉCHALOTE

Mais la salade ne saurait se réduire à du feuillage avec du sel et de l'huile. L'ail et l'oignon se doivent d'y être également présents. Ce sont eux qui apportent bien souvent le piquant qui en relève le goût. Il s'agit là de deux plantes extrêmement proches sur le plan botanique puisqu'elles appartiennent toutes les deux au genre *Allium* : *Allium sativum* pour l'ail et *Allium cepa* pour l'oignon.

On ne connaît pas *Allium cepa* à l'état sauvage, mais plusieurs espèces de l'Afghanistan et des régions voisines laissent penser que là serait son lieu d'origine. Une de ses proches parentes, *Allium psekemense*, qui y pousse spontanément, est utilisée par les habitants qui vont chercher les bulbes dans la nature pour les replanter dans leur jardin où ils les font grossir avant de les récolter. En tout cas, 700 ans av. J.-C., l'oignon est déjà présent en Égypte. Les Grecs le connaissaient. Chez les Romains il était surtout consommé par les classes pauvres. C'est un légume important durant tout le Moyen Âge en Europe. Il produira alors une grande diversification, et chaque petite région aura sa variété particulière. On distingue les oignons par leur couleur : oignons blancs, rouges et jaunes ; par le stade de récolte : oignons tendres et oignons de garde ; enfin par leur force : oignons doux et oignons piquants. On ne pourra pas faire grand-chose en salade avec des oignons piquants, sauf si on en met de très faibles quantités. Par contre, les oignons doux pourront être largement utilisés. Les variétés locales d'oignons sont multiples, nous l'avons déjà dit. Il faudrait en protéger leur production par des appellations d'origine. Il semble que cela soit en bonne voie pour l'oignon doux des Cévennes, d'un très bel aspect commercial. Mais beaucoup d'autres mériteraient cette reconnaissance. C'est en particulier le cas de l'oignon rouge de Toulouges, en Roussillon, qui allie à son extrême douceur une couleur rose très agréable. On retrouve également un léger rose dans l'oignon de Figueras largement commercialisé en Catalogne Sud. L'oignon de Fuentes, de couleur franchement blanche, est très vendu en Espagne. On pourrait aussi citer l'oignon de Lézignan, l'oignon de Citou et beaucoup d'autres encore. Ils méritent tous d'avoir une place de choix dans nos salades.

Signalons aussi qu'on peut obtenir des oignons par plantation d'un bulbe. Le bulbe produit alors quatre ou cinq rejets qui donnent chacun un nouvel oignon. En mettant en terre les bulbes en automne (c'était autrefois bien souvent des bulbes qui risquaient de pourrir avant de pouvoir être consommés), on aura assez tôt en saison des oignons tendres.

Cette pratique permettait d'obtenir ce qu'on appelait les *cebetes* du Midi, terme qui continue à être utilisé de nos jours, mais bien souvent pour désigner de vulgaires oignons blancs de forme allongée. Cette coutume a par contre été bien maintenue dans la région de Valls en Catalogne Sud où ce type d'oignon connu sous le nom de *calçot* est mangé grillé et accompagné d'une sauce typique. La consommation des *calçots* donne lieu à de véritables manifestations presque rituelles appelées *calçotades,* que l'association catalane Arrels a introduites en Roussillon depuis quelques années.

L'échalote, qui ne peut se reproduire que végétativement, est inconnue à l'état sauvage. Botaniquement elle appartient à la même espèce que l'oignon : il s'agit d'un *Allium cepa*, variété *ascalonica*, du nom de la ville palestinienne d'Ascalon. Mais son origine est à rechercher du côté de l'Asie centrale et de l'Afghanistan. Elle est arrivée en Europe au Moyen Âge, avec les croisades.

L'ail, ou *Allium sativum*, serait également le descendant d'espèces de l'Asie centrale. À partir de là, deux zones de diffusion culturale se sont créées : dans le bassin méditerranéen et en Chine. Il est présent chez les Égyptiens, en Grèce et dans l'Empire romain. C'est donc un élément incontestable de notre culture latine. L'ail est un condiment, mais il a joué un rôle médical très important et, même actuellement, personne ne conteste ses vertus. Adulé par les uns, repoussé par les autres, l'ail ne laisse jamais indifférent. Les variétés d'ail sont peu diversifiées. On les distinguera par leurs couleurs : blanc, rouge, rose ainsi que par leur forme et leur grosseur. Mais les saveurs varient peu. L'ail ne peut se reproduire que par voie végétative, en plantant des caïeux ou gousses. Les ails ne produisent pas toujours des fleurs et s'ils en produisent elles sont stériles. Il n'y a donc pas de graines d'ail.

Le concombre, le poivron et la tomate

Peut-on parler de salade méditerranéenne sans mentionner concombre, poivron et tomate ?

Le concombre, *Cucumis sativus*, nous vient de Chine où il est cité 5 000 ans av. J.-C. De là il a progressé vers l'ouest, et 1 800 ans av. J.-C. les Égyptiens l'utilisaient déjà. Apprécié des Romains, il sera présent durant tout le Moyen Âge et les colons l'introduiront en Amérique. À la Renaissance on parle déjà de deux variétés : les longs et les courts. Actuellement deux types de concombre se retrouvent sur le marché. Le concombre dominant est le concombre long, produit en serre. Il s'agit d'un type variétal, créé vers le milieu du XXe siècle à partir de variétés américaines. En outre, ces variétés ne produisent plus de cucurbitacine, substance qui lui conférait son goût amer. Ainsi, ceux qui ont gardé la nostalgie de l'amertume des concombres de leur enfance ne retrouvent plus ce goût si particulier dans nos variétés actuelles. L'autre type variétal, est celui des concombres courts à petites pointes, souvent produits en pleine terre de manière traditionnelle. Signalons également que le cornichon appartient à la même espèce et que ce n'est donc, en fait, qu'une variété de concombre.

Les piments et poivrons, si bien adoptés par notre civilisation méditerranéenne, sont, comme la tomate, d'origine américaine. C'est l'une des plantes du Nouveau Monde qui s'est le plus vite imposée sur le vieux continent, du moins en tant que condiment dans un premier temps. Le poivron actuel, *Capsicum annuum*, proviendrait de Colombie, mais c'est surtout au Mexique que sa culture s'est largement développée. Il y était déjà présent 8 000 ans av. J.-C. *Capsicum annuum* nous a donné, en fait, deux grandes familles variétales, d'une part les poivrons, ou piments doux, utilisés comme légumes et produisant de gros fruits charnus, et d'autre part les piments piquants, recherchés comme condiment et présentant en général des fruits longs et moins charnus. Le piquant des piments est dû à la capsicine qui est un antiseptique. Apportés en Europe par Christophe Colomb, ils ont été utilisés comme substitut du poivre et on parlera de « poivre d'Inde », « poivre d'Espagne », « poivre de Guinée ». On les retrouve dans l'assaisonnement de la cuisine méditerranéenne, harissa en particulier. Dans cette catégorie, le piment de Cayenne, long et rouge, est sans doute le plus connu, mais de nombreuses autres variétés existent.

Toutefois, les piments alimentaires n'appartiennent pas tous à l'espèce *Capsicum annuum*. On cultive aussi *Capsicum frutescens* qui donne des fruits dressés très piquants, utilisés pour produire la sauce tabasco particulièrement forte.

Le poivron, lui, n'a conquis nos tables qu'aux XVIIIe et XIXe siècles. Le marché offre maintenant des couleurs de poivrons très variées : vert, rouge, jaune, orange, violet, permettant toute sorte de fantaisies. Précisons que le poivron vert est un poivron qui n'a pas encore mûri.

La tomate, indispensable aujourd'hui dans notre cuisine méditerranéenne, a aussi une place de choix dans les salades. *Lycopersicon esculentum*, c'est son nom botanique, provient d'espèces poussant à l'état sauvage dans les Andes. Tout laisse à penser que, dans un premier temps, les fruits, gros comme une cerise, ramassés sur les plantes sauvages, ont constitué une alimentation pour les populations locales. De là, ces formes gagnèrent le Mexique où elles étaient déjà cultivées 3 000 ans av. J.-C. En Europe du Nord on la considéra longtemps comme une plante vénéneuse, à laquelle on ne confia qu'un rôle ornemental. Par contre les pays méditerranéens la cultivèrent très tôt, les Espagnols ayant sans doute appris des Mexicains l'usage culinaire de ce fruit appelé *tomatl*.

La diversité variétale est assez considérable : dans la forme (ronde, côtelée, allongée, en forme de poire), dans la grosseur (depuis la tomate cerise jusqu'aux plus gros calibres), dans la couleur de la chair (rouge, rosée, jaune et parfois toujours verte). La forme de présentation (tomate grappe) ou le stade de cueillette (tomate verte ou rouge) permettent d'apporter encore d'autres variations au produit présenté sur le marché. La tendance méditerranéenne est d'utiliser, pour les salades, des tomates encore relativement vertes, sans attacher une grande importance dans la perfection de la forme. Le marché nordique, qui ne conçoit la tomate que comme un fruit parfaitement rond, parfaitement rouge et d'une grande fermeté est en train de sonner le glas de certaines variétés locales, d'un goût excellent, qui ne répondent pas à ces caractéristiques. Ces productions mériteraient d'être protégées, si on ne veut pas assister à une uniformisation regrettable du légume le plus consommé sur la planète, après la pomme de terre. Autant la tomate pour la salade se doit d'avoir conservé une certaine verdeur, du moins si on veut rester bon Méditerranéen, autant la tomate à utiliser pour le *pa amb tomàquet* traditionnel des Catalans doit être parfaitement mûre *(voir p. 298)*.

LES INGRÉDIENTS

Poire, grenade et olives. 1991, huile sur toile, 35 x 27 cm. Coll. privée.

Salades vertes et légumes condiments[1]

Laitues diverses, scarole, chicorée, endives, rouquette, pourpier, cresson, mâche, salades sauvages saisonnières (pissenlit...) ; ail, oignon, échalote ; céleri, fenouil, cornichons, câpres...

L'AIL

L'ail est employé, cru ou cuit, depuis l'Antiquité dans toutes les cuisines méditerranéennes. Virgile recommande sa consommation pour donner des forces aux moissonneurs, Pline assure que c'est un remède de la phtisie, Aristophane nous dit que les athlètes en mangeaient avant d'entrer dans le cirque et Dioscoride le recommande comme vermifuge. On l'utilisait aussi contre la morsure des serpents et contre la peste.

Au XVIe siècle, des médecins en avaient toujours quelques gousses dans leur poche pour se préserver des épidémies. Le prophète Mahomet disait que « dans les piqûres et morsures faites par les animaux venimeux, l'ail tient lieu de thériaque ». En Languedoc, l'ail est souvent appelé « thériaque (panacée) des pauvres ». « Pour tuer les vers des jeunes enfants, faites-leur manger de l'ail avec du beurre frais ou bien faites-en un cataplasme à poser sur le ventre[2]. »

La participation de l'ail dans les salades de la Méditerranée apparaît comme une évidence que nul n'oserait dénigrer. Finement râpé ou pilé ou émincé, frotté sur le croûton grillé ou au fond du saladier, sa présence transcende la plus humble des salades. Il est l'ingrédient indispensable de l'ailloli et on le retrouve dans la majorité des sauces vinaigrettes, accompagné de persil plat. Leur association donne la persillade que certains ne sauraient dissocier de ces sauces.

En abuser conduit fatalement à une haleine forte, socialement considérée comme puanteur intolérable, bien que les Américains sucent des pastilles à l'ail auquel on confère des vertus thérapeutiques pour les maladies cardio-vasculaires. En effet, il est recommandé en cas d'hypertension, de cholestérol et favorise la fluidité du sang.

Je connais deux foires à l'ail mémorables, celle de l'ail rose de Lautrec en Midi-Pyrénées, ail qui a acquis un certain prestige pour ses qualités organoleptiques et culinaires, et celle de Cornellà en Catalogne, où un restaurateur avait préparé pas moins de quatorze plats à l'ail !

1. Pour les salades vertes, l'oignon, l'échalote et d'autres informations sur l'ail, voir le chapitre précédent.

2. *Per fer morir los cucho dels minyons, es bo ferlos menjar alls al mantega fresca, o ferlosne en emplastre sobre lo ventrell.* Miguel Agustí, *Llibre primer dels secrets d'Agricultura*, Casa Rústica i Pastoril, Editorial Alta Fulla, Barcelone, 1988.

Le céleri

Le céleri sauvage, appelé ache (du celte *ach*, « eau », par allusion aux lieux où il croît), est la plante dont les Anciens se couronnaient dans leurs repas, pour neutraliser la puissance du vin : « Remplissons les coupes de ce vin de Massique qui fait oublier les maux, dit Horace, tirons les parfums de ces larges pompes, et qu'on se hâte de nous faire des couronnes d'ache et de myrte. » Les Italiens ont été les premiers à en faire une plante potagère.

Sous le Second Empire, on l'appréciait sans en raffoler. On le faisait mijoter au jus de viande, en le piquant de girofle. On le servait dans une petite casserole avec une noix de sucre. Grimod de la Reynière trouvait aussi au céleri des vertus aphrodisiaques : « Aromatique, stomachique, apéritif, échauffant, les timorés doivent s'en abstenir, et on ne saurait certes le définir comme la salade des célibataires. »

Légume feuille consommé cru (le cœur seulement) taillé en julienne (30 à 50 g), ou cuit soigneusement épluché (150 g), en court-bouillon, potages, gratins, à l'étouffée, sauté aux jus de viandes, en ragoûts.

Le céleri plein, tendre et frais, mangé en salade et assaisonné avec du vinaigre aromatique, avec de l'huile d'olive et un peu de moutarde fine, est vraiment délicieux ; il réveille l'action de l'estomac, donne de l'appétit et une sorte d'alacrité qui se prolonge pendant quelques heures.

Légume à goût fort, de digestibilité médiocre. Contre-indiqué dans les régimes pauvres en fibre. Riche en sodium et en calcium.

Le fenouil

Plante ombellifère très aromatique dont les graines ont une odeur anisée, utilisée surtout dans l'Italie méridionale. On mange le fenouil comme le céleri ; il n'est pas rare de rencontrer les gens du peuple ayant leur botte de fenouil sous leur bras, en faire, avec du pain, leur déjeuner ou leur dîner. L'odeur, qui en est agréable d'abord, devient désagréable par l'abus qu'en font les Napolitains qui en mettent partout.

Il est très employé comme aromate, par exemple avec le loup grillé. Il parfume délicatement les chairs blanches et les courts-bouillons grâce à l'anéthol contenu dans ses tiges et ses graines. C'est le bulbe qui est utilisé comme légume. Cuit (150 à 200 g), sa saveur est très fine, on le sert au jus, à la crème ou gratiné.

Contre-indiqué dans les régimes sans fibres et chez les dyspepsiques. Intéressant dans les régimes hypocaloriques.

Riche en vitamine C, calcium, phosphore, fer et sodium.

Légumes fruits

Tomates, melons, avocats, olives vertes et noires...

LA TOMATE[3]

Originaire d'Amérique latine, elle arriva en Italie par Naples où elle prit le joli nom de *pomo d'oro*. En provençal, selon les textes du XVIIIe siècle, elle se nommait, non moins poétiquement *poma d'amor*. En pays catalans, comme en Espagne, elle prit des noms issus de l'aztèque *tomatl* : *tomàquet, tomata* ; dans le Maresme : *tomaca* ; à Minorque : *tomàtic* ; à Majorque : *tomàtiga* et à l'Alguer (Sardaigne) : *pomata*.

Elle est devenue un condiment incontournable des cuisines du monde entier, ainsi que l'ingrédient indispensable des salades les plus populaires, avec pour chaque pays une association typique :

- avec de l'ail pour la péninsule Ibérique,
- avec du citron doux ou *lima* au Mexique et aux Caraïbes,
- avec du basilic en Italie,
- avec du poivre noir en Allemagne,
- avec de l'ail et du persil en France,
- avec de la menthe au Maroc,
- avec de la coriandre dans tout le Maghreb.

Ingrédient ou condiment, elle est devenue indissociable des cuisines méditerranéennes : Andalousie, tous les pays catalans de Guardamar à Salses, Baléares comprises, Languedoc, Provence, Italie, Maghreb.

Au Mexique, elle apparaît dans de nombreux plats, grossièrement taillée et à demi-mûre, les tomates mûres étant utilisées avec les piments pour élaborer des sauces très fortes, qui donnent du goût aux plats de haricots, tel le *chili con carne*.

La tendance méditerranéenne est d'utiliser, pour les salades, des tomates fermes, encore relativement vertes, sans attacher une grande importance dans la perfection de la forme. Le Maghreb l'utilise plutôt mûre, quelle que soit sa forme, car on la pèle, l'épépine et la taille minutieusement en petits dés.

Son introduction dans les recettes culinaires en cuisson seules ou avec d'autres aliments sont multiples : en potages chauds ou glacés (*gaspacho* andalou), en sauces, farcies, en omelette ; rôties avec d'autres ingrédients méditerranéens par excellence que sont les poivrons, les aubergines et les oignons, c'est l'*escalivada catalana*, ou longuement cuites en compotes savoureuses qui font le tour du bassin méditerranéen sous des appellations différentes, avec comme liant incontournable l'huile d'olive,

---

3. Voir aussi p. 18.

c'est la *samfaina* catalane, *xixoumella* languedocienne, ratatouille niçoise, *tchoutchouka* algérienne *(voir les recettes plus loin)*... sans compter l'excellente confiture[4] que l'on peut obtenir avec ce fruit vert ou mûr.

Portion moyenne : 150 à 200 g, crue, et 300 g cuite.

Intéressante dans les régimes hypocaloriques et déconseillée dans les régimes sans fibres (enlever peau et pépins), sa richesse en vitamine C (38 mg) et en provitamine A est à signaler.

Ne pas oublier le jus de tomate, excellent en apéritif, saupoudré de sel de céleri.

Pour conclure, on pourrait ajouter qu'un bon Méditerranéen, même le plus démuni, saura toujours vous offrir un *pa amb tomàquet* ou une *bruschetta con pomodoro* (pains frottés de tomate mûre, arrosés d'huile d'olive).

LE MELON

Un melon doit être ferme, lourd et odorant. Les variétés sont nombreuses. Le meilleur serait le cantaloup, rapporté d'Arménie par les Romains (nommé ainsi car cultivé au village de Cantalupo). Le melon à chair blanche d'Espagne est plus rafraîchissant (il se sert associé à de très fines lamelles de jambon ibérique, le *serrano,* provenant de cochons élevés en liberté, en Catalogne Sud, ou encore le *jabugo*).

Alexandre Dumas le propose entre le fromage et le dessert. Actuellement il se présente souvent en entrée glacée avec des vins de Banyuls, Maury, Porto, Xérès : petits melons individuels creusés, melon découpé en cubes, en perles ou encore gros melon découpé en larges tranches. Creusé, il peut servir à présenter des macédoines de fruits ou des sorbets, et on le sert également lui-même en sorbet. Arnaud de Villeneuve[5] conseille, dès le XIIIe siècle, dans le chapitre *De coguombres et de melons* de son *Régime de santé pour le roi Jacques II de Majorque,* de le consommer avant le souper, afin de « rafraîchir tout l'organisme ».

Portion moyenne : 150 g.

Riche en vitamine A. À déconseiller dans les régimes pauvres en fibres, pauvres en potassium et régimes sans fructose.

L'OLIVE

Probablement originaire de l'Asie Mineure, l'olivier est cultivé sur tout le pourtour méditerranéen. Les Grecs lui auraient attribué une origine divine : pendant longtemps, ils n'employèrent que des femmes vierges et des hommes purs pour sa culture.

4. Cf. Éliane Thibaut-Comelade *La Cuisine catalane*, vol. 1, 4e édition, Jacques Lanore, Paris, 1995, p. 215.

5. Célèbre médecin catalan, de son vrai nom Arnau de Vilanova, professeur de médecine à l'université de Montpellier au XIIIe siècle.

L'olive verte

C'est l'olive cueillie avant maturité et conservée dans la saumure, où se produit une fermentation lactique plus ou moins poussée *(voir p. 64)*, qui donne une olive vert franc, croquante, désamérisée, ou couleur vert jaunâtre à goût aigrelet. De calibre très variable, très grosse, moyenne, petite, petite et longue (luque).

Les olives vertes sont consommées nature, une fois rincées, à l'apéritif, ou en cuisine après un léger trempage, afin de les dessaler, et dénoyautées (croustades, canard aux olives). Conservée au naturel ou bien dans l'huile après avoir été farcie d'amande, piment ou anchois, on la trouve dans presque toutes les salades méditerranéennes.

Portion moyenne : 50 g.

Très riche en sodium, en calcium (100 mg/100 g) et en fer. Riche en lipides (80 % d'acides oléiques, 10 % d'acide linoléique).

À déconseiller dans les régimes hyposodés, pauvres en lipides et hypocaloriques. Arnaud de Villeneuve faisait à son sujet les mêmes observations que pour tous les autres fruits oléagineux et préconisait d'utiliser plutôt l'huile *(voir p. 43)* que le fruit.

L'olive noire

L'olive noire est cueillie à maturité et conservée en saumure forte *(voir p. 65)* :
- au sel sec : elle est charnue, tendre et ridée ;
- piquée et au sel : elle a la chair molle, amère, et la peau légèrement ridée ;
- en saumure : elle a la chair ferme et la peau luisante ;
- après passage en saumure bouillante, salée et conservée dans l'huile, elle a la chair tendre et la peau légèrement ridée et très brillante.

Consommée nature, essentiellement à l'apéritif ou dans des salades, elle peut aussi être farcie de piment doux ou piquant ou encore de mélange d'herbes aromatiques.

Pour la nature de ses lipides et les conseils d'utilisation : mêmes remarques que pour l'olive verte.

Légumes frais[6], racines et tubercules

Haricots verts, asperges, aubergines, concombres, courgettes, poivrons verts, rouges et jaunes, fèves fraîches, artichauts, blettes, choux et choux-fleurs, salsifis, petits pois, pois gourmands, radis, carottes, betteraves, céleri rave, pommes de terre, champignons de petite taille et très frais, truffes...

L'ASPERGE

L'asperge blanche, jaune ou verte est une plante de la famille des liliacées dont on consomme la jeune pousse cuite. Elle constituait déjà fréquemment la garniture des volailles gréco-romaines. Avec l'aubergine, elle connut un succès considérable dans les jardins andalous du Xe siècle, où elle était l'objet de soins délicats, en culture irriguée à partir de plants ou de graines. L'asperge passait pour une médication : elle fortifiait le dos et les lombes. Sa racine avait la propriété d'enlever toute mauvaise odeur aux viandes ; pousses et racines desséchées et réduites en poudre devenaient un fameux aphrodisiaque. Enfin, on lui conférait déjà des propriétés diurétiques.

En France, lorsqu'elle apparut sous le nom d'« esparge », elle fit figure de légume de luxe. Louis XIV s'en faisait servir en entremets à la crème, Fontenelle les préférait à la flamande (beurre fondu + hachis d'œufs durs), l'abbé Terrassou, son ami, les aimait à la vinaigrette. Les asperges furent cultivées à Argenteuil à partir de 1805, puis en Sologne en 1870.

Quelles sont les meilleures : fines et mauves, vertes et très charnues, fines et vertes ? À chacun de décider, mais surtout d'utiliser celles de sa région.

Dans le midi de la France, il y a la languedocienne dans le Gard et la catalane en plaine de Salanque, mais sur tout le littoral méditerranéen, il y a la fine asperge verte sauvage que l'on cherche le dimanche avec toute sa famille et que l'on consomme le soir même en omelette baveuse et parfumée à souhait.

On en fait de délicats potages veloutés, on l'introduit dans les œufs brouillés, les omelettes, les soufflés, ou tout simplement blanchie et servie tiède avec des sauces vinaigrette, mousseline, hollandaise, béarnaise, mayonnaise-chantilly. Ce sont des entrées toujours raffinées.

Portion moyenne : 150 à 200 g soit 6 à 8 asperges.

De basse valeur calorique, riche en phosphore et en vitamines C et A, elle est contre-indiquée dans les régimes sans fibres végétales.

---

6. Pour les poivrons, voir p. 18.

L'AUBERGINE

Originaire de l'Inde, l'aubergine (*Solanum melongena*) est diffusée par la Perse qui la transmettra à la Méditerranée occidentale avec ses principaux accommodements et son appellation, *al-badinjan,* qui, à travers l'arabe, est passée au catalan *albergínia,* au français et à l'anglais ; en revanche, le nom italien proviendrait du grec. En Andalousie, en pays valencien et en Catalogne elle reste associée à la présence des juifs qui, selon certains historiens, pourraient l'avoir déjà acclimatée depuis la diaspora du Ier siècle. Dans les descriptions de jardins andalous[7], l'aubergine figure en première place parmi les végétaux les plus cités. Évoquée dans le calendrier de Cordoue (961), elle est aussi appelée « l'étrangère » au XIIIe siècle, dans l'Anonyme et dans Ibn Razin[8]. Sa présence constante dans de nombreux plats durant la période d'Al-Andalus, suscite, sur le plan culinaire, l'appellation spécifique d'*època de la berenjena* (époque de l'aubergine). Son utilisation à l'heure actuelle est restée une des caractéristiques de la cuisine andalouse.

Les recettes la concernant apparaissent dans le *Libre de Sent Soví,* premier recueil européen de cuisine écrit en catalan. Juifs et chrétiens ont partagé cette cuisine de l'aubergine, notamment dans son association privilégiée avec le fromage. Durant le « siècle d'or », elle suscite l'enthousiasme des gourmets et des poètes.

Légume de basse valeur calorique, on la consomme cuite après l'avoir fait dégorger. Sautée, en beignets, farcie de viandes ou de fromage, en sauce béchamel, en ratatouille, l'aubergine est un des éléments des cuisines méditerranéennes, au même titre que la trilogie tomate/oignon/ail, utilisé quatre à cinq fois par semaine en été. La Turquie et Majorque possèdent le plus important répertoire de recettes de ce légume : aubergines en escabèche, farcies, pains d'aubergines (*motlles d'albergínies, tombet*), compotes (*samfaina, aboronia*), frites, en beignets salés ou sucrés nappés de miel…

LE CONCOMBRE[9]

Jusqu'au début de ce siècle, la mode n'était pas aux crudités, et le concombre était consommé cuit : sauté au beurre avec des épices, en sauces poulette, béchamel et farci.

Actuellement il est essentiellement consommé cru, et sur le bassin méditerranéen

---

7. Lucie Bolens, *Vergers et jardins en Europe occidentale (VIIIe-XVIIIe siècle),* « Les Jardins andalous du Moyen Âge », Albin Michel, 1989.

8. Anonyme andalou, *Livre sur la cuisine en Afrique du Nord et en Andalousie au temps des Almohades,* éd. D. Ambrosio Huici, Madrid, 1965. *Ibn Razin al-Tujibi Rabad,* trad. Maxime Rodinson, éditions Shaqrun, Madrid, 1980.

9. Voir aussi p. 18.

il est le plus souvent associé au yaourt et aux laits fermentés, ce qui conjugue leur pouvoir rafraîchissant : les recettes les plus typiques de cet usage se trouvent en Crète, en Grèce, en Égypte, en Israël, au Liban, au Maroc… Y sont associés l'ail pilé, la menthe fraîche, le basilic, la coriandre, l'estragon, finement ciselés.

Provence, Languedoc, pays catalans, Andalousie y associent toujours la tomate et la sauce vinaigrette persillée. Il est souvent introduit dans les salades composées dans toutes les cuisines actuelles, après avoir dégorgé 40 à 60 minutes avec du sel et avoir été rincé ensuite à l'eau froide.

Sa digestibilité est médiocre. Compter 150 g au maximum, une à deux fois par semaine.

Les apports vitaminiques et minéraux sont très faibles. Contre-indiqué dans des régimes hyposodés, les régimes sans fibres et chez les dyspeptiques. À éviter chez les personnes âgées et les jeunes enfants qui ne mâchent pas suffisamment. Intéressant dans les régimes hypocaloriques et contrôlés en glucides.

Le petit pois

Originaire de l'Inde, ce légume graine de légumineuse est rapidement adopté en Europe. Autant en Grèce qu'à Rome, on consomme les pois secs, tout comme fèves et lentilles, puis dans le reste du continent jusqu'à la fin du Moyen Âge.

À partir du XVIIe siècle, on peut dire qu'ils sont recherchés sur les tables raffinées. Les petits pois frais deviennent très à la mode en France, comme l'écrit madame de Maintenon au cardinal de Noailles. France, Italie et Catalogne les associent au riz, à la poitrine salée, au jambon, aux côtes plates de porc, aux laitues et les assaisonnent avec sucre, estragon et menthe fraîche. Plus tard, ils seront souvent associés aux petites pommes de terre nouvelles. Ce serait Christophe Colomb qui les aurait introduits en Amérique, lors de son second voyage, en 1493.

Cultivés dans toute l'Europe méridionale et cueillis avant leur maturité, les petits pois sont consommés frais et cuits au printemps, ou conservés. Ils se cuisent essentiellement à l'étouffée afin de préserver tout leur suc, agrémentés de beurre fin et de cœurs de laitue : petits pois à la française, petits pois au lard, petits pois à la menthe (cuisine catalane), pigeon aux petits pois. Cuits à la vapeur ou à l'eau, ils sont toujours associés aux macédoines de légumes. Ils peuvent aussi se consommer secs, en potages ou en purées.

Portion moyenne : 150 à 200 g, frais et cuits.

Particulièrement riches en protides, en glucides, en cellulose, en phosphore et en vitamines B1 et B2, leur digestibilité est bonne, surtout lorsqu'ils sont fins et très frais.

À déconseiller dans les régimes pauvres en fibres et sans saccharose.

L'ARTICHAUT

Bourgeon comestible du *Cynara cardunculus,* provenant d'Égypte, utilisé en cuisine depuis plus de 2 000 ans, cru ou cuit, l'artichaut a été introduit dans la péninsule Ibérique au XIIe ou XIIIe siècle. Il ne figure ni dans le *Viandier* de Taillevent, ni dans le *Ménagier de Paris,* ni même dans le *Libro di cucina* italien du XIVe siècle, mais on le trouve sur les tables de Séville. C'est le *kinarïa* des jardins. Le même terme est utilisé pour les espèces sauvages. On lui donne aussi son nom persan *kanghar.*

Selon Lucie Bolens[10], il semblerait qu'« indépendamment du *Cynara scolymus* de Linné, qui poussait déjà dans les jardins, l'espèce appelée "harchef" ait été consommée telle quelle en Andalousie (Awwäm, II, 2). C'est ce dernier qui fixa le vocable hispanique *alcachofa* ».

Catherine de Médicis et ses cuisiniers l'ont introduit à la cour d'Henri II, roi de France. Elle en était très friande, notamment dans une recette toscane mélangeant cœurs d'artichauts, rognons, crêtes de coq et ris de veau. Elle conférait à ce plat des vertus aphrodisiaques et le conseillait à son entourage, ce qui entraînait une certaine avidité pour ce légume dénommé « fruit d'amour » et inspirait quelques comptines égrillardes.

Sur le plan culinaire, cru ou cuit, l'artichaut, dont on consomme le réceptacle et une partie des bractées, donne lieu à de très nombreuses recettes, depuis les salades, la barigoule, les beignets, les farcis, les cuissons à l'étouffée, sans compter les garnitures d'omelettes, de paellas, de tajines, etc., tout particulièrement autour du bassin méditerranéen.

L'artichaut est riche en minéraux : soufre, phosphore, de faible teneur en vitamine C et en carotène ; il devient toxique (cru ou cuit) après 24 h de conservation.

Portion moyenne : 200 g environ, soit 1 bel artichaut ou 2 ou 3 petits violets.

Contre-indiqué dans les régimes pauvres ou sans fibres végétales, pauvres en potassium, sans fructose et sans saccharose (en conserve : régimes hyposodés).

LE RADIS

Légume racine de la famille des crucifères, originaire de Chine, il faisait partie des plantes potagères que Charlemagne recommandait de cultiver aux régisseurs de ses terres. En 1293 environ, dans ses conseils de diététique, le médecin du XIIIe siècle Arnaud de Villeneuve[11] précise que radis et navets renferment des principes acides favorisant les effets urinaires (il s'agit des acides oxaliques et maliques) et sont bénéfiques pour la vue (en effet, on note la présence de carotène dans leur composition).

10. Lucie Bolens, *La Cuisine andalouse, un art de vivre*, Albin Michel, 1990.

11. Éliane Thibaut-Comelade, *Arnau de Vilanova primer nutròleg/dietista europeu*, thèse chez l'auteur, 1996, p. 25 : *de rabes i de naps com deuen ésser aparalatz.*

Aujourd'hui consommés crus uniquement, les radis ronds ou longs, rafraîchissants, quelquefois un peu piquants, excitent l'appétit et se mangent en hors-d'œuvre une fois grattés, ainsi que la base des feuilles.

Portion recommandée : 100 g au maximum.

Assez pauvres en iode, contre-indiqués dans les régimes sans fibres et intéressants dans les régimes hypocaloriques, à condition de les présenter sans beurre. S'assurer d'une bonne mastication.

La carotte

Plante potagère de la famille des ombellifères (*Daucus carota*), sans doute d'origine crétoise, on en consomme la racine crue ou cuite. Elle est présente en cuisson dans tous les courts-bouillons, presque tous les potages, braisée avec de nombreuses viandes ; en légume, la persillade l'accompagne bien. Consommée crue et finement râpée avec huile et citron depuis ce demi-siècle, elle apparaît cuite dans de nombreuses salades du Moyen et Proche-Orient.

Portion moyenne : 100 g crue, 200 g cuite.

Riche en carotène, en vitamine A, elle est intéressante dans les régimes pauvres en fibres, mais contre-indiquée dans les régimes sans fibres, sans fructose et sans saccharose. Elle est indiquée comme traitement antidiarrhéique, consommée cuite avec son jus de cuisson.

Le jus de carotte constitue un excellent apéritif.

Légumineuses et céréales

Pois chiches, lentilles, haricots secs, fèves sèches, maïs ; pâtes alimentaires, semoules, riz, pain, blé concassé (boulgour)…

Le pois chiche

Les pois chiches, *garbanzos* en castillan, *cigrons* en catalan, *hommos* en arabe, sont des légumes méditerranéens connus de longue date. Les Romains les utilisaient dans l'Antiquité, toutefois ils les considéraient comme nourriture vulgaire, tout juste bonne pour leurs esclaves originaires d'Afrique, d'où provenait également cette plante. Selon l'historien Jaume Fàbrega, ce seraient les Carthaginois qui les auraient apportés dans la péninsule Ibérique. Il précise par ailleurs que le nom catalan provient du latin *cicer,* comme l'italien *cece* ou le français « chiche » et que le nom espagnol viendrait du proarabe *arbanço.*

Les pois chiches peuvent servir de base à des salades, comme le délicieux *hommos* que l'on trouve au Liban et dans les pays du Proche-Orient, en comptant l'Égypte et Israël, et à des entrées variées appelées *mezzé.*

On trouve les pois chiches dans de nombreuses préparations méditerranéennes, salées, sucrées, chaudes ou froides. En salades, ils sont de préférence assaisonnés tièdes d'une sauce vinaigrette, sur toute la bande côtière, d'Alicante à Menton.

Portion moyenne : 40 à 50 g pesés crus.

Contre-indiqués dans les régimes pauvres en fibres et sans fibres, mais indiqués dans les régimes riches en fer et en phosphore.

La lentille

C'est le premier légume signalé dans la Bible (chapitre 25 de la Genèse, où l'on voit Ésaü vendre son droit d'aînesse à son frère Jacob, pour un plat de lentilles). Connue des Perses et des Égyptiens, il s'agit d'une plante herbacée annuelle de la famille des papilionacées, introduite en Europe à l'époque de l'Empire romain. Elle présente un fruit sous forme de cosse qui renferme deux ou trois graines d'un demi-centimètre de diamètre.

Il y en a plusieurs variétés : les blondes d'été, les vertes, les rouges, les noires... Leur cuisson se fait à l'eau froide comme toutes les légumineuses, toutefois le trempage est inutile et le temps de cuisson est plus court, soit de 25 à 30 min. Cuites en court-bouillon parfumé, elles se consomment en salades tièdes ou froides. Cuites à l'étouffée, les viandes de porc, les charcuteries et les volailles en sont les garnitures les plus gourmandes (petit salé aux lentilles).

Portion moyenne : 40 g de lentilles pesées à cru.

Concentration importante de minéraux dont 400 mg de phosphore, 60 mg de calcium et 7 mg de fer. Indiquées dans les régimes riches en fer, mais à déconseiller dans les régimes pauvres en fibres (teneur en cellulose : 3,7 g) et régimes sans fibres.

Leur teneur importante en protéines permet, comme avec les pois chiches, les fèves et les haricots, de compléter cet apport lorsque la ration d'aliments d'origine animale est restreinte.

La fève

Les fèves sont consommées crues ou cuites, en grains écossés, fraîches ou sèches ; fraîches et très jeunes, elles peuvent se manger en gousses une fois cuites.

En saison, les fèves fraîches se cuisent à l'étouffée avec les garnitures de charcuterie (petit salé, joue de porc, saucisse fraîche). Elles sont de moins en moins utilisées sèches : potages, purées… Il existe des préparations de fèves fraîches crues en salades, avec de la menthe, ou cuites.

Portion moyenne : fraîches, 150 g ; sèches, 40 g pesées crues.

Elles sont riches en phosphore (437 mg), en potassium, calcium et fer.

À déconseiller dans les régimes pauvres en fibres. Conseillées dans les régimes riches en cellulose (constipation fonctionnelle).

Fruits

Frais : pomme, raisin, pamplemousse, ananas, orange, grenade, poire, citron.
Secs : amandes, noix, pignons, raisins secs, noisettes…

La pomme

Sous un faible apport énergétique, ce fruit originaire d'Europe centrale et d'Asie occidentale, est source de vitamines et d'oligo-éléments.

De longue et excellente conservation, de grande facilité d'utilisation, d'un prix d'achat raisonnable, elle offre de multiples possibilités culinaires : crue en salades de légumes ou de fruits ; cuite avec des plats salés : oie, agneau[12], farce de viande, et en desserts nombreux et variés, sans compter les confitures, gelées et pâtes de pommes si pratiques pour les goûters à l'école.

Il existe aujourd'hui quatre-vingt-cinq variétés de pommes environ : golden, rouge delicious, granny-smith, reine des reinettes, belle de boskop, reinette du Canada, cox's orange… Les reinettes sont celles qui se prêtent le mieux à la cuisson. En compote et en marmelade, c'est un des fruits les plus digestes (cellulose ramollie par cuisson) ; toutefois, il est contre-indiqué dans les régimes sans fibres, sans saccharose, pauvres en potassium et sans fructose.

La pomme est à l'origine d'une boisson fermentée très appréciée, le cidre, et de la fabrication industrielle de jus.

Riche en pectine et en cellulose la pomme est particulièrement indiquée, râpée

12. Cf. Éliane Thibaut-Comelade, *Le Livre de la pomme*, chez l auteur, 1984, (200 recettes de pomme).

crue et arrosée d'un jus de citron, dans le traitement diététique des diarrhées, grâce à son action astringente.

Portion moyenne : 200 à 300 g, cuite ou crue.

Le raisin

Ce serait Noé qui, le premier, aurait planté et fait usage de la vigne ; quant à Galien, il classait le raisin comme le premier de tous les fruits d'automne et le plus nourrissant de ceux qui ne se gardent point.

Les variétés destinées à la table sont notamment les chasselas (Fontainebleau et Moissac) et les muscats, dont les gros muscats noirs et les longs et violets, qui deviennent assez rares.

Raisin frais

Le raisin, fruit de la vigne, est consommé cru au dessert, au petit déjeuner, avec des fromages (roquefort) ou avec des salades de crudités, et cuit avec du petit gibier à plume : caille aux raisins (cuisines méditerranéennes), du foie gras (poêlé aux raisins muscats[13]).

Ne pas oublier l'excellente confiture qu'est le raisiné : une ébullition prolongée des grains de raisin conduit à une forte concentration en sucres qui assure la conservation d'une sorte de marmelade que l'on étale sur le pain frais dans toutes les régions viticoles. On peut aussi, une fois la concentration atteinte, y cuire d'autres fruits, on obtient ainsi une délicieuse confiture, particulièrement riche en saveurs[14].

Portion moyenne de raisin frais : 200 g.

Contre-indiqué dans les régimes sans fibres, sans fructose et sans saccharose ; en user modérément dans les régimes hypocaloriques et contrôlés en glucides. Riche en glucides et en flavonoïdes, qui agiraient sur la résistance vasculaire.

Les bienfaits supposés de la cure de raisin (3 kg par jour !) ne reposent sur aucune base physiologique : c'est un régime très déséquilibré, qui ne saurait être suivi longtemps.

Raisin sec

Les grains sont séchés seuls (Grèce, Turquie, Italie), ou avec la rafle (Espagne : *panses, pasas*), au soleil ou au four.

Outre son utilisation en préparations sucrées, entremets, pâtisserie et confiserie, il ne faut pas négliger l'emploi très fréquent du raisin sec dans la cuisine salée-

---

13. Cf. Éliane Thibaut-Comelade *La Cuisine du foie gras*, Les Presses du Languedoc, 2001, p. 41 : « Foie gras poêlé au miel et au raisin ».

14. Cf. *La Cuisine catalane*, ouvr. cité, p. 234 : « Raïmat (le raisiné) ».

sucrée méditerranéenne où il intervient dans des farces de volaille, dans des sauces, dans les couscous, dans de nombreuses salades, dans des préparations de légumes, tels qu'épinards et blettes, et presque toujours en association avec les pignons[15].

Les raisins secs sont désignés suivant leur lieu de provenance : France (Languedoc, Provence) ; Italie (Calabre), raisins secs à petits grains ; Grèce, dits raisins de Corinthe (îles Ioniennes) ; Damas ; Chypre ; Espagne, séchés sur ceps au soleil, Malaga, lexias/raisins muscats.

Riches en potassium, sodium, magnésium, fer et en calories, ils sont servis en dessert, l'hiver venu, avec des amandes, noisettes, pignons grillés (« graines de dessert » : *postre de granes* ou « dessert de musiciens » : *postre de músics*), figues, dattes, jujubes, sur tout le pourtour méditerranéen.

Il faut aussi citer la liqueur vineuse, mélange de raisins secs et de vin qu'on fait fermenter ensemble : *vinum passum*, c'était une des boissons favorites des Romains.

Le plus souvent réhydraté avec un alcool (rhum) pour être utilisés dans de nombreux entremets, dans des galettes ou dans des petits pains de seigle.

Portion moyenne de raisin sec : 25 à 30 g.

Contre-indiqué dans les régimes pauvres en fibres et en glucides. Indiqué dans les régimes riches en fer, en potassium et en fibres végétales.

LE PAMPLEMOUSSE

Agrume à saveur aigrelette, sa légère amertume varie selon son origine (USA, Israël, République sud-africaine, Chypre, Jamaïque et Espagne). Il est consommé nature, exprimé, incorporé dans des salades rafraîchissantes. Découpée en dés, sa pulpe se marie très bien à la chair des crustacés et constitue d'excellentes entrées présentées dans l'écorce du fruit : cocktails de grosses crevettes, de langoustines, de crabes (cuisines méditerranéennes).

Portion moyenne : 150 g, épluché.

Apport intéressant en carotène. À indiquer dans les régimes pauvres en lipides et contrôlés en glucides.

LA GRENADE

La grenade (*Punica granatum*) est originaire de Perse. Dans la mythologie grecque, elle est symbole d'amour et de fécondité. Les Égyptiens l'utilisaient comme remède dans les problèmes gastriques, et l'on peut encore trouver, en bordure des

15. Cf. *La Cuisine catalane*, ouvr. cité : « Calmars farcis », « Congre aux raisins secs », « Merlans aux pignons », « Foie de porc aux raisins secs », « Pigeons aux raisins secs », « Chapon rôti », « Blettes aux raisins », « Pommes aux pignons », etc.

chemins, de ces grenades acides, longtemps utilisées chez nous pour des préparations médicinales.

La grenade cultivée croît sur un arbre de 5 à 8 mètres de hauteur, aux magnifiques fleurs écarlates, le grenadier, qui affectionne les climats secs et chauds et s'est acclimaté très vite au littoral méditerranéen.

À maturité, sa peau dure et lisse devient rosâtre puis légèrement marron. À l'intérieur, des graines rouge pourpre sont enserrées dans des alvéoles dont les membranes blanches ne sont pas comestibles, en raison de leur haute teneur en tanin. La pulpe rouge des grains est très juteuse, douce et parfumée.

Outre sa consommation comme fruit frais, la grenade est utilisée en cuisine, surtout sous forme de jus, par exemple dans l'élaboration de sauces, en particulier aux Baléares, pour le porc, le dindon et l'agneau. En Turquie, on retrouve les graines de grenade dans une crème de riz aux amandes (*klkül*) et dans une farce de poisson (*samakah narrah*). Ses grains, une fois secs, sont employés comme condiments, en particulier dans certaines salades.

Et l'on ne peut oublier la confection du sirop de grenadine, que tous les petits enfants adorent.

Portion moyenne : 200 g de graines par personne.

À déconseiller dans les régimes pauvres en fibres.

La poire

Fruit du poirier, cultivé à peu près partout dans le monde, en de nombreuses variétés : guyot, williams, passe-crassane, red-barlett..., il y en aurait environ trois cents : poires fondantes, poires à chair ferme et astringente et poires à chair sèche et cassante. Lorsque la poire est mûre à point, ses fibres sont très tendres, qu'elle soit crue ou cuite.

Elle se prête à de nombreux desserts, confitures et alcools, mais, dans les cuisines catalanes et maghrébines, elle entre également en composition avec des viandes : oie, agneau, ou, en Italie, dans des salades de crudités.

En Grèce, elle permet de préparer à une boisson fermentée, spiritueuse : le poiré (poires un peu âpres). Les poires fondantes sont utilisées pour des jus, qu'il convient d'appeler nectars.

Portion moyenne : 150 g.

À contrôler dans les régimes pauvres en fibres.

L'amande douce

L'amande est la reine des fruits secs et l'amandier est l'arbre fruitier méditerranéen par excellence. Venu d'Asie occidentale, il est commun sur tout le pourtour méditerranéen.

En général, quand les vendanges sont terminées, commence la cueillette des amandes. Les terres de la péninsule Ibérique seraient les premières productrices mondiales, le second pays étant les États-Unis d'Amérique et le troisième l'Italie.

On trouve les amandes légèrement grillées en garniture de salades et comme base typique de sauces catalanes (*romescos* et *picada*[16]) et de l'élaboration des tourons. Elle entre dans la confection du fameux « blanc-manger », panacée universelle du Moyen Âge, ainsi que de nombreuses crèmes, biscuits secs, gâteaux et boissons, tel l'orgeat, sans oublier les dragées, les amandes pralinées et autres nougatines. On les retrouve dans la *pastella* marocaine et autres pâtes d'amandes.

À utiliser occasionnellement, à raison de 40 à 50 g émondées.

Concentration en lipides, en minéraux, riche en cholestérol.

La noix

Fruit oléagineux produit par le noyer, dont on consomme la partie interne ou cerneau, frais ou séché, nature ou grossièrement haché, mélangé à des préparations salées (salades, sauces à escargots, fromage), ou sucrées (gâteaux aux noix). Les noix peuvent aussi se confire dans du miel pour donner des liqueurs dites digestives.

Portion moyenne : 40 g.

Particulièrement riche en lipides (huile de noix), avec des acides gras polyinsaturés et du cholestérol (47,5 mg/100 g), riche en protides, en sels minéraux. À ne pas grignoter dans la journée, en raison de cette richesse. Arnaud de Villeneuve explique que les noix, noisettes, amandes, pignons et pistaches ont un fort pouvoir de constipation lorsqu'ils sont frais. Mieux vaut, dit-il, les faire sécher, les griller ou les confire.

À déconseiller dans les régimes pauvres en lipides et en cholestérol (47,5 g/100 g), dans les régimes hypocaloriques et les régimes sans fibres.

Le pignon

Graine de la pomme de pin, essentiellement du pin pignon, fruit amylacé et oléagineux.

Utilisé cru ou grillé dans de très nombreuses salades au Moyen et Proche-Orient, Maghreb, pays catalans, et dans des préparations types : épinards, blettes, et souvent associé au raisin sec.

Portion moyenne : 20 à 25 g.

---

16. Cf. Éliane Thibaut-Comelade, *La Cuisine catalane*, ouvr. cité.

Particulièrement riche en protides, glucides, cellulose, phosphore et en vitamine B2. À déconseiller dans les régimes sans fibres et hypocaloriques. Indiqué dans les régimes riches en fer.

La noisette

Fruit oléagineux produit par le noisetier, la noisette est consommée sèche, nature, grillée et salée (à l'apéritif), mélangée aux salades méditerranéennes, hachée en pâtisserie, crèmes pralinées, ou pilée dans des sauces type *picada* catalane, ou *romescos* du secteur de Tarragone (Espagne) et très utilisée en confiserie (fabrication de tourons catalans et des nougats, nougatines).

Portion moyenne : 40 g.

Très riche en lipides avec 90 % d'acides gras insaturés, en particulier acide linoléique. À ne pas grignoter dans la journée, compte tenu de sa composition. Teneur intéressante en calcium, en magnésium et en potassium.

À déconseiller dans les régimes pauvres en lipides et en cholestérol, dans les régimes hypocaloriques et les régimes sans fibres.

Aliments protidiques

Poissons frais, poissons salés (anchois, morue, hareng), thon à l'huile, au naturel, œufs de poisson, crustacés, mollusques ; œufs ; viandes, volailles, lapin, abats (foie, gésiers, cervelles) ; jambon de montagne, jambon cuit, boudins catalans, soubressade de Majorque ; fromages et yaourts...

Les poissons

Les poissons comestibles constituent un large éventail d'espèces et se prêtent à une grande variété de préparations et de transformations. Leur diversité sur le plan diététique en fait un aliment de choix, encore insuffisamment utilisé en dehors du bassin méditerranéen, car les poissons doivent être considérés comme une des plus grandes ressources de l'alimentation.

Ils présentent d'importantes variations dans leur composition chimique, notamment dans leur teneur en lipides et leurs utilisations culinaires leur confèrent des caractéristiques alimentaires très différentes : court-bouillon, rôti, grillé, frit avec ou sans enrobage, en papillote, à l'étouffée, en sauces très diverses, notamment à base d'œufs (mayonnaise, mousseline, hollandaise...). Les préparations méditerranéennes sont généralement plus légères, car il s'agit essentiellement de grillades, d'escabèches et de sauces vinaigrettes à l'huile d'olive, avec abondance de plantes aromatiques fraîches : persil, fenouil, menthe, coriandre, marjolaine.

Les méthodes de conservation leur donnent des saveurs et des valeurs nutritives très diverses : salage simple, séchage simple, salage/séchage/fumage, conserves au naturel, à l'huile, au vin blanc, autolysats...

En remontant le temps, on peut rappeler que les envois de thon mariné, de Bétique à Rome, dans l'Antiquité romaine, furent à l'origine du Monte Testaccio, un amoncellement de débris de jarres de 800 mètres de diamètre sur 50 mètres de hauteur, et citer les quenelles de poisson d'Apicius[17]. L'anonyme du XIIIe siècle[18] et Ibn Razin[19] donnent des recettes d'alose, d'anguille, d'esturgeon, de merlan, colin, sardine, bonite, muge et surmulet. Les médecins de l'époque préfèrent les poissons de mer et tout particulièrement le thon, pêché depuis l'époque des Phéniciens. Il est bon de souligner le cri d'alarme de Jacques Barrau dans *Les Hommes et leurs aliments* : « Une société qui souille inconsidérément les eaux qui ont nourri nos ancêtres et qui prodiguent leurs richesses aux tables les plus humbles comme aux plus sophistiquées est une société suicidaire [...], respecter cette manne est une condition de survie[20]. »

Ce qui caractérise la chair du poisson, c'est sa teneur en eau, qui oscille entre 70 et 80 %, alors que celle de la viande varie de 55 à 65 %, et à l'inverse de sa teneur en lipides.

Le poisson contient autant de protéines que les viandes, de 15 à 25 % pour les parties comestibles :

Maquereau : 23,12 g ; thon rouge : 27,50 g ; sole : 21,25 g.

Le taux de matières grasses peut aller de 1 à 22 % ; il varie avec l'espèce, l'âge, le sexe et la saison. On répartit souvent les poissons en trois groupes :

– les poissons maigres : moins de 5 % de lipides :
Merlan : 0,60 g ; baudroie : 1,03 g ; sole : 1,74 g.

– les poissons semi-gras : de 5 à 10 % de lipides :
Sardine : 5,19 g ; rouget : 7,88 g.

– les poissons gras : plus de 10 % de lipides :
Maquereau : 11,08 g ; thon : 13 g.

17. Apicius, *L'Art culinaire*, texte et traduction J. André, Les Belles Lettres, Paris, 1974.
18. Anonyme Andalou, Éditions D. Ambrosio Huici-Miranda, Madrid, 1965, livre sur la cuisine en Afrique du Nord et en Andalousie au temps des Almohades.
19. Ibn Razin al-Tubiji, *K. Fadhalât al-Khiwân*, éd. Shagrun, Rabat, 1980.
20. Cf. VII p. 200 *sq*.

La teneur en cholestérol des poissons est inférieure à celle des viandes, de 20 à 70 mg/100 g contre 70 à 75 mg/100 g de viande :

Morue : 20 à 40 mg/100 g de chair ; sole : 41,5 à 58,5 mg/100 g de chair ;
hareng : 53,2 à 66,4 mg/100 g de chair.

Comme dans les viandes, on ne trouve pratiquement pas de glucides, d'où l'intérêt à les associer avec des féculents, afin d'assurer une alimentation complète : riz, pâtes, pommes de terre, pois chiche.

Leur teneur en matières minérales est supérieure à celle des viandes :

Sodium, calcium, potassium (de 80 à 360 mg/100 g de chair),
phosphore (250 mg/100 g avec 500 mg pour la sardine),
fer, cuivre, iode, surtout chez les poissons de mer.

Le poisson est mieux équilibré au point de vue phospho-calcique que la viande.

Vitamines : A, D, surtout chez les poissons gras, E ;
bonne source de vitamines B, notamment B12, chez les poissons gras.
Leur valeur calorique varie de 77 kcal (baudroie) à 205 kcal (maquereau).

Leur digestibilité dépend de la teneur en tissus conjonctifs, de la teneur en lipides, du mode de préparation : grillade, court-bouillon, rôtissage conduisent à des plats de digestion facile.

Sur le plan diététique :

– les poissons maigres sont plus spécialement indiqués pour les jeunes enfants, les personnes âgées, dans les régimes pour diabète, obésité, cirrhose, malnutrition ;

– les poissons gras comme le saumon, riches en calcium, vitamine A et D, conviennent aux enfants et aux femmes enceintes.

En résumé, le poisson est un aliment d'une haute valeur nutritionnelle, par la qualité de ses protéines, sa richesse en éléments minéraux et en vitamines ainsi que sa grande digestibilité.

L'anchois

L'anchois (*Engraulis encrasicholus)* est un petit poisson commun en Méditerranée, et de ce fait dispose d'une place de choix dans la gastronomie de la région. De 12 à 15 cm de long, il présente un dos bleu et un ventre argenté avec une mâchoire supérieure proéminente. Au début du XXe siècle, il se pêchait au filet maillant (*anxovera* en catalan*)*, et actuellement, comme la sardine, au filet tournant, la nuit, au lamparo[21].

C'est un poisson gras consommé frais, mais surtout salé. La préparation la plus ancienne répertoriée sur la côte catalane est la *pinyata de Cotlliure*, préparation des pêcheurs, à leur arrivée, soit une cuisson très rapide de l'anchois éviscéré dans un

21. D'après J. Centelles, *Les Dedans de la mer Méditerranée*, Banyuls-sur-Mer, 1979.

mélange d'ail émincé et d'huile d'olive, préparation également appelée *anxoves dels pescaires*, « anchois des pêcheurs ».

Beaucoup plus récente est celle des anchois macérés dans un excellent vinaigre provenant d'un bon vin rancio (en particulier vin de Banyuls). Ce mode de préparation donne lieu à une petite industrie semi-artisanale de l'anchois traité cru et les filets d'anchois se vendent sous l'appellation de *boquerones* (nom castillan).

Le mode le plus courant et le plus ancien est la salaison. À Collioure, elle remonte au XVe siècle et son importance était telle que Louis XI exonéra la localité de la gabelle. L'ère la plus florissante des saleurs d'anchois se situe en 1939 avec trente saleurs dans la cité. Malheureusement, ce nombre a chuté à trois aujourd'hui, pour une production globale de 650 tonnes par an, situation liée aux exigences des normes européennes. Outre Collioure, il faut citer le port de l'Escala, en Catalogne, comme lieux renommés pour leurs salaisons d'anchois.

L'anchois doit être impérativement salé le jour de la pêche, étêté, éviscéré et rangé en couronne dans des tonneaux, par couches salées. Après pressage, les anchois subiront une maturation de 3 mois afin d'acquérir leur saveur spécifique et être conditionnés suivant la demande de la clientèle : anchois salés ou filets à l'huile.

L'anchois salé, notamment, fait partie des éléments incontournables des entrées et salades méditerranéennes, au même titre que les poivrons, les tomates, les *cebetes* (civettes) et l'ail : des côtes catalanes aux rivages italiens, en passant par le Languedoc, la Provence, la Sardaigne, la Corse, l'anchois est partout présent. Mais il faut soigner sa préparation : il faut les dessaler durant 30 minutes, les essorer, enlever soigneusement arêtes et barbes, frotter la peau luisante, bien les baigner dans l'huile d'olive dorée et fruitée. Une anecdote : Alexandre Dumas les lave avec du vin[22].

En apéritif l'anchois est toujours présent sur la table catalane : filets joliment étalés dans des raviers avec huile d'olive, persillade, quartier d'œufs durs, et plus riche sera le plat avec quelques filets de poivrons rouges grillés. Toujours en entrée chaude ou froide, il garnira les *coques* de nos boulangers avec les légumes primeurs ; finement pilé avec du beurre, il comblera les gourmets entre 2 fines galettes feuilletées.

En Languedoc et en Provence, c'est l'anchoïade, qui va assaisonner les salades. Le bœuf grillé se tartine aussi de beurre d'anchois, que l'on peut trouver en préparation industrielle, de même que des biscuits apéritifs, ainsi que des olives farcies d'anchois.

Portion moyenne d'anchois frais : 100 à 150 g ; salé : 30 à 50 g.

À déconseiller dans les régimes hyposodés, pauvres en lipides et en cholestérol.

22. Alexandre Dumas, *Mon dictionnaire de cuisine*, ouvr. cité.

LE POULET ET LA POULE

Ce seraient les Perses qui auraient introduit les poulets en Grèce, où on les salait pour les conserver en pots. À Rome, ils avaient un rôle religieux[23].

Dès le Xe siècle, dans la cuisine andalouse, on trouve une grande variété de volailles où le jeune poulet a la préférence. Maïmonide et Ibn Baïtar le prisent au-delà de la viande de bétail. Le nombre de recettes à base de volaille où apparaît le poulet est impressionnant. Le mélange des chairs est très recherché, afin d'obtenir un moelleux et une suavité des tissus. Les médecins affirment que les volailles sont bénéfiques aux personnes sédentaires, et l'onctuosité du blanc de poulet plaît et guérit les convalescents. Leurs accommodements sont innombrables : courts-bouillons, rôtis, fritures, à l'étouffée à petit feu, croustades au four salées, sucrées, amandes et pignons unifiant le tout. La saveur recherchée est l'aigre-doux, relevé d'épices diverses.

Plus tard, à la fin du XIIIe siècle, le grand médecin catalan que fut Arnaud de Villeneuve[24] introduira le poulet dans les bouillons pour convalescents et le fameux « blanc-manger », sorte de panacée.

Le poulet

Jeune volaille issue de la poule et du coq, dont l'élevage s'est développé de façon intensive et dont le marché représente plus de 90 % de celui des volailles, le poulet est aujourd'hui vendu prêt à cuire, souvent même sous forme d'escalopes de blancs ou de cuisses en portions. Il est d'un prix d'achat modéré.

Portion moyenne : 125 g avec 80 % de partie comestible.

Intéressant dans les régimes hypocaloriques et pauvres en lipides, la peau étant très fine.

Utilisé essentiellement rôti, consommé chaud ou froid (filets émiettés en salade), quelquefois sauté avec des sauces courtes : « sauté chasseur » amélioré de champignons, ou simplement d'oignons, ail, persil, fricassées ; en préparation rapide : détaillé et pané (très appétissant) ; en filets seuls, intéressants dans des régimes amaigrissants (rôtis, grillés, en papillote) et anticholestérolémiants.

La poule

La poule, est élevée pour sa chair ou comme pondeuse. Très savoureuse, se prêtant à de nombreuses préparations : bouillie (poule au pot et autres potages paysans), en sauce et farcie avec des riz (riz à la catalane), des semoules (couscous),

23. André Castelot, *L'Histoire à table*, ouvr. cité, p. 501.
24. *Arnau de Vilanova primer nutròleg/dietista europeu*, thèse déjà citée.

des tajines ou mélangée à des produits de la pêche, spécialités catalanes (poule aux gambas, mer et montagne). Toutefois, tenir compte que sa chair présente une teneur en lipides élevée et qu'elle est à éviter dans les régimes contrôlés en lipides et à contrôler dans les régimes hypocaloriques (pour le reste, comparable au poulet).

Condiments, aromates et épices

Huile d'olive, vinaigre de bon vin, citron, sel, moutarde ;
persil, basilic, laurier, estragon, sauge, persil, romarin, sarriette, thym, ciboulette, origan, anis, anis vert d'Espagne, anis vert en grains, carvi, coriandre, lavande, sésame, verveine, menthe, menthe sauvage, menthe poivrée, aneth, fenouil sauvage, marjolaine, céleri, graines de moutarde, oseille ;
poivre noir, piment doux, piment de Cayenne, piment fort d'Afrique du Nord, ras-el-hanout, cannelle, cardamome, clous de girofle, cumin, gingembre, noix de muscade, safran, baies de genièvre, graines de coriandre...

L'HUILE D'OLIVE

Les olives, fruits de l'olivier (*Olea europea L.*, famille des *Oleaceae)* utilisées pour leur huile ou conservées et aromatisées *(voir p. 64 et 65)*, se récoltent de novembre à février, vertes en automne, violettes en novembre, noires en hiver. Plus elles mûrissent, plus elles sont riches en huile.

La robe de l'huile varie du vert au doré, selon la variété de l'arbre, le terroir, la météo et les traditions locales.

Sa saveur peut être douce, fruitée, puissante ou légère. « Le goût de l'huile ne se discute pas, il s'admet ou non. Comme presque tout en psychologie de la saveur. Les pains à l'huile, les beignets frits peuvent être un mets de roi ou ce dont on s'écarte instinctivement. La science consiste à l'admettre », affirme Anne Bolens, dans *La cuisine andalouse est un art de vivre,* (p. 176).

Il existe différentes qualités d'huile d'olive :

– l'huile d'olive vierge extra et première pression à froid, obtenue à partir de l'olive seule par des procédés mécaniques ou physiques, à basse température, afin d'éviter toute altération, sans intervention chimique, sans mélange avec des huiles d'autre nature ; son taux d'acidité est inférieur ou égal à 1 % (plus la qualité de l'huile est grande, plus ce taux est faible) et son goût est sans défaut ;

– l'huile d'olive vierge fine, obtenue par le même procédé, mais elle peut avoir un goût un peu moins fin ; son taux d'acidité ne peut dépasser 2 % ;

– l'huile d'olive vierge courante : taux d'acidité jusqu'à 3,3 % ;

– l'huile d'olive raffinée : elle a subi des transformations chimiques ; taux d'acidité maximal 0,5 % ;

– huile d'olive : coupage d'huile vierge et d'huile raffinée ; taux d'acidité 1,5 %.

L'huile d'olive peut être chauffée à 210° C sans altération : elle est donc adaptée, outre les salades, aux sautés et aux fritures.

« Les fonctions vitales peuvent accomplir normalement leur travail, lorsqu'il y a ingestion modérée d'huile d'olive vierge[25] », écrivait Arnaud de Villeneuve, médecin particulier du roi Jacques II de Majorque. On pense aujourd'hui qu'un régime alimentaire utilisant l'huile d'olive dans ses préparations culinaires réduirait de 37 % le risque d'infarctus. Sa teneur en vitamine E et sa richesse en acides gras monoinsaturés (acide oléique) régulent le taux de cholestérol et préviennent l'athérosclérose.

Le vinaigre

« Le vinaigre de vin est le cognac des vinaigres, et celui d'Orléans est le roi des vinaigres de vin », disent les chauvins de l'Orléanais. L'industrie du vinaigre est née à Orléans du transport des vins de Touraine ou d'Anjou, qui, au Moyen Âge, se faisait par la Loire. Certaines barriques se piquaient et on les laissait alors sur place pour les transformer en vinaigre. Le vinaigre d'Orléans qui doit aux vins de la Loire son bouquet renommé fournit plus de la moitié de la production nationale et les trois quarts des exportations[26].

Jusqu'à présent les vinaigres français manquaient de personnalités et d'originalité. Même ceux issus des grandes appellations n'offraient pas d'éléments rappelant leurs qualités gustatives. Il est vrai qu'on n'utilisera jamais un mouton-rotschild ou un petrus pour faire du vinaigre.

Seul le vinaigre espagnol de xérès exhale des arômes qui neutralisent en partie l'arôme acétique original. Le vinaigre de Banyuls, lancé par le Groupement interproducteurs du cru Banyuls, c'est assurément le *nec plus ultra* de l'assaisonnement des salades. L'acidité acétique de 6 % minimum est obtenue après l'élevage tradi-

25. *Els membres espirituals poden, doncs romandre tranquils en cas d'ingerir oli d'oliva verge no gaire atemperadament.*

26. D'après André Castelot, *L'Histoire à table*, ouvr. cité, p. 550-555.

tionnel en fûts de 600 litres. Six mois de vieillissement en petits foudres fondent les constituants. À l'œil, le vinaigre de Banyuls est jaune doré. Il fait merveille dans certaines préparations comme le foie gras ou la raie à la sauce piquante, et dans la nouvelle cuisine, avec les arômes de noix, de pain d'épices, cire d'abeille, vanille et réglisse qu'il apporte aux salades feuillues, et qui doublent le plaisir de leur consommation[27].

Le persil

C'est un des aromates les plus utilisés et les plus appréciés, et ce, de longue date ; il est répertorié, par exemple, dès le XIe siècle dans les cultures du Roussillon, région qui, actuellement, en assure une grosse production.

Il fait partie des « fines herbes », et on l'ajoute cru, haché, avant de servir des préparations crues ou cuites : poissons, viandes, légumes, omelettes. Dans le bassin méditerranéen, on préfère, pour une question de saveur, le persil plat au persil frisé. Il est le plus souvent associé à l'ail[28] dans la persillade, et à la sauce vinaigrette. Il peut aussi être utilisé séché et pulvérisé.

Quantité moyenne : 5 à 10 g par portion, suivant les goûts.

Usage à intensifier, malgré une pratique très courante en Méditerranée.

Source importante de vitamine C et de sels minéraux, il convient à presque tous les régimes.

Le basilic ou pistou

Plante de la famille des labiacées, venue des Indes, elle est abondante sur le littoral méditerranéen. Ses feuilles sont un excellent aromate – royal, même, si l'on en croit l'étymologie – très utilisé depuis l'époque médiévale dans les cuisines catalanes et provençales, notamment sur les poissons blancs, dans les salades fraîches, avec les gibiers et dans les potages, notamment la savoureuse soupe au pistou.

On lui reconnaît des propriétés anti-infectieuses dues à sa richesse en camphre.

Sa tolérance varie d'un sujet à l'autre chez les dyspeptiques. Il est contre-indiqué dans les régimes sans fibres et sans résidus.

L'estragon

Plante aromatique originaire de la Sibérie, cultivée dans les jardins, dont les feuilles sont utilisées fraîches dans des salades de crudités, dans des préparations

27. D'après L. S., *Le Roussillon gourmand*, 1985.
28. Voir le sous-chapitre « Salades vertes et légumes condiments », p. 22.

consommées froides (aspics), ou ajoutées au dernier moment dans certaines préparations de cornichons, vinaigres, moutardes, ou encore mêlées à d'autres plantes pour constituer les « fines herbes ». Son usage est fréquent dans les sauces.

Stimulerait les fonctions digestives.

Particulièrement riche en vitamine C (120 mg/100 g).

Contre-indiqué dans les régimes sans fibres et sans résidus.

Le cerfeuil

Originaire de Russie méridionale, le cerfeuil pousse aujourd'hui dans tous les jardins. Utilisé comme aromate dans les courts-bouillons, les potages, à cru avec des poissons blancs, dans les omelettes.

Il aurait des propriétés toniques et augmenterait les sécrétions gastriques.

Consommation modérée chez les dyspeptiques et contre-indication dans les régimes sans fibres et sans résidus.

La coriandre

La coriandre (*Coriandrum sativum)*, ombellifère aux feuilles en forme d'éventail et aux fleurs groupées de couleur mauve pâle, originaire du Moyen-Orient, aurait été cultivée dans les fameux jardins de Babylone. Dans la médecine indienne antique, la coriandre est signalée dans les traitements contre la constipation et l'insomnie, et en cuisine comme élément conservateur des viandes, au même titre que l'anis et le fenugrec.

Ses feuilles, très fortes en saveur, sont utilisées à cru et en cuisson pour leurs propriétés aromatiques, notamment dans toutes les salades du Proche et Moyen-Orient.

Ses graines, très parfumées, sont utilisées comme épice dans les marinades, les confits, les sauces fortes type chutney. On doit les conserver dans des récipients hermétiquement fermés, à l'abri de la lumière et de la chaleur. Elles se sèment au printemps ou en automne et donnent des plantes de 30 à 90 cm de hauteur dans des lieux très ensoleillés.

Contre-indiquée dans les régimes sans fibres.

La cannelle

L'écorce du cannelier est utilisée depuis l'Antiquité comme aromate et épice dans les préparations salées ou sucrées. Elle vient en premier lieu dans les assaison-

29. Ramon Llull, *Proverbes del Tronc Vegetal*, 1302, étude de Joaquim Molas *Literatura catalana antiga*, vol I, éd. Barcino, Barcelone, 1958.

nements de la cuisine médiévale catalane : « La cannelle dit : je suis dans les plats des rois ; mais les fèves lui répondirent : nous sommes dans les plats des saints[29]. »

Elle est commercialisée en bâtons (petits rouleaux), pour aromatiser vins chauds, crèmes et sauces, ou bien moulue, pour pâtisseries et compotes.

Elle contient 21 mg de sodium pour 100 g.

Propriétés toniques et stimulantes du système nerveux central.

Contre-indiquée chez les dyspeptiques.

Le râs al hânoûte

Mélange d'épices diverses dont la formule et le dosage dépendent de chaque épicier, de chaque cuisinier, essentiellement :

- cannelle,
- boutons de roses séchés,
- clous de girofle,
- poivre noir,

le tout pilé très fin et bien mélangé.

LES SAUCES ET ASSAISONNEMENTS

Vase jaune, poivron et aubergine. 1978, huile sur toile, 30 x 30 cm. Coll. privée.

Les sauces classiques

Sauce vinaigrette

Pour 4 à 6 personnes :

- 1 dl d'huile d'olive fruitée, de préférence première pression à froid,
- 2 cuillerées à soupe de vinaigre de bon vin (banyuls par exemple) ou un 1/2 jus de citron frais,
- 1/2 cuillerée à café de sel fin (rase),
- 1 pincée de poivre blanc moulu.

Mêler le tout au fouet.

On peut y ajouter 2 à 3 gousses d'ail pilées et 3 à 4 brins de persil haché (persillade) ou 4 échalotes hachées.

Mayonnaise

Pour 4 à 6 personnes :

- 1 dl d'huile d'olive, de noix, de pépins de raisin ou de tournesol,
- 2 cuillerées à soupe de vinaigre de vin ou 1 cuillerée de jus de citron frais,
- 1/2 cuillerée à café de sel fin (rase),
- 1 pincée de poivre blanc,
- 1 jaune d'œuf.

Mêler œuf et assaisonnements. Incorporer lentement l'huile au fouet jusqu'à épaississement de l'émulsion. Il est important que tous les éléments soient à la même température.

Couvrir de film alimentaire et mettre au frais jusqu'à utilisation.

Nota : l'introduction de moutarde n'est pas de tradition méditerranéenne, toutefois elle est largement utilisée à ce jour, car elle facilite la réussite de cette émulsion.

Bagna routou

Sauce vinaigrette niçoise, fortement huilée et haute en saveur.

Pour 4 à 6 personnes :

- 1 dl d'huile d'olive première pression à froid,
- 1 oignon tendre et 1 gousse d'ail, hachés très fin,
- 4 filets d'anchois salés préparés *(voir p. 72)* et hachés,
- 10 brins de persil plat et 3 à 4 feuilles de basilic, hachés,
- 1 cuillerée à soupe de vinaigre de vin,
- 1 pointe de piment de Cayenne.

Mettre tous les ingrédients dans une terrine et bien les émulsionner au fouet.

Nota : Cette sauce est utilisée pour accompagner toutes les crudités pendant la période estivale.

Sauce des pêcheurs
Saoussa daï pescaïre

La vinaigrette du comté de Nice, en deux formules, pour poissons chauds ou froids, pour fruits de mer et crustacés cuits.

Pour 4 à 6 personnes :

➠ Première formule :

- 1,5 dl d'huile d'olive,
- 2 cuillerées à soupe de vinaigre de vin,
- 2 cuillerées à soupe de moutarde forte,
- 1 boîte de chair de crabe au naturel, bien égouttée et finement pilée.

Après avoir pilé le crabe dans un mortier, y incorporer la moutarde, le vinaigre, puis l'huile, tout en fouettant cette émulsion.

➠ Deuxième formule :

- 2 dl d'huile d'olive,
- eau de cuisson des coquillages ou des crustacés, bien filtrée,
- 1 jaune d'œuf,
- 1 cuillerée à café de moutarde douce,
- 5 à 6 brins de persil, hachés finement.

Monter une mayonnaise avec le jaune d'œuf, la moutarde et l'huile. La détendre légèrement avec l'eau de cuisson, jusqu'à consistance de crème anglaise. Aromatiser de persil haché.

Sauce piquante niçoise

Convient parfaitement aux préparations type tête de veau, langue fourrée, *carn de perol* catalane et évidemment, la spécialité nissarde[1] : *lou pietch* ou panse de veau farcie. Mais outre ces spécialités, un rôti froid de veau ou de porc, s'en accommode parfaitement.

Pour 6 à 8 personnes :

- 2,5 dl d'une huile d'olive très fruitée,
- 2 jaunes d'œuf,

1. De l'occitan *nissarda*, « niçoise ».

– 4 gousses d'ail,
– 2 filets d'anchois salés préparés *(voir p. 72)*,
– 1 poignée de mie de pain imbibée de vinaigre de vin,
– 1 bol de câpres, cornichons et persil, finement hachés et en parts égales,
– 1 pointe de piment de Cayenne,
– 1 cuillerée à café rase de sel fin.

Dans un mortier, piler finement ail et anchois jusqu'à consistance de pommade, y incorporer la mie de pain bien pressée. Y mélanger alors les jaunes d'œuf, le sel et le cayenne.

Monter l'appareil en mayonnaise avec l'huile. Aromatiser avec le mélange câpres, cornichons et persil.

Nota : Il s'agit d'une sauce très relevée.

AMPLOUADA

C'est l'anchoïade nissarde. Deux formules m'ont été fournies.

Pour 8 à 10 personnes :

PREMIÈRE FORMULE :

– 2 dl d'huile d'olive,
– 4 filets d'anchois salés préparés *(voir p. 72)*.

Piler finement les anchois, y incorporer l'huile. Passer au travers d'un linge fin. L'huile recueillie servira de condiment.

DEUXIÈME FORMULE :

– 2 dl d'huile d'olive,
– 2 gousses d'ail pilées,
– 4 filets d'anchois salés préparés *(voir p. 72)* et pilés finement,
– 2 jaunes d'œufs,
– 20 g de câpres hachées finement.

Dans le mortier, mettre l'ail pilé, les filets d'anchois pilés et les jaunes d'œuf. Monter lentement la mayonnaise avec l'huile.

Lorsque la sauce est très ferme, y incorporer les câpres hachées délicatement.

Accompagnement savoureux de viandes et poissons.

SAOUSSOUM CRUT

C'est la sauce tomate crue du comté de Nice, consommée sur du pain frotté d'ail, avec des légumes, du poisson ou toute préparation froide.

Pour 2 litres environ de sauce :

- 3 kg de tomates rondes bien mûres,
- 2 oignons frais bien tendres finement hachés,
- 2 belles gousses d'ail pilées,
- 2 belles branches de basilic ciselé,
- 12 brins de persil plat ciselé,
- 1 pointe de piment de Cayenne,
- 1 dl d'huile d'olive première pression,
- 1 cuillerée à café de sel fin, 1 douzaine de tours de moulin à poivre noir.

Rôtissage : 8 à 10 min.

Chauffer le gril du four. Ranger les tomates sur une seule couche sur la lèchefrite. Enfourner et retourner plusieurs fois les tomates jusqu'à ce que la peau se plisse et se décolle.

Peler, épépiner et concasser les tomates dans un grand récipient en poterie vernissée. Y mélanger les oignons, l'ail, le persil, le basilic, le piment, le sel, le poivre et l'huile d'olive. Mêler énergiquement avec une cuillère en bois.

Mettre au réfrigérateur. L'huile remonte et forme un film protecteur. Se conserve à 4° C, 5 à 6 jours, pas davantage.

Les aillolis du littoral méditerranéen

Il est à supposer que Romains et Égyptiens connaissaient des sauces très proches des actuels aillolis. En fait, il suffisait de posséder un mortier, de l'ail et de l'huile.

Les recettes médiévales catalanes utilisent des sauces de textures voisines : mélanges d'ail cuit ou cru, de pain, de fromage et d'huile. Mélanges que nous retrouvons dans la sauce d'ail grecque ou *skordalia* (*skorđos* : ail) ; au Liban, c'est le *zeit biz tom* ou huile additionnée d'ail.

C'est donc une des sauces les plus anciennes, une des plus classiques, de l'Espagne à l'Italie en passant par Malte. Accompagnement de nombreuses préparations froides ou tièdes, on le consomme en tartines mais également comme mode de liaison pour des plats cuisinés (bourrides, *freginats*). C'est en catalan *l'allioli negat* (ailloli noyé, dilué).

En Grèce, à Chypre, l'ailloli fait partie de l'ensemble des *mezzés*, adouci par du pain, des pommes de terre et des noix. En Provence, il est mélangé à la morue bouillie avec des légumes verts. On peut donc parler d'aillolis, avec des œufs, des coings, des poires, des pommes, des fines herbes, des fruits secs et même des coraux de coquillages.

Telles sont les remarques de Jaume Fàbrega, journaliste gastronomique et historien culinaire, dans l'hebdomadaire *El Temps* du 18 février 2002.

AILLOLI

Pour 4 à 6 personnes :

- 1 dl d'huile d'olive de préférence,
- 1 belle tête d'ail épluchée,
- 1 cuillerée à café de gros sel,
- 1 pincée de poivre blanc.

Piler finement l'ail et le sel jusqu'à obtention d'une pommade, à laquelle on incorpore lentement et régulièrement l'huile jusqu'à épaississement. On peut y ajouter 1 pincée de poivre. Certains y ajoutent un filet de vinaigre de vin.

C'est l'ailloli des cargolades catalanes et de toutes les grillades de viandes d'agneau et de porc, de charcuteries, de lapins, faites sur des braises de sarments, notamment en pays catalans. Il est présenté à part dans des petits pots individuels ou dans le mortier utilisé pour le monter.

AILLOLI AUX ŒUFS

Pour 4 à 6 personnes :

Même préparation avec 1 ou 2 jaunes d'œufs bien incorporés à la pommade d'ail. Certains mettent 1 jaune d'œuf dur et 1 jaune d'œuf cru. C'est l'ailloli le plus doux.

Cette formule convient à tous les types de grillades, poissons, crustacés, viandes, volailles, lapins, légumes. Elle est utilisée sur tout le littoral méditerranéen d'Alicante à Trieste, en passant par les Baléares, la Sardaigne et la Sicile.

AILLOLI DE COINGS
All i oli de codonys

Formule catalane de la Cerdagne. Utilisé pour ses vertus digestives avec les préparations de gibiers : carré de sanglier rôti, gigue de chevreuil…

À la pommade d'ail, on incorpore minutieusement la pulpe tamisée de 2 coings rôtis au four, pelés, épépinés et refroidis, on ajoute alors l'huile en filet jusqu'à épaississement comme pour les deux recettes précédentes.

Faute de coings, on peut utiliser 2 belles poires selon le même procédé.

L'AÏOLI

Ailloli provençal, accompagnement, en particulier, des viandes froides (mouton), de la morue, des pommes de terre nature.

Pour 12 personnes :

- 1 litre d'huile d'olive de première pression à froid,
- 1 jaune d'œuf cru + un jaune d'œuf dur,
- 12 à 15 gousses d'ail,
- 1 cuillerée à café rase de sel fin.

Piler l'ail dans le mortier jusqu'à consistance de pommade. Y ajouter les 2 jaunes d'œuf et le sel. Incorporer progressivement l'huile en mince filet jusqu'à ce que la consistance soit très ferme.

Nota : Lorsqu'on rate l'ailloli, on le verse dans une terrine. On essuie le mortier et le pilon. On y écrase une gousse d'ail, on y mêle 1 jaune d'œuf frais et on recommence très lentement en incorporant l'ailloli raté, goutte à goutte.

Les sauces du Roussillon, du Languedoc et de la Provence

AILLADE
Alhetada ou *aietado*

Sauce provençale.

Pour 4 à 6 personnes :

- 100 g de noix décortiquées,
- 100 g de gousses d'ail pelées,
- 1 jaune d'œuf,
- 1/4 de litre d'huile d'olive,
- sel et poivre.

Piler finement ail et noix au mortier. Y mélanger le jaune d'œuf. Saler et poivrer. Monter cette pommade avec l'huile d'olive comme pour un ailloli.

Nota : Bernard Ély, auteur de *La Cuisine des Provençaux* (Édisud 1997), nous donne une autre formule : « Écraser au mortier 4 à 5 amandes émondées avec une gousse d'ail. Lorsque la pommade est bien homogène, ajouter un peu d'eau tiède afin d'obtenir une crème blanchâtre. Y incorporer très progressivement l'huile d'olive comme pour un ailloli. »

COULIS DE TOMATES

En Languedoc et en Roussillon, il se prépare au moment de la pleine saison des tomates et on en fait une quantité assez importante, qui permette d'assurer toutes les garnitures jusqu'à la saison suivante. Il se conserve traditionnellement dans des bouteilles de bière ou de limonade de naguère, à cause de leur fermeture hermétique : les bouteilles d'un quart de litre sont les plus recherchées car leur contenu peut être intégralement utilisé dans une préparation. Actuellement, les bocaux d'un quart de litre sont aussi très pratiques. Avant remplissage, ces récipients doivent être soigneusement ébouillantés et égouttés. Employer des tomates rondes, très rouges, très mûres, non cloisonnées, à peau très fine.

Pour 20 kg de tomates, soit 80 bocaux environ :

- 1 dl d'eau,
- 1 dl d'huile d'olive + 1 dl,
- 1 bouquet garni (thym, laurier, ail, basilic) entouré d'une mousseline,
- 10 g d'acide salicylique,
- 2 gros oignons jaunes,
- 25 g de gros sel,
- 1/2 cuillerée à café de poivre noir moulu.

Cuisson : 2 h.

Laver les tomates et les égoutter. Ôter les queues et le fond. Partager les tomates pour expulser les graines. Les couper en morceaux. Les mettre dans un grand faitout avec l'eau et faire cuire deux heures en remuant sans arrêt à feu moyen. Ajouter : le gros sel, le poivre, les oignons coupés en morceaux, le bouquet garni et 1 dl l'huile.

Passer au tamis ou au moulin à légumes (disque très fin) après avoir retiré le bouquet garni.

Attendre que le coulis soit tiède. Délayer soigneusement l'acide salicylique et bien mélanger au coulis.

Laisser refroidir et remplir les bouteilles ou les bocaux en laissant une place pour une surface d'huile (1 cm de hauteur environ). Ne boucher que le lendemain et conserver les bouteilles droites dans un lieu frais, à l'abri de la lumière.

À utiliser suivant les recettes.

Nota : Tout le monde n'a pas un jardin ou la possibilité d'aller faire ses provisions chez les producteurs, alors, vous prenez une boîte de tomates au naturel que vous mixez ou un coulis nature tout prêt, emballage verre ou carton. L'industrie a fait d'énormes progrès dans la conserverie de la tomate au naturel.

Les sauces au curry

Sauce vinaigrette au curry

Yougoslavie, Liban, Turquie…

Sauce pour toutes sortes de légumes frais, cuits à l'eau ou à la vapeur : courgettes, artichauts, aubergines, pommes de terre, choux-fleurs…, crus, râpés et taillés en rondelles : carottes, concombres, oignons, céleri, céleri-rave, tomates… et salades douces : laitue, romaine.

Pour 4 à 6 personnes :

- 1 sauce vinaigrette *(voir p. 50)*,
- 1 cuillerée à café de moutarde forte,
- 1 cuillerée à café de poudre de curry doux,
- persil, coriandre et ciboulette, ciselés,
- 4 à 6 noix hachées ou 2 cuillerées à soupe de raisins de Corinthe.

Nota : Le curry est un mélange pilé de coriandre, fenouil, cannelle, girofle, piment, cardamome et curcuma. Toutefois, chaque pays a le sien.

Coulis de tomates au curry

Orient, Afrique du Nord…

Sauce pour poissons et crustacés.

Pour 4 à 6 personnes :

- 1/2 dl de coulis de tomates *(voir p. 56)*,
- 3 cuillerées à soupe d'huile d'olive ou d'arachide,
- 1 cuillerée à soupe de curry,
- 2 gousses d'ail pressées,
- 1 cuillerée à café de sucre,
- 1 cuillerée à soupe de vinaigre de vin,
- basilic ou coriandre ciselés,
- 2 cuillerées à soupe de câpres,
- 50 g d'olives vertes dénoyautées, taillées en lamelles,
- 1 zeste de citron finement râpé.

Dans une sauteuse, chauffer l'huile, y ajouter le curry, l'ail, le sucre et le vinaigre. Bien mélanger durant 30 secondes.

Verser le coulis de tomates. Laisser reprendre l'ébullition. Hors du feu, ajouter coriandre, câpres, olives et zeste de citron.

Laisser refroidir.

Les sauces de caractère

Sauce aigre-douce

Sauce pour viandes froides, légumes et riz (Grèce, Crète).

Pour 4 à 6 personnes :

- 250 g de yaourt nature,
- 2 cuillerées à soupe de vinaigre blanc,
- 2 cuillerées à café de miel d'acacia,
- sel, poivre,
- 8 poignées de feuilles de menthe hachées.

Chauffer ensemble le vinaigre et le miel et laisser refroidir.
Ajouter alors le yaourt fouetté, le sel, le poivre et la menthe.
Servir cette sauce très fraîche.

Na'na'mukhallal

Sauce médiévale orientale (Turquie).

- 1 grosse poignée de menthe fraîche ciselée,
- 7 à 8 feuilles de céleri frais ciselé,
- 7 à 8 feuilles de basilic frais ciselé,
- 1 pincée de brins de safran,
- 1 cuillerée à café de thym frais émietté,
- 2 gousses d'ail émincées,
- 2 dl de vinaigre de vin.

Mettre tous ces ingrédients dans un bocal hermétiquement fermé et laisser macérer durant 2 ou 3 jours.
Filtrer et mettre à table dans de petites soucoupes ou chacun trempe des légumes à sa guise.

Romesco de sucar

Cette sauce catalane, originaire de la province de Tarragone, est utilisée pour tremper ou napper des aliments crus ou grillés ou cuits en court-bouillon, notamment tous les produits de la mer comme, par exemple, des *gambes a la planxa* (ou gambas grillées sur plaque) ou un loup au court-bouillon.

Elle enveloppe complètement l'aliment et lui confère un goût incomparable. Il n'y a pas une sauce *romesco,* mais des sauces *romesco,* à base d'amandes ou de noisettes grillées, d'épices et d'aromates.

Pour 1/2 litre environ :

– 500 g de tomates très mûres, pelées, épépinées,
– 1 tranche de pain,
– 1 tête d'ail,
– 50 g d'amandes ou de noisettes émondées,
– 1 cuillerée à soupe de vinaigre de vin,
– 1 dl d'huile d'olive environ,
– 2 poivrons rouges épépinés ou 4 poivrons ronds pour *romesco* appelées « nyores »,
– 1/2 cuillerée de sel et de poivre noir moulu,
– 1 pincée de piment de Cayenne,
– 1 pincée de sucre,
– 2 feuilles de menthe.

Après les avoir badigeonnés d'huile, faire rôtir ensemble les tomates, les gousses d'ail et les poivrons. Retirer et éplucher. Dans la même huile, faire dorer pain et amandes ou noisettes.

Piler tous ces ingrédients tout chauds. Tout en travaillant cette pâte, incorporer vinaigre, poivre, cayenne, sel, menthe hachée (peut se faire au mixeur).

Ajouter l'huile peu à peu toujours en triturant ce mélange, afin d'obtenir une émulsion stable.

Vérifier l'assaisonnement.

Les sauces préférées des asperges

Les asperges se mangent tièdes de préférence, quelle que soit la sauce choisie.

Assaisonnement pour 4 à 6 personnes :

Sauce mousseline

– 1 sauce mayonnaise au citron *(voir p. 50)*,
– 2 blancs d'œuf.

Incorporer à la sauce mayonnaise les blancs d'œuf montés en neige très ferme.

Sauce au persil

– 1 sauce vinaigrette au vinaigre de vin rancio *(voir p. 50)*,

– 1 bouquet de persil plat effeuillé et finement haché,
– 3 cuillerées à soupe de crème fraîche liquide.

Ajouter, en fouettant, les ingrédients à la sauce vinaigrette.

Sauce flamande

– 150 g de beurre fin,
– 4 œufs durs hachés,
– sel, poivre blanc, noix de muscade.

Faire fondre le beurre dans un bain-marie, y ajouter les œufs, assaisonner et servir tiède en gardant le bain-marie.

Sauce maltaise

– 150 g de beurre fin,
– 3 jaunes d'œufs extra-frais,
– les jus de 2 oranges,
– quelques zestes d'oranges blanchis (facultatif).

Monter au fouet les jaunes d'œufs en y ajoutant progressivement le beurre amolli, toujours au bain-marie.

Lorsque la liaison est bien stable, y incorporer les jus d'oranges et les zestes. Servir avec le bain-marie.

Nota : On trouve actuellement dans les boutiques d'art ménager de très jolis récipients à double fond pour les bains-marie, qui permettent de servir des sauces toujours à point.

Les sauces d'Éliane

Il s'agit d'associations de sauces de ma création avec les salades vertes cultivées dans la plaine fertile du Roussillon, réalisées au Centre cultural català de Perpignan, avec l'ingénieur Llorenç Planes, du lycée agricole expérimental de Théza.

Assaisonnement pour 4 à 6 personnes :

Première sauce

Pour chicorée douce, frisée, scarole.

– 1/2 jus de citron,

– 1/2 dl d'huile d'olive,
– 100 g de fromage blanc battu,
– 1 yaourt nature battu,
– 1 douzaine de grains de raisin noir essuyés,
– sel fin, poivre blanc, paprika : 1 cuillerée à café en tout,
– 2 cuillerées à soupe de : basilic, estragon et ciboulette hachés et mélangés.

Deuxième sauce

Pour chicorée amère, pain-de-sucre, chicorée rouge.

– 50 g d'olives vertes dénoyautées grossièrement hachées,
– 1 orange taillée à vif en dés, pelée, épépinée,
– 1/2 dl d'huile d'olive,
– 1 cuillerée à café de moutarde douce,
– 1 jaune d'œuf dur écrasé,
– 3 cuillerées à soupe de vinaigre de vin de Banyuls,
– sel, poivre blanc.

Troisième sauce

Pour laitue beurre, laitue à couper, *lollo rossa*, sucrine, romaine verte, batavia, iceberg.

– 1/2 dl d'huile d'olive,
– 2 cuillerées à soupe de vinaigre de vin de Banyuls,
– sel, poivre blanc,
– 4 cuillerées à soupe de fromage de chèvre frais bien fouetté,
– 3 échalotes finement hachées.

Quatrième sauce

Pour endives, choux blancs, pommes granny-smith, poires louise-bonne, cœurs de céleri, céleri, fenouil, courgettes cuites.

– 1/2 dl d'huile d'olive,
– 2 cuillerées à soupe de vinaigre de vin de Banyuls,
– 4 gousses d'ail écrasées,
– 1/2 cuillerée à café de cumin,
– 1 pointe de piment de Cayenne,
– 2 cuillerées à soupe de coulis de tomates *(voir p. 56)*,
– 6 noix hachées grossièrement,
– 1 pincée de sel,
– 1 chèvre sec émincé.

Sauces légères

Pour les obsédés de régimes amaigrissants ou de diète méditerranéenne à outrance, ou pour les gens raisonnables, de temps en temps.

Sauce rose

À un yaourt bien brassé, ajouter sel et paprika à votre goût.

Sauce jaune

À un yaourt bien brassé ou un fromage Fjord, ajouter sel et 4 à 5 pistils de safran pilé.

Sauce verte

À 2 yaourts brassés, ajouter 3 cuillerées à soupe de persil plat haché, autant de basilic et de cerfeuil sans saler.

Vinaigrette légère

À la vinaigrette habituelle *(voir p. 50)*, ajouter 2 cuillerées à café d'eau et bien émulsionner. Agrémenter de ciboulette, cerfeuil ou basilic ciselés.

Sauce moutarde

- 4 cuillerées à soupe de moutarde blanche,
- 1/2 dl de vinaigre de cidre,
- 1 dl d'huile d'arachide,
- 1 cuillerée à café de sucre semoule,
- 2 cuillerées à soupe d'aneth ou de ciboulette.

Mélanger moutarde, sucre et vinaigre. Verser l'huile en un mince filet en fouettant et ajouter aneth ou ciboulette. Convient au saumon, blanc de poulet, boudin blanc catalan.

QUELQUES PRÉPARATIONS DE BASE

Fruits, verre et bouteille. 1992, huile sur toile, 55 x 46 cm. Coll. privée.

Les olives

L'olive est d'abord verte, puis violette, et enfin noire si on la laisse mûrir sur l'arbre. Verte, violette ou noire, elle est toujours présente aux apéritifs des gens de la Méditerranée, mais doit subir une longue préparation.

Conserves d'olives vertes

Recette de mon amie Dolors Llompart i Puigpelat, conservateur du musée des Arts et Traditions populaires de Barcelone.

Pour 1 kg d'olives vertes :

- 1/2 kg de cendres de bois (riches en potasse) passées au tamis,
- 80 g de sel et 80 g de chaux vive.

Prendre la chaux à l'aide d'une cuillère et la verser dans un peu d'eau qui immédiatement se mettra à bouillir (surtout veiller à ne pas toucher la chaux avec les mains).

Quand cette ébullition s'arrête, retirer l'eau et poser la chaux sur un papier grossier afin de stopper définitivement ce phénomène.

Mettre alors cette chaux et la cendre dans un pot en grès, et avec un peu d'eau, faire une pâte assez fluide dans laquelle il faut immerger les olives. Veiller à ce qu'elles soient bien recouvertes. Fermer ce récipient et mettre un poids sur le couvercle.

Après 12 jours, vérifier si les olives sont tendres. Le moment est venu de les rincer à grande eau.

Les laisser 3 jours en eau claire, qu'il faut changer 3 fois par jour.

Les olives doivent alors avoir perdu leur amertume. On peut les mettre en bocaux avec une saumure faite avec 80 g de sel pour 3/4 de litre d'eau. Mettre aussi une herbe aromatique à votre choix. Fermer le bocal et le mettre au garde-manger.

Conserves d'olives violettes

Pour 1 kg d'olives violettes :

- 50 g de gros sel,
- 6 piments rouges secs,
- 6 gousses d'ail,
- le jus de 4 citrons + 1 écorce de citron,
- sel, poivre blanc, 1 pincée de chaque,
- 1 feuille de laurier fraîche,
- 1/2 dl d'huile d'olive,

- 1 dl d'eau,
- 1/2 cuillerée à café de cumin.

Fendre légèrement l'olive.
Procéder comme pour les olives vertes afin d'éliminer l'amertume.
Passer au mixeur les piments, l'ail, les jus de citrons, sel et poivre, l'huile d'olive, l'eau et le cumin.
Remplir d'olives un pot en grès, de préférence aux 3/4. Verser la sauce, mettre le laurier et l'écorce de citron. Fermer hermétiquement avec un bouchon en liège.
Attendre 1 mois avant consommation.

Conserves d'olives noires

C'est une préparation que l'on ne peut réaliser qu'en grande quantité.

Pour 10 kg d'olives noires :

- 5 kg de gros sel,
- 1 dl d'huile d'olive.

Mettre les olives dans un couffin rond à anses. Les saler.
Les recouvrir d'un film alimentaire et placer dessus une grosse pierre de rivière ou un gros poids, et suspendre le couffin au-dessus d'une bassine qui va recueillir le liquide rendu par les olives. Les aérer de temps en temps, les retourner. Cette opération de séchage dure 1 mois environ.
Les verser ensuite dans une passoire et la secouer pour faire tomber le surplus de sel.
Disposer les olives dans des bocaux remplis au 3/4. Les recouvrir d'huile d'olive.
Attendre 10 à 15 jours et les sortir au fur et à mesure des besoins : apéritif, salades diverses, sans oublier leur mélange à l'orange *(voir p. 61)*.
On peut les conserver 10 à 12 mois en bocaux.

Olives noires à la marocaine

Pour 200 g d'olives noires :

- 4 gousses d'ail finement pilées,
- 1 cuillerée à café d'origan,
- 1 cuillerée à soupe d'huile d'olive.

Dénoyauter les olives. Y mélanger l'ail, l'origan et l'huile fraîche. Certains y ajoutent 1 pincée de piment de Cayenne.
Laisser mariner 2 mois environ.

Citrons confits

Si l'on retrouve souvent les citrons confits dans les préparations du poulet et du poisson au Maroc, ils se servent aussi en apéritif et en hors-d'œuvre.

Pour 1 kg de citrons non traités :

- 1/2 l d'huile d'olive,
- 80 g de sel fin,
- 5 à 6 feuilles de laurier frais.

Brosser les citrons et les tailler en fines rondelles.

Dans une passoire à pied placée au-dessus d'un récipient, disposer les citrons par couches successives en saupoudrant de sel chacune d'elle.

Laisser dégorger 12 h environ et les éponger.

Les ranger dans un bocal en intercalant des feuilles de laurier. Recouvrir d'huile d'olive et laisser macérer 1 mois avant de les consommer.

Légumes au vinaigre du Maroc

Ou pickles pour les Anglais. Les légumes doivent être très frais.

Pour 1/2 l de vinaigre de vin ou de jus de citron filtré :

- 6 jolies carottes fanes, grattées et taillées en bâtonnets,
- 1 petit chou-fleur, divisé en petits bouquets, blanchi 10 min et égoutté,
- 100 g de haricots verts très fins, effilés et coupés en deux,
- 2 poivrons verts moyens et un poivron rouge, taillés en bâtonnets,
- 4 gousses d'ail, finement pilées,
- 1 tout petit piment de Cayenne,
- 2 feuilles fraîches de laurier,
- 1 douzaine de grains de poivre noir,
- 1 cuillerée à café de sel fin,
- 1 cuillerée à soupe d'huile d'olive ou d'argan (huile utilisée au Maroc),
- 1/2 l d'eau.

Macération : 1 jour et 1 nuit.

Mettre tous les légumes dans une passoire, les saler et les laisser égoutter 2 à 3 heures.

Remplir un grand bocal avec tous ces légumes. Ajouter tous les autres ingrédients. Verser eau, vinaigre et huile et laisser reposer 1 jour et 1 nuit. Conserver au réfrigérateur.

Préparation des concombres

Les peler, les saupoudrer de sel fin et laisser dégorger 1 h environ.
Les rincer à l'eau fraîche. Essorer et débiter suivant la recette choisie.

Poivrons rouges grillés
Pebrots vermells escalivats

Très utilisée dans tous les pays catalans, mais aussi au-delà, en faisant le tour du bassin méditerranéen. Procédé permettant de mieux apprécier les beaux poivrons rouges brillants et très charnus.

Recette de base

Pour 1 poivron rouge doux, bien charnu et ferme :

- 1 cuillerée à soupe d'huile d'olive,
- 2 cuillerées à soupe d'eau froide.

Cuisson : 25 à 30 min à 210° C.

Préchauffer le four durant 10 min.

Laver et essuyer les poivrons. Les disposer dans un plat à four, les arroser d'huile et d'un peu d'eau. Les mettre à four chaud jusqu'à ce que la peau se boursoufle complètement. Les retirer du four. Les envelopper de papier journal ou de film alimentaire. Attendre 5 min afin qu'ils finissent de s'étuver.

Les éplucher tout chauds : la peau se détache très facilement. Leur enlever les graines, les découper suivant la recette choisie : partagés en 2, en 4, en lanières... et les utiliser suivant ladite recette. Toutefois, on peut tout simplement les utiliser tels quels, arrosés de sauce vinaigrette et d'une persillade.

À la languedocienne

Une fois taillés en lanières et mis à macérer dans l'huile d'olive et l'ail haché, les Languedociens les appellent *lengas de tarasca*, langues de tarasque.

À l'arménienne

Une fois taillés en lanières, on les dresse dans un plat. On les parsème d'ail finement râpé, on sale et on ajoute de l'huile d'olive. Certains y mettent une pointe de piment. On les sert très frais, accompagnés d'une salade de tomates arrosée d'huile d'olive. On les prépare aussi avec du concombre : une fois pelés les poivrons sont mixés puis mélangés à du concombre râpé, salé et pimenté, mis au frais une bonne heure avant de les servir.

À la marrakchia

Le procédé est le même. Ils sont ensuite taillés en lanières fines et mis dans un saladier avec ail pilé, citron confit émincé, huile d'argan (tirée du fruit de l'arganier, un arbre épineux du Sud marocain) et sel. Mettre au frais 30 min avant de servir.

En pays arabes

On retrouve les poivrons grillés dans les salades, *salatat al-foulayfila al machwiyya* : même technique utilisée pour les griller au feu de braises ou au four, pour les peler et les égrener. Une fois taillés en lanières, ils sont garnis d'ail grillé et écrasé, de jus de citron et de petits cubes de citron, de sel et de cumin en poudre. Bien mélanger et servir très frais.

Il faut aussi mentionner la *salatat al-fâlayfila al-maqliyya*, où les poivrons sont frits à l'huile avant d'être pelés. Ils seront ensuite mis sur un ravier, arrosés d'huile, et le jus de 2 citrons sera présenté à part, en saucière. (Voir *La Cuisine arabe* de René Khawam Albin Michel, 1970, dont je recommande vivement la lecture.)

Préparation des aubergines

Avant utilisation, les débiter suivant la préparation désirée : soit partagées longitudinalement, soit découpées en rondelles, soit en longues tranches, soit en dés.

Les disposer par couches dans un plat creux et saler légèrement chaque couche.

Au bout d'1 h environ presser les morceaux afin de leur faire dégorger leur jus amer et les essorer dans un linge.

À utiliser en fonction de la recette choisie : beignets, en sauce tomate, moussaka, *samfaina*, etc.

Samfaina

C'est la compote de légumes méditerranéens en pays catalans, une préparation que l'on retrouve sur tout le littoral avec des variantes, non pas dans la composition qui est pratiquement la même, mais dans le dosage et la cuisson des ingrédients utilisés : *samfaina* en Catalogne, *chichoumeilla* en Languedoc, ratatouille dans le comté de Nice, *tchouktchouka* en Algérie, et sous des appellations que je n'ai pas su retenir en Grèce, en Roumanie, en Bulgarie.

Proportions pour 4 à 6 personnes environ :

– 1 poivron rouge et 1/2 poivron vert évidés et coupés en lanières (1 poivron

jaune dans le secteur des Balkans),
- 2 oignons moyens finement émincés,
- 2 aubergines taillées en dés et préparées *(voir p. 68)*,
- 3 ou 4 tomates très mûres pelées, épépinées et hachées (la compote ne doit pas être acide et l'ajout de sucre ne résoudrait rien ; d'autre part, trop de tomate dénaturerait le goût),
- 1 dl d'huile d'olive : ne pas en abuser, elle n'améliorera pas le mélange,
- sel, poivre blanc.

Cuisson : 1 h environ, à feu très doux.

Prendre une « cassole » de taille moyenne en terre vernissée, munie d'une queue et de son couvercle (ustensile le plus approprié). Y mettre tous les ingrédients, sauf les tomates. Verser l'huile puis 1 ou 2 cuillerées à soupe d'eau froide, saler, poivrer. Couvrir et laisser fondre à petit feu : les légumes doivent d'abord suer leur eau de constitution, puis fondre sans prendre coloration.

Parvenu à ce stade de cuisson, il faut légèrement augmenter le feu et tout en remuant avec une cuillère en bois, faire légèrement dorer les légumes. Il ne doit pas rester de jus dans la « cassole ».

À ce moment, ajouter les tomates et remuer encore le mélange 7 à 8 min. Vérifier l'assaisonnement, il ne doit plus rester de jus dans la « cassole », la compote doit être bien homogène et très tendre.

À la dégustation, il faut que ce soit un fondant de légumes.

Cette préparation peut se manger froide en entrée ou en accompagnement de poissons, de viandes blanches ou de volailles, servis froids ou chauds.

Je conclurai par une phrase du plus fameux chroniqueur gastronomique, Joseph Pla : « La *samfaina* améliore les mets, elle leur confère une base positivement solide dispensatrice de bien-être... »

Préparation des artichauts

Choisir des artichauts au cœur très tendre, à manger crus tels les petits violets du Roussillon ou toute autre variété d'artichauts de taille moyenne. Vendus en bouquets ou à la pièce, de début février à fin juin.

Prendre un petit couteau pointu, bien affûté. Trancher la queue, arracher à la main la première rangée de feuilles en gardant la base comestible.

Tailler ensuite les autres rangées en passant le couteau derrière les feuilles avec un mouvement tournant très précis. Ne garder que la partie tendre et arriver ainsi jusqu'aux dernières feuilles. Le résultat doit être régulier avec une gradation nette dans la découpe.

Enlever le foin s'il y a lieu.

Citronner largement les cœurs d'artichauts.

Les utiliser tels quels à cru, émincés ou taillés en 4 selon la recette choisie. Ou bien les cuire 15 min dans un bouillon blanc : eau + citron + farine, afin de les conserver blancs. Bien les essorer avant utilisation.

CUISSON DES PÂTES

L'eau. On compte 4 litres d'eau pour 500 g de pâtes. On peut mettre 1 cuillerée à soupe d'huile dans l'eau afin de les rendre plus moelleuses.

Le sel. Saler l'eau à raison d'une cuillerée à soupe de gros sel pour 500 g de pâtes. Verser le sel lorsque l'eau est à ébullition.

Le dosage. Compter 60 g de pâtes par personne pour une salade, 100 g si cela doit constituer un plat unique.

La cuisson. À forte ébullition vider les pâtes en pluie en une seule fois. Remuer avec une spatule en bois. Couvrir la marmite. Laisser bouillir en remuant fréquemment. Les pâtes sont cuites lorsque leur surface est molle. Toutefois le centre de la pâte doit rester ferme. On compte de 10 à 18 min selon leur forme, leur qualité, pour qu'elles soient *al dente*. Ex. : tagliatelles : 12 min ; torsettes : 12 min ; spaghettis : 8 min. Le mieux est de se conformer aux instructions inscrites sur le paquet.

L'égouttage. Dès qu'elles sont cuites, les verser dans une grande passoire métallique à pied. Ne jamais les laisser dans l'eau chaude : elles gonfleraient et seraient trop cuites. Pour une salade, les rincer à l'eau froide. Bien égoutter.

CUISSON DU RIZ

Riz au court-bouillon

Arròs en brou perfumat, ou comment je conçois un riz « blanc ».

Pour 4 personnes :

- 200 g de riz ordinaire à grains longs pour mettre en salade,
- 1 court-bouillon :
  - 4 dl d'eau
  - 1 dl de vin blanc sec aromatique,
  - 1 oignon piqué de 3 clous de girofle,
  - 1/2 cuillerées à café de sel fin,
  - 1 écorce de citron,
  - 1 bouquet garni en frais de : 2 feuilles de laurier, 1 branche de thym et 1 branche de romarin,

- 2 gousses d'ail,
- quelques tours de poivre, 1 pincée de safran, 1 pincée de piment de Cayenne,
- 2 cuillerées à soupe d'huile d'olive.

Cuissons : court-bouillon, 15 min ; riz, 15 min. *Repos* : 3 min.

Faire cuire le court-bouillon 15 min. Retirer le bouquet garni, l'ail, et le filtrer. Le porter à ébullition.

Verser le riz en pluie dans le court-bouillon. Lorsque l'ébullition reprend, couvrir le riz et le laisser cuire à petit feu durant 15 min. Le riz doit absorber totalement le court-bouillon. Le laisser reposer 3 min hors du feu. Les grains doivent bien se détacher. Le goûter et vérifier l'assaisonnement qui doit être léger.

À refroidissement, utiliser le riz en fonction de la salade choisie.

Nota : J'ai créé cette préparation afin de faire aimer le riz aux personnes qui n'aiment pas le riz dit « blanc », parfaitement insipide et trop cuit la plupart du temps. La recette paraissait donc dans la première édition de *La Cuisine catalane* (éd. Jacques Lanore, à Paris). La première critique gastronomique à mon égard a été celle de Robert Courtine dans *Le Monde* où j'ai eu la joie et la grande satisfaction de lire qu'un des plus grands gourmets de notre temps avait apprécié ce procédé : « Il me plaît encore que, dans ce coin de France, le riz au court-bouillon comporte un verre de vin blanc sec dans ledit court-bouillon. Il est plus goûteux. » (Extrait de *L'Appétit du dimanche*, « Cuisine catalane », 1965/1966 de Robert Y. Courtine.) Un premier livre c'est comme un enfant, on est très ému, fier, attendri… et lorsqu'il est ainsi consacré, c'est le comble du bonheur pour un écrivain débutant… Mais je crois que plus fiers que moi étaient mes parents, instituteurs stricts et méritants.

Riz noir

Arròs negre, préparation traditionnelle de toute la côte catalane.

Pour 4 personnes :

- 250 g de riz,
- 700 g de seiche, en ayant soin de réserver les poches d'encre,
- 1/2 l de fumet de poisson,
- 1 *sofregit* :
  - 1 oignon finement haché,
  - 1/2 dl d'huile d'olive,
  - 2 cuillerées à soupe de coulis de tomate *(voir p. 56)*,
  - 4 gousses d'ail pressées,
  - 1 pincée de sel fin et 1 de poivre noir.

Cuisson : 15 min. *Repos* : 3 min.

Dans une poêle, faire le *sofregit* avec les éléments indiqués, attendre que l'oignon soit brun, avant d'ajouter la tomate.

Verser le riz dans ce *sofregit*, bien mélanger, y ajouter l'encre et mélanger. Mouiller avec le fumet bouillant, laisser reprendre l'ébullition, baisser alors le gaz, couvrir et laisser cuire à tout petit feu 15 min. Le riz doit absorber tout le liquide. Le laisser ensuite reposer 3 min hors du feu. Il doit bien se détacher, tout en étant onctueux.

À consommer chaud ou froid selon la recette choisie.

Nota : Il est évident que si vous voulez faire un plat de riz noir chaud, vous pouvez ajouter au *sofregit* tous les éléments de votre choix : d'abord les seiches, mais aussi des gambas, des moules, du porc... À Majorque, on y met des petits pois, des artichauts...

À propos du riz en pays catalan, il est à préciser qu'actuellement, la plus importante zone de rizières se trouve dans le pays de Valence et la région de l'Èbre. Pour bien réussir les préparations de riz citées dans mes différents ouvrages, il est fondamental d'utiliser la meilleure variété de riz. Je recommande la traditionnelle *bomba* dans laquelle on peut citer en premier lieu le riz *Illa de riu de Sant Jaume d'Enveja*. Dans l'historique de la culture du riz dans la péninsule Ibérique, il faut noter d'autres zones productrices comme, dans la région de Gérone, les secteurs de l'Escala et Pals. Il est aussi à signaler que les Valenciens introduisirent le riz à Majorque dans la zone humide de Sa Pobla.

Préparation des filets d'anchois au sel

Laver les anchois à l'eau courante afin de retirer le sel.

Les laisser tremper ou non sous un filet d'eau fraîche durant une demi-heure, selon les goûts.

Les partager délicatement sur leur longueur et retirer l'arête.

Les aligner sur un torchon, l'intérieur de l'anchois contre le torchon. Les essorer soigneusement et, avec un coin de torchon, essuyer doucement la peau brillante du dessus.

Les disposer dans un ravier, recouverts d'un filet d'huile d'olive et les utiliser suivant la recette choisie : tels quels avec de l'ail et du persil ou en garniture de nombreuses salades.

Conservation au frais 10 à 15 jours.

Nota : Il est préférable d'en préparer une assez grande quantité de façon à en avoir pour trois ou quatre fois. Vous les mettrez alors dans une « cassole » en terre, bien allongés et bien recouverts d'huile d'olive. Recouvrir d'un film alimentaire.

Préparation de la morue salée

Opération délicate car la morue doit conserver son goût : trop dessalée, elle sera insipide ; insuffisamment, elle rebutera les indécis.

S'il s'agit de la morue entière sèche : la mettre à tremper sous un filet d'eau froide une demi-journée et toute la nuit. S'il s'agit de filets, la nuit suffira.

Essorer au moment de l'utilisation et découper suivant la recette.

Nota : Sur les grands marchés méditerranéens, il y a toujours des spécialistes qui vous la vendront correctement dessalée (à utiliser le jour même).

Cuisson des œufs durs

Plonger les œufs ensemble dans l'eau bouillante et maintenir l'ébullition 8 min après reprise (10 min pour les gros).

Les plonger dans l'eau froide pour faciliter l'écalage.

Inutile de dépasser le temps nécessaire, les blancs deviennent coriaces et les jaunes verdissent en surface.

Marinade

Pour préparer une pièce de 1,500 kg environ :

- 1,5 l de vieux vin rancio ou de vin blanc sec pour les viandes blanches et produits de la mer,
- 1 branche de thym frais émietté,
- 4 feuilles de laurier fraîches,
- 4 ou 5 clous de girofle pour les viandes rouges,
- 4 à 5 grains de poivre, plus 12 tours de moulin,
- 2 cuillerées à soupe d'huile d'olive très fruitée,
- 1/2 cuillerée à café de piment de Cayenne pour le gibier à poil,
- 1 cuillerée à café d'estragon effeuillé s'il s'agit de poissons,
- 1 cuillerée à café de cannelle pour les viandes rouges, gibiers,
- 1 petite branche de céleri ciselée,
- 1 gros oignon émincé,
- 1 grosse carotte en rondelles,
- 1 dl de cognac ou armagnac ou vieille eau-de-vie de marc,
- 1 pelure d'orange fraîche,
- 2 ou 3 rondelles de citron pour les produits de la mer.

Durée de trempage : 48 h minimum.

Il faut piquer le ou les morceaux à mariner et les retourner de temps en temps.

Utilisation pour tous les gros gibiers (sanglier, chevreuil, lièvre...), les grosses pièces de viandes à mettre en broche ou en civet (jambon frais, daubes...), les brochettes de viande ou de fruits de mer, des poissons découpés.

La marinade filtrée sert par la suite à mouiller la sauce ou à arroser les grillades.

Chermoula

Marinade pour poisson au Maroc.

Pour 3 kg de poissons nettoyés :

- 1 bouquet de coriandre,
- 4 à 5 gousses d'ail pilé,
- 1 cuillerée à soupe de cumin,
- 3 cuillerées à soupe de piment doux,
- 1 pointe de piment de Cayenne,
- 4 cuillerées à soupe d'huile d'olive,
- 1 cuillerée à café de sel fin,
- 1 dl d'eau froide.

Passer tous ces éléments au mixeur, jusqu'à obtention d'une pâte semi-liquide qui nappe la cuillère.

Ranger les poissons tête-bêche sur une seule rangée, dans un grand plat creux et les recouvrir de cette marinade. Mettre au frais durant 3 à 4 heures.

Court-bouillon

Pour cuire une pièce de 1 kg environ de poisson, de viande, de volaille ou d'abats :

- 2,5 litres d'eau,
- 1/4 de litre de vin blanc sec,
- 1 carotte,
- 1 gros oignon piqué de 5 ou 6 clous de girofle,
- 3 ou 4 gousses d'ail,
- 1 bouquet d'herbes aromatiques : thym, laurier, persil, céleri, marjolaine, fenouil, (attachées dans une mousseline ou mis dans une boule à infusion),
- 1 cuillerée à soupe de gros sel,
- j'y ajoute une belle écorce de citron lorsqu'il s'agit de poissons.

Cuisson : 30 min environ.

Mettre tous les ingrédients dans l'eau froide et compter le temps de cuisson à partir de l'ébullition.

Utiliser suivant la recette choisie.

Nota : Il faut toujours laisser refroidir l'aliment cuit dans son court-bouillon, afin qu'il recueille le maximum de parfums.

Gelée

- 1/2 pied de veau,
- 200 g de couennes de poitrine de porc,
- 1 carcasse de volaille ou de lapin,
- 1 bouquet garni, sel, poivre en grains,
- 1 oignon piqué de 2 ou 3 clous de girofle,
- 1 carotte,
- 1 dl de vin blanc sec,
- 1 cuillerée à soupe d'huile d'olive,
- 1 pincée de sucre fin,
- le tout largement recouvert d'eau froide.

Cuisson : 40 min en autocuiseur.

Faire dorer dans l'huile chaude : les couennes, la carcasse, l'oignon, la carotte, le pied (des os s'il y a lieu), ajouter le sucre et faire légèrement caraméliser le tout. Mouiller avec le vin et l'eau. Fermer l'autocuiseur et laisser sous pression doucement pendant 40 min environ.

Passer au chinois, faire prendre en gelée dans un récipient de rangement allant dans le réfrigérateur.

Dégraisser soigneusement.

Peut s'utiliser aussitôt, mais peut aussi se conserver 2 ou 3 mois dans le réfrigérateur.

Nota : Après cuisson, peut être parfumée avec un verre de bon vin vieilli, vin rancio, vieux banyuls ou vieux rivesaltes.

La gelée peut s'acheter toute prête, il n'y a qu'à la délayer dans les proportions indiquées par le fabricant, mais elle n'a guère de goût.

Cette gelée peut servir aussi de fond de sauce.

Melons, artichauts et lavande.
1993, huile sur toile, 65 x 54 cm. Coll. privée.

LES RECETTES

Nota bene

À l'intérieur de chaque chapitre, les recettes sont classées non pas géographiquement, mais selon l'ingrédient principal, dans l'ordre du chapitre « Les ingrédients ».

RECETTES DU PORTUGAL, D'ANDALOUSIE, DES PAYS VALENCIENS, DE CATALOGNE ET DES BALÉARES

Barques à Cadaquès. 1999, huile sur toile, 100 x 81 cm. Coll. privée.

SALADE CATALANE
Amanida catalana

Elle se fait dans tous les pays catalans avec tout ou partie des éléments, mais toujours avec une laitue et ce, pratiquement tous les jours, au minimum à un repas.

Pour 4 à 6 personnes :

- 1 petite laitue ou scarole ou batavia,
- 2 tomates mi-vertes,
- 2 à trois oignons tendres en saison ou 1 oignon rouge de Toulouges (Roussillon),
- 1 poivron rouge grillé *(voir p. 67)*,
- 2 œufs durs,
- 4 à 6 anchois à l'huile *(voir p. 72)*,
- 1 douzaine d'olives vertes,
- 1 sauce vinaigrette *(voir p. 50)*.

Laver les légumes crus une fois triés. Retailler les grandes feuilles de laitue.

Couper les tomates en quatre. Effiler les oignons. Tailler les poivrons en lanières. Couper les œufs en quartier.

Disposer tous les éléments de la salade dans un grand plat au moment de servir.

Présenter la sauce en saucière. On peut y ajouter une tranche fine de jambon cru par personne, quelques rondelles de boudin blanc.

Nota : On peut ajouter au choix :

- 1 concombre émincé après avoir dégorgé *(voir p. 67)*,
- 1 poivron vert découpé en petits carrés,
- 2 ou 3 petits cœurs d'artichauts violets crus découpés en fines lamelles,
- 1 cœur de céleri ciselé,
- 1 douzaine de radis longs fendus en 2 ou 4,
- 1 poignée de fèves tendres crues, à la saison.

SALADE DE CHICORÉE AUX CROÛTONS
Amanida de xicoira amb crostonets

Ma grand-mère la faisait le jour où elle avait préparé un succulent *salpiquet de mongetes* (haricots blancs en saupiquet) ; on se servait en même temps ou après, et je trouvais le mariage excellent. Il y avait toujours sur la table une coupelle avec des gousses d'ail pour ceux qui voulaient frotter leur croûton et mon grand-père ne s'en privait pas… ! Ces saveurs ancestrales sont difficiles à retrouver, malgré les recettes que m'ont léguées mère, grand-mère, grand-tante, extraordinaires cuisinières inventives, dont pourtant ce n'était point le métier ; peut-être les produits utilisés ne présentent-ils plus les mêmes propriétés gustatives ou peut-être les souvenirs d'enfance sont-ils magnifiés…

Pour 4 personnes :

- 1 salade frisée (200 g environ) au minimum,
- 1 tranche de ventrèche (lard de poitrine de porc, plus ou moins gras) de 100 g bien entrelardée et un peu épaisse,
- 1 sauce vinaigrette *(voir p. 50)* + 2 gousses d'ail pilées (au moins),
- 2 tranches de pain rassis, coupées en petits cubes,
- 2 cuillerées à soupe d'huile d'olive.

Trier et laver la salade. L'essorer. Retailler les plus grosses feuilles.

Blanchir la tranche de ventrèche découennée, à l'eau bouillante 10 min.

Faire la sauce vinaigrette.

Dans une poêle chaude, griller la ventrèche coupée en dés, la retirer, la réserver au chaud. Dans la même poêle, faire rôtir les cubes de pain dans l'huile chaude et la graisse de la ventrèche.

Au moment de servir, assaisonner la salade de sauce vinaigrette. Y verser les lardons et les croûtons chauds. Bien remuer le tout.

SCAROLE SAUCE ROMESCO
Escarola amb romesco

Carmen Arjona, native de Valls, la capitale des *calçots (voir p. 82)*, prétend que cette salade est vraiment représentative des conditions de cultures des secteurs géographiques de Tarragone et contrées voisines.

Pour 4 personnes :

- toute la partie blanche d'une belle scarole bien craquante,
- 250 g de filets de morue, préparés et bien essorés *(voir p. 73)*,
- 1 sauce romesco *(voir p. 58)*.

Réfrigération : 1 bonne heure.

Tailler la scarole en julienne ainsi que la morue crue.

Mettre le mélange dans un saladier et l'arroser de sauce romesco. Mettre au frais.

Nota : Une fois sortie du réfrigérateur, cette salade doit être consommée aussitôt, les restes seraient inutilisables.

La calçotada

Grillade d'oignons tendres de la province de Tarragone.

Ma première *calçotada*, c'était à Valls (capitale des *calçots*) où nous faisions halte tout à fait par hasard avant d'arriver à Tarragone : une *masia* (un mas, une ferme) pleine de gens avec des serviettes nouées autour du cou, debout autour de grandes tables sur tréteaux, qui prenaient délicatement un long oignon tout noir, tiraient d'un coup sec par le fond cette gangue, trempaient l'oignon tout blanc dans une sauce toute rouge et solennellement engloutissaient le bulbe avec des grognements de satisfaction.

Amusés et intrigués, nous nous sommes aisément intégrés à cette équipe de *calçotaires* (mangeurs de *calçots*) et nous avons facilement mangé notre douzaine d'oignons, les mains toutes noires et la figure barbouillée – pas de tricherie : on penche la tête en arrière et on met tout le bulbe tiède et plein de sauce dans sa bouche en une seule fois – dans les éclats de rire, les histoires de la voisine et les premières notes d'une sardane qui retentit soudainement.

Depuis, chaque année, je vais à la *calçotada* à Valls ou à Toulouges, peu importe mais l'essentiel est d'y aller avec des amis et de bien s'amuser, en savourant les oignons fondants et cette délicieuse sauce romesco dite *salvitxada* ; mais ce ne sont que des prémices, ensuite viennent les grillades : saucisse, côtelettes, *pit de pollastre* (blanc de poulet), le tout accompagné d'un ailloli à faire fuir un régiment de Parisiens. Puis viennent les *coques* (fougasses) sucrées, les *maduixes* (grosses fraises) et la *crema cremada* (crème catalane brûlée), le *moscatell* (vin de muscat) et le *cava* (champagne catalan), et… le mieux est d'aller ensuite faire la sieste ! (Les recettes des fougasses et de la crème se trouvent dans mon ouvrage déjà cité : *La Cuisine Catalane,* p. 197.)

Pour 2 à 3 douzaines de calçots :

- 1 sauce *salvitxada* :
  - 100 g d'amandes,
  - 100 g de noisettes grillées,
  - 8 *nyores* (variété de poivrons rouge doux) mises à tremper la veille, échaudées et égouttées,
  - 2 tomates mûres, rôties, pelées et épépinées,
  - 1 tête d'ail épluchée,
  - 1 poignée de mie de pain trempée dans un bon vinaigre de vin et bien égouttée,

- 1/2 cuillerée à café de piment de Cayenne,
- 1 dl d'huile d'olive vierge.

On peut faire cette sauce de type *romesco* froide, la veille. Il faut mixer le tout jusqu'à obtention d'une sauce homogène et crémeuse.

Préparer les braises d'un feu de souches de vigne. Graisser des grils munis d'une bonne toile métallique. Les chauffer dès que la braise est à point.

Ranger régulièrement les *calçots*. Les retourner au bout de 8 à 10 min. Ils doivent devenir très tendres et tout noirs de l'extérieur. Dès qu'on les retire, on les enveloppe d'un grand papier journal afin qu'ils finissent de s'étuver.

Les *calçots* se mangent tièdes, comme je vous l'ai expliqué. On fait ensuite griller saucisses et côtelettes sur les mêmes braises.

Ce mystérieux oignon que l'on vénère…
Le *calçot* est un mystérieux légume qui s'apparente à notre oignon tendre. Quasiment exclusivement produit dans le village de Valls (Tarragona), il aurait pour origine… le hasard.
La légende veut en effet que ce soit un paysan du mas Xat, de Benaiges, qui l'ait découvert vers 1815, en jetant un oignon qui avait trop poussé au feu.
Depuis, pour obtenir le *calçot*, on déterre un oignon, on laisse ses tubercules se développer à l'air libre, avant de le replanter et de le récolter.
Une fois grillé, il faut extraire du *calçot* sa tige tendre. Une technique qui s'acquiert rapidement. Trempez-la dans la fameuse sauce façon *romesco* (à base de tomates, noisettes et amandes grillées, piments, huile d'olive…) Et gobez. Bon profit.

JEAN-MICHEL SALVADOR,
L'Indépendant, 6 mars 2000.

TREMPÓ

À Majorque, *trempar* signifie mettre un aliment à macérer avec du sel, de l'huile, du vinaigre et d'autres éléments pour le rendre plus goûteux, plus parfumé. Le *trempó*, à Majorque, est l'équivalent de la salade catalane *amanida*, de la salade valencienne *ensalada*. Elle se fait tous les jours en été, dans les campagnes, même pour le petit-déjeuner ou le goûter. On la trouve maintenant en ville. S'il est correctement fait, le *trempó* est rafraîchissant et délicieux, il sert d'entrée ou bien accompagne d'autres plats.

Pour 4 personnes :

- 3 tomates mûres,
- 1 oignon tendre et doux,
- 2 poivrons jaunes dits poivrons « blancs », très allongés,
- 1/2 dl d'huile d'olive,
- du sel fin,
- un très bon vinaigre de vin.

Tailler les oignons en demi-lunes très fines, les laisser un moment dans de l'eau fraîche et bien les essorer. Tailler les tomates en dés. Tailler les poivrons en tout petits carrés ou en anneaux très fins. Mettre le tout dans un grand saladier.

« Tremper » le mélange avec de l'huile, du vinaigre et du sel à votre goût. Remuer et servir.

Nota : On peut y ajouter du poivron rouge doux, des petits morceaux d'une galette salée bien croquante, du pourpier et même une poire ou une pomme taillée en petits cubes.

Au lieu de vinaigre, on peut mettre des légumes au vinaigre comme on sait si bien les faire à Majorque : câpres, fenouil marin, carottes, chou-fleur, olives cassées parfumées aux herbes.

C'est avec la garniture de cette salade que l'on fait la fameuse *coca de trempo*, une fougasse, spécialité majorquine dont je donne la recette dans *Les Coques catalanes* (éd. Loubatières, Portet-sur-Garonne, p. 41).

CONCOMBRES AU BASILIC
Cogombres amb alfabrega

Recette familiale : mes grands-mères et tantes ne faisaient que de la cuisine catalane… avec toujours du persil et du basilic du jardin. Catalogne, Languedoc, Provence, Italie, le concombre est partout apprécié comme très rafraîchissant. En l'occurrence, il s'agit de concombres courts et rugueux de nos jardins.

Pour 4 personnes :

- 2 concombres préparés *(voir p. 67)*,
- 1 poignée de basilic à petites feuilles,
- 1 sauce vinaigrette *(voir p. 50)*.

Réfrigération : 1 h.

Tailler les concombres en petits dés et les mettre dans un ravier. Les couvrir de feuilles de basilic. Arroser de vinaigrette et mettre au réfrigérateur 1 h.

Nota : Nous trouvons les premières recettes de concombres dans les textes d'Apicius, qui recommande de le consommer : « soit avec du garum [sauce à base de poisson mariné dans du sel], soit avec de l'œnogarum ; vous les trouverez plus tendres et ils ne provoqueront ni rots ni lourdeur », ajoute-il. Autre recette : « Faites-les bouillir avec des cervelles cuites à l'eau, [pilez] du cumin et de la graine de céleri, [travaillez] avec un peu de miel, du garum et de l'huile. Liez avec des œufs, saupoudrez de poivre et servez. » Ou encore : accompagnés de « poivre, pouliot, miel ou vin paillé, garum et vinaigre. On ajoute aussi parfois du silphium ».

Haricots verts en vinaigrette
Mongetes verdes a la vinagreta

Plat de légume, très courant en été dans les familles catalanes, notamment en Roussillon.

Pour 4 personnes :

- 1 kg de haricots verts fins cuits 20 min à la vapeur,
- 4 petits oignons tendres effilés ou, en saison, 1 bel oignon rouge de Toulouges émincé,
- 2 œufs durs taillés en quartiers,
- 1 sauce vinaigrette *(voir p. 50).*

Dans un grand saladier, bien mélanger les haricots et l'oignon à la vinaigrette. Poser les quartiers d'œufs durs au-dessus et servir frais.

Nota : En Arménie, en Crète, j'ai trouvé une autre formule de haricots verts en salade, plus onctueuse car le haricot vert est toujours un peu « raide » :

- même proportion de haricots verts,
- 1 gros oignon doux émincé,
- 3 cuillerées à soupe d'huile d'olive très fruitée,
- 1 pincée de piment de Cayenne,
- 1 grosse tomate mûre émondée, épépinée et concassée.

Faire blondir l'oignon dans l'huile. Y ajouter la tomate et les haricots. Assaisonner, verser un verre d'eau et laisser mijoter à couvert une trentaine de minutes. En fin de cuisson, tout le jus a été absorbé. Mettre ce mélange dans un saladier et le laisser 1/2 heure au frais avant de servir.

Toutefois, cette technique se retrouve au Liban et dans les pays voisins sous l'appellation *lubia biz zeit* : haricots à l'huile. De même que l'on retrouve dans les pays arabes le *fassoliah*, mais aussi *salata fassolia prassina* en Grèce, où les haricots sont retaillés en 2 ou en 3 dans la longueur.

SALADE D'AUBERGINES
Ensalada de berenjena

Dans des auberges hors circuit touristique, d'Almeria à Algesiras, vous pourrez en manger tous les jours, plus ou moins bien assaisonnée, cela dépend de l'humeur du cuisinier ! Cette salade est une des préparations les plus courantes et les plus populaires de l'aubergine.

Pour 4 personnes :

- 4 jolies aubergines moyennes, fermes et brillantes, partagées en deux et préparées *(voir p. 68)*,
- 2 ou 3 gousses d'ail pilées,
- 1 jus de citron,
- 4 à 5 cuillerées à soupe d'huile d'olive,
- 1 pincée de poivre noir,
- 1 vingtaine d'olives noires à l'huile.

Cuisson : 1 h environ à 200° C.

Mettre les aubergines dans un four chaud et les laisser cuire jusqu'à ce qu'elles soient parfaitement tendres.

Retirer délicatement la pulpe de l'aubergine avec une cuillère à café. La mettre dans un saladier, y mêler l'ail, le jus de citron et incorporer l'huile lentement. Bien travailler cette purée et la poivrer à votre goût. Remettre cette purée dans les 1/2 aubergines ou l'étaler dans un plat creux, décorer avec les olives et servir très frais.

Nota : Mais, outre ce plat tout simple, la pulpe de l'aubergine peut être travaillée avec toutes sortes d'ingrédients (viandes, fromages, œufs, etc.), remise dans sa belle peau violette et cuisinée de nombreuses manières : *tortitas de berenjenas*, *mirkas*, *Isfiriya*, *escaldado*… On retrouve cette préparation en Turquie (aubergines en purée) avec du *tahiné*, pâte de graines de sésame grillée, et en Tunisie, avec, en plus, du cumin et du paprika, et du persil haché au lieu d'olives.

AUBERGINES EN ESCABÈCHE À LA MAJORQUINE
Albergínies en escabetx de Mallorca

Nous avons déjà signalé l'importance de ce légume dans la cuisine orientale, dont il est un ingrédient fondamental. Pour ce qui est de leur préparation en escabèche, cette recette majorquine rappelle à quelques ingrédients près des recettes grecques, turques, libanaises et italiennes, voire espagnoles (cf. les fameuses aubergines d'Almagró, si renommées au Rastro de Madrid).

Pour 4 personnes :

- 4 jolies aubergines violettes bien fermes taillées en tranches fines et préparées *(voir p. 68)*,
- 1 bain de friture avec huile d'arachide,
- 1/2 dl de vinaigre de vin blanc sec,
- 4 gousses d'ail émincées,
- 1 douzaine de feuilles de menthe fraîche ciselées,
- 1 cuillerée à café de sucre fin,
- 2 à 3 cuillerées à soupe de raisins secs,
- 1 brin de fenouil marin haché,
- 4 cuillerées à soupe d'huile d'olive.

Cuisson : 4 à 5 min. *Réfrigération* : 24 h.

Essorer les tranches d'aubergines et les dorer des deux côtés dans le bain de friture chaud. Les placer sur papier absorbant. Les presser, les aplanir et les disposer dans un plat ovale et creux.

Dans une petite casserole, mettre le vinaigre, l'ail, le vin blanc, la menthe, le sucre, les raisins, le fenouil et faire réduire d'un tiers. Napper les aubergines de ce liquide brûlant et laisser refroidir.

À refroidissement, recouvrir d'huile d'olive et mettre au frais 24 h avant de servir très frais.

AUBERGINES EN ESCABÈCHE DE SA POBLA
Albergínies en escabetx de Sa Pobla

Une recette de Sa Pobla (Majorque), très beau village proche de Palma de Majorque où j'ai eu la chance de séjourner chez des particuliers qui m'ont fait goûter à toutes les spécialités faites à la maison… De véritables merveilles culinaires.

Pour 4 personnes :

- 4 aubergines moyennes, partagées en deux longitudinalement et préparées *(voir p. 68)*,
- 1 dl d'huile d'olive,
- 4 cuillerées à soupe d'un très bon vinaigre de vin,
- 4 gousses d'ail pilées,
- 1 douzaine de feuilles de menthe ciselées,
- 1 cuillerée à café de raisins secs
- 1 cuillerée à café de pignons,
- quelques tours de moulin à poivre.

Réfrigération : 1 ou 2 jours.

Presser et essorer les aubergines.

Chauffer l'huile et y faire dorer très doucement les aubergines jusqu'à ce qu'elles soient très tendres. Les égoutter et les ranger dans un plat creux sur une seule couche.

Dans la même huile, faire blondir pignons et raisins secs, poivrer, déglacer au vinaigre et verser ce mélange chaud sur les aubergines.

Mettre au frais un jour ou deux.

Nota : Des recettes d'aubergines en escabèche nous en trouvons en Italie, tout comme dans tous les pays catalans, en Espagne, dans tout le Maghreb, en Turquie, etc. En Andalousie, on retrouve des préparations très voisines de celles qui se font au Maghreb, avec vinaigre, fenouil et cumin. En Calabre, au vinaigre, on ajoute de l'ail et de la menthe ou bien du basilic, de l'oignon, de la tomate, du céleri, du sucre, du vin, du poivre, des raisins secs, des pignons, des câpres, des olives… *schibecci* en Sicile. Ail effilé et sauge avec le vinaigre pour les *melanzane marinate* ou n'importe quelle herbe aromatique selon le goût : du cumin au fenouil, de la menthe à la sauge ou au romarin.

Aubergines de Minorque
Albergínies de Menorca

Formule raffinée de l'*escalivada* catalane, préparée avec de jeunes aubergines toutes fraîches cueillies du matin, par exemple, dans un jardinet de curé plein de surprises…

Pour 4 personnes :

- 4 petites aubergines violettes préparées *(voir p. 68)*, taillées en tranches,
- 6 tomates bien mûres taillées en tranches épaisses,
- 2 ou 3 oignons doux hachés fin,
- 4 gousses d'ail soigneusement pilées,
- 1/2 dl d'huile d'olive,
- 1 branche de thym frais en fleurs,
- 1 branche de marjolaine en fleurs (qui foisonne sur l'île).

Cuisson : 1 h au four, th. 6/7. *Réfrigération* : 1 h.

Il faut prendre une de ces belles « cassoles » en terre cuite et l'humecter d'huile d'olive. Mélanger oignons et ail.

Tapisser le fond de la « cassole » du hachis d'oignons et d'ail. Mettre au-dessus et par couches les tranches d'aubergines et de tomates. Saler, poivrer, émietter le thym, ciseler la marjolaine au-dessus de la préparation. Arroser d'huile d'olive et couvrir afin de conserver tous les sucs. Mettre au four .

Après cuisson, mettre au réfrigérateur 1 h, toujours à couvert. Veiller à retirer la « cassole » du réfrigérateur une bonne heure avant de servir, afin de récupérer la température ambiante, qui mettra en valeur le mélange des saveurs.

LÉGUMES GRILLÉS AU FOUR
Escalivada

Entrée colorée et apéritive, dans tous les pays catalans.

Pour 4 personnes :

- 1/2 aubergine préparée et taillée en deux ou trois longitudinalement *(voir p. 68)*,
- 1/2 poivron rouge et 1/2 poivron vert épépinés,
- 2 épaisses rouelles d'oignon doux,
- 1 belle tomate mûre partagée en deux,
- 2 cuillerées à soupe d'huile d'olive,
- sel, poivre blanc.

Cuisson : 45 min environ au four à 210° C.

Dans un plat allant au four, disposer sur une seule couche tous les légumes avec leur peau, sauf pour l'oignon.

Mettre un verre d'eau froide. Arroser d'huile d'olive, saler, poivrer et mettre à four chaud jusqu'à ce que les légumes soient bien tendres.

Se sert tiède ou froid, dans le plat de cuisson, nature ou arrosé d'une sauce vinaigrette persillée *(voir p. 50)*.

Nota : Froid, on l'agrémente souvent de filets d'anchois à l'huile *(voir p. 72)* et de rondelles d'œufs durs.

POIVRONS GRILLÉS AUX ANCHOIS

De Guardamar à Constantinople, poivrons et anchois en salade sont souvent présents pour exciter l'appétit en début de repas.

Pour 4 personnes :

- 2 beaux poivrons rouges bien charnus, grillés *(voir p. 67)* et taillés en lanières,
- 8 anchois salés, préparés *(voir p. 72)*,
- quelques grains de poivre noir,

– 1 jus de citron,
– 1/2 dl d'huile d'olive première pression.

Réfrigération : toute la nuit.

Disposer les poivrons dans un plat ovale et creux. Mettre les filets d'anchois dessus.
Arroser d'un jus de citron et de l'huile. Parsemer de grains de poivre.
Laisser macérer durant une nuit et servir frais en apéritif.
Nota : Sans anchois, nous retrouvons cette salade dans le sud de l'Italie, *imsalati di peperoni*, notamment dans le Mezzogiorno chaud et aride. On y ajoute des câpres au vinaigre, des olives noires ou vertes, de l'ail haché et du poivre moulu.

SALADE DE JEUNES FÈVES TENDRES
Amanida de faves amb menta

La saison des fèves est très courte, il faut savoir les utiliser au maximum. Si on a la chance d'avoir un jardin, on peut même les manger avec leur cosse losqu'elles sont encore petites et tendres. La formule catalane la plus connue est celle du regretté chef J. Mercader, de l'hôtel *Ampourdan* de Figueras ; celle-ci est la mienne.

Pour 4 personnes :

– 1 kg de jeunes fèves,
– 100 g de jambon cru découenné et émincé en fines lanières,
– 8 à 10 feuilles blanches de laitue taillées en julienne,
– 1 sauce :
  • 1 cuillerée à soupe de moutarde douce,
  • 1/4 de cuillerée à café de sel fin,
  • 1 pincée de poivre blanc,
  • 6 à 8 feuilles de menthe fraîche ciselées,
  • 1/2 dl d'huile d'olive,
  • 1 cuillerée à soupe de vinaigre de vin.

Réfrigération : 1 h.

Écosser les fèves et les mettre dans un saladier avec le jambon et la sauce. Bien mélanger et mettre 1 h au réfrigérateur.
Au moment de servir, tapisser un plat rond de salade et y verser les fèves.
Nota : On peut présenter en même temps de larges tranches de *pa amb tomàquet* *(voir p. 298)*.

FÈVES À L'AILLOLI
Faves amb allioli

Recette populaire du bas Èbre en pays catalan (Espagne).

Évidemment, ce n'était pas dans un restaurant trois étoiles du guide Michelin que l'on nous a servi ce plat. C'était une « barraquette », près de l'eau, avec une table bancale sans nappe et des chaises pliantes qui allaient de guingois, mais c'était d'un fondant que je n'ai jamais retrouvé.

Pour 4 personnes :

- 1,200 kg de jeunes fèves tendres écossées,
- 1 l de bouillon de volaille, ou, à défaut, de court-bouillon *(voir p. 74)*,
- 1 ailloli avec un œuf *(voir p. 54)*.

Cuisson : 20 min environ.

Dans une casserole en terre, mettre les fèves recouvertes du bouillon froid. Couvrir et laisser cuire à tout petit feu.

Faire un ailloli très ferme. Égoutter les fèves et les garnir rapidement avec l'ailloli. Servir aussitôt encore un peu tiède.

Nota : Joseph Delteil, dans sa *Cuisine paléolithique* (Arléa/Presses du Languedoc, 1990), précise avec humour et ferveur : « Les fèves ont été ramassées à l'aube, comme il est écrit, avant le lever du soleil (certains ajoutent : à genoux, la fève ayant quelque chose de sacré, d'initiatique, voire de sexuel ; c'est de ce tendre sobriquet que les garçons de mon village nomment leur jeune verge : la fève). »

LA SALADE DU MARQUIS DE MONTFERRER
L'aminada del marquès de Montferrer

Montferrer est un petit village des Aspres, dans le département des Pyrénées-Orientales, secteur sévère, bourré de plantes aromatiques, avec quelques bouquets de chênes verts et des coins à truffe noire haute en saveur ; et le marquis, propriétaire terrien, avait bon goût ! Je n'ai pu réaliser cette salade sublime qu'une seule fois, un bouchonnier du Boulou nous ayant offert deux magnifiques truffes. Pour les petits violets, la fertile plaine de la Salanque nous en fournit des bouquets aussi tendres qu'esthétiques.

Pour 4 personnes :

- 4 petits artichauts violets préparés à cru *(voir p. 69)*,
- 4 truffes de même taille ou 2 selon la grosseur,

– 1 gousse d'ail + 2 gousses écrasées,
– 1 sauce vinaigrette *(voir p. 50)*,
– 3 jaunes d'œufs durs.

Réfrigération : 1 h.

Choisir un saladier en terre vernissée et frotter tout l'intérieur avec la gousse d'ail.

Émincer finement les artichauts crus préparés. Brosser et peler les truffes (les pelures hachées pourront parfumer une omelette) et les émincer. Déposer le tout dans le saladier.

Faire la sauce vinaigrette, y ajouter en fouettant les jaunes d'œufs durs écrasés ainsi que les gousses d'ail écrasées. Verser cette sauce sur les artichauts et les truffes et laisser macérer au frais 1 h avant de servir.

Nota : On retrouve l'artichaut cru en salade en Algérie, simplement arrosé d'huile et recouvert de petits morceaux d'un citron pelé à cru. La salade est mise au frais et en macération 1 bonne heure.

SALADE D'HIVER SUR LA COSTA BRAVA
Aminada d'hivern de la Costa Brava

Du cap Creus à la baie de Rosas, on trouve encore de petites auberges sans prétention, qui savent utiliser le mélange salé/sucré des cuisines catalanes traditionnelles.

Pour 4 personnes :

– 1/4 de chou vert pommé (la partie blanche), taillé en julienne,
– 2 jolies carottes râpées,
– 1 poignée de raisins secs sans pépins,
– 1 cuillerée à soupe de pignons,
– la troisième sauce d'Éliane *(voir p. 61)*.

Réfrigération : 2 h.

Mélanger tous les éléments dans un grand saladier, et laisser au frais 2 heures.

On peut servir en même temps un poisson grillé, pêché du matin sur cette portion de côte ou, si on les aime, des oursins tout frais…

ESCABÈCHE DE CŒURS D'ARTICHAUTS
Cors de carxofes amb escabetx

Recette des pays valenciens : Morella, Tortosa… faisant partie de l'ancien royaume musulman de Saragosse et de la Shala, l'Espagne almoravide des XIe et XIIe siècles.

Pour 4 personnes :

- 8 cœurs d'artichauts soigneusement préparés (*voir p. 69*) et cuits à la vapeur,
- escabèche :
  - le jus de 2 citrons,
  - 1/2 cuillerée à café de sel fin,
  - 20 tours de moulin à poivre noir,
  - 4 cuillerées à soupe de vin blanc sec,
  - 1 dl d'huile d'olive,
  - 1 cuillerée à soupe de grains de coriandre moulus,
  - 1 cuillerée à soupe de persil plat haché,
  - 1 gousse d'ail hachée,
  - 1 oignon jaune moyen finement haché.

Réfrigération-macération : 2 à 4 h.

Émincer finement les cœurs d'artichauts et en tapisser le fond d'un plat ovale et creux.

Mettre tous les ingrédients de l'escabèche dans une petite casserole et travailler ce mélange sur le feu jusqu'à ce que l'oignon soit bien cuit.

Verser l'escabèche bouillante sur les artichauts. Fermer avec un film alimentaire et mettre au réfrigérateur au minimum 2 heures.

Au moment de servir, certains retirent délicatement l'escabèche et remettent un filet d'huile d'olive fraîche.

SALADE DE BETTERAVES
Amanida de remolatxes

Pour 4 personnes :

- 2 betteraves cuites,
- 1 sauce vinaigrette *(voir p. 50)*,
- 2 œufs durs,
- poivre, sel,
- 3 gousses d'ail pilées,
- 1 cuillerée à café de persil haché.

Peler les betteraves, les couper en tranches fines. Préparer la vinaigrette avec un peu d'ail et de persil.

Disposer les betteraves dans un plat et les arroser de sauce.

Passer à la moulinette séparément les jaunes et les blancs d'œufs. Semer jaunes et blancs sur les betteraves de façon à obtenir un joli plat.

Nota : En mars, avril, on y ajoute des cœurs d'artichauts taillés en lamelles ou bien de petites fèves crues auxquelles on a retiré la première peau.
On retrouve cette salade en Grèce, sans œufs durs, mais en accompagnement de poissons frits ou grillés : *patzaria salata*.

CHAMPIGNONS POUR L'APÉRITIF
Bolets per a aperitiu

C'est une préparation catalane du secteur pyrénéen : Conflent, Cerdagne, Garrotxa. Chaque génération a dû apporter son grain de sel à cette recette familiale, transmise oralement.

Pour 4 personnes :

- 1 kg environ de champignons, de préférence de petits cèpes de la taille d'un bouchon de champagne,
- 3/4 l d'un bon vin blanc sec, bien aromatisé,
- 1/4 l de vinaigre de vin blanc,
- 2 à 3 cuillerées d'huile d'olive,
- quelques gousses d'ail frais, émincées,
- 1 branche de romarin frais (en réserver un brin),
- 1 branche de laurier frais (en réserver une feuille),
- 1 cuillerée à café de sel fin,
- 12 grains de poivre noir.

Couper la partie terreuse du pied, laver rapidement et essuyer les champignons ; selon les goûts, les laisser entiers ou les tailler en tranches régulières.

Dans une sauteuse, mettre le vin à bouillir avec le sel, le poivre, le romarin, le laurier.

À ébullition, y plonger les champignons. À reprise de l'ébullition retirer les champignons avec une écumoire. Bien les égoutter et les mettre dans un bocal en verre ou mieux un pot en terre vernissée ou en grès.

Filtrer la cuisson des champignons, la remettre dans la sauteuse y ajouter le vinaigre et porter à ébullition durant 5 min.

Recouvrir les champignons avec ce liquide bouillant, ajouter l'ail, la feuille de laurier et le brin de romarin. Verser l'huile d'olive et fermer. Mettre au frais. Servir le lendemain avec l'escabèche.

Pommes de terre en robe des champs

Ce n'est pas très original, c'est tout simple, c'est très convivial, cela convient à un repas-grillade dehors avec de bons amis, sans aucun protocole, et on n'a guère besoin de recette. De Barcelone à Menton, il n'y a que la variété de pomme de terre qui varie ; en Roussillon on utilise la béa ou la pomme de terre du Capcir en hiver.

Pour 4 personnes :

- 18 pommes de terre béa (au minimum),
- 1 sauce vinaigrette *(voir p. 50)* avec 1 cuillerée à soupe de cerfeuil ciselé, ou une sauce vinaigrette au curry *(voir p. 57)*.
- 1 court-bouillon *(voir p. 74)*.

Cuisson : 20 min.

Laver et brosser les pommes de terre. Les mettre à cuire dans un court-bouillon froid, 20 min à partir de l'ébullition.

Préparer la sauce choisie ou les deux.

Égoutter les pommes de terre et les servir telles quelles avec les sauces en saucières ou bien les peler, les couper en tranches épaisses et les assaisonner toutes chaudes. Servir aussitôt.

Nota : Alexandre Dumas fils nous donne celle de la salade francillon, dans une pièce de théâtre :

Annette : – Vous faites cuire des pommes de terre dans du bouillon. Vous les coupez en tranches comme pour une salade ordinaire et, pendant qu'elles sont encore tièdes, vous les assaisonnez de sel, de poivre, de très bonne huile d'olive au goût de fruit, de vinaigre…

Henri : – À l'estragon !

Annette : – L'orléans vaut mieux : mais c'est sans importance. L'important, c'est un demi-verre de vin blanc : château-yquem si possible… Beaucoup de fines herbes hachées menu… Faites cuire, en même temps, au court-bouillon, de très grosses moules avec une branche de céleri. Faites-les bien égoutter et ajoutez-les aux pommes de terre.

(in *Recettes littéraires*, textes réunis par Arnaud Malgorn, Mercure de France, 1998.)

Braç de patata

Gâteau de pommes de terre roulé, littéralement « bras de pommes de terre ». Plat populaire de cuisine rurale en Catalogne, surtout dans la région de Gérone. Très pratique pour emporter en promenade, cela change des classiques sandwiches (*entrepans* en catalan). J'ai découvert cette préparation agréable à la campagne, avec des amis qui me faisaient visiter le complexe médiéval de Besalú, il y a quelques années.

Pour 4 personnes :

- 1,200 kg de pommes de terre blanches épluchées et taillées en morceaux,
- 1 pincée de sel fin,
- 1 boîte de thon au naturel,
- 1 œuf dur,
- 1 tasse de sauce mayonnaise *(voir p. 50)*,
- 1 beau poivron rouge grillé *(voir p. 67)* et taillé en lanières,
- 1 vingtaine d'olives vertes farcies aux anchois.

Cuisson : 25 min.

Cuire les pommes de terre à la vapeur, jusqu'à ce qu'elles s'écrasent bien.

Égoutter le thon et l'écraser. Retirer les pommes de terre du panier, les saler et les écraser en purée.

Étaler la purée sur un torchon humide, en un rectangle régulier. Mélanger le thon à la mayonnaise et étaler le tout sur la purée.

Rouler le bras de purée à l'aide du torchon. Le disposer sur un joli plat ovale, le tapisser de mayonnaise.

Garnir le bras de pommes de terre avec des rondelles d'œufs durs, des olives et le poivron. Certains ajoutent aussi des anchois à l'huile *(voir p. 72)*. Tailler une ou deux tranches épaisses par personne.

Salade de haricots blancs
Amanida de mongetes seques

Cette recette catalane du Roussillon correspond, dans un repas, au plat de légumes accompagnant une grillade, par exemple : côtes de porc, tranches de ventrèche (lard de poitrine de porc), saucisse catalane, boudins noirs, et, très souvent, le mortier plein d'ailloli trône sur la table. Toutefois, les haricots blancs peuvent être la base d'un plat complet, comme dans les provinces d'Alicante ou de Tarragone : *mongetes seques a l'alicantina (voir p. 117), xató de Vilanova (voir p. 109),* entre autres préparations. Cette même recette peut s'agrémenter de filets d'anchois salés, *mongetes seques amb anxoves* (haricots blancs aux anchois).

Grenade. 1999, huile sur toile, 100 x 100 cm.

Pour 4 personnes :

- 250 g de haricots secs, ou 500 g s'il s'agit de haricots à égrener frais en saison (*granets* en catalan),
- 4 gousses d'ail pilées,
- 5 à 6 brins de persil plat haché,
- 1 sauce vinaigrette *(voir p. 50)*,
- 1 court-bouillon *(voir p. 74)*.

Cuisson : haricots secs, 2 h ; haricots frais, 30 min.

Mettre les haricots dans le court-bouillon froid, et compter le temps de cuisson à partir de l'ébullition. Lorsqu'ils sont bien tendres, les égoutter.

Les assaisonner à chaud et les servir tièdes ou froids.

Nota : On retrouve une préparation de haricots blancs (*plaki*) en Arménie, selon Rosette Krikorian-Fabre (*Ma Cuisine arménienne*, Édisud, 1998) : « Dans une poêle, faire dorer à l'huile d'olive 3 gousses d'ail émincées, 2 ou 3 carottes taillées en rondelles, une branche de céleri émincée, 1 tomate mûre émondée, épépinée et concassée. Mouiller avec 2 verres d'eau froide et ajouter les haricots secs déjà cuits comme indiqué précédemment. Assaisonner de sel et de poivre et laisser mijoter 15 à 20 min en secouant la poêle. On peut y ajouter 1 à 2 cuillerées à soupe d'huile d'olive en fin de cuisson. » Cette entrée se mange chaude ou froide.

Les Languedociens, friands eux aussi de haricots secs, les assaisonnent une fois cuits et bien égouttés, à tiède, avec une belle anchoïade *(voir p. 52)*.

SALADE DE POIS CHICHES
Amanida de cigrons

Les pois chiches sont vraiment très utilisés dans le Maghreb, la péninsule Ibérique, les îles Baléares, sans oublier les pays valenciens et la Catalogne. Nous avons mangé cette salade à Elche. Ensuite, on nous a servi une belle omelette bien dorée et fourrée de dattes fraîches de la palmeraie, *truita de l'hort del capellà* (l'omelette du jardin du curé), c'est inattendu et agréable, mais il faut avoir de belles dattes toutes fraîches cueillies du matin ! Évidemment, à Elche, avec l'immense palmeraie, le problème ne se pose pas.

Pour 4 personnes :

- 200 g de pois chiches mis à tremper la veille,
- 150 g d'olives vertes arbequines (petites et très fines ou, à défaut, des luques),
- 5 gousses d'ail pilées,
- 1 cuillerée à café de piment rouge doux,
- 1/2 dl d'huile d'olive,
- 1 beau citron épluché à vif,
- 2 feuilles de laurier frais,
- sel, poivre blanc à son goût.

Cuisson : 1 h 30 environ.

Dans une « cassole » en terre faire revenir l'ail dans l'huile chaude. Ajouter 1/4 de litre d'eau froide, y verser les pois chiches bien égouttés. Assaisonner avec le piment, le sel, le poivre, ajouter le laurier. Couvrir et laisser mijoter sur une veilleuse. Ajouter un peu d'eau froide s'il y a lieu.

Au bout d'1 h de cuisson, ajouter les olives, après les avoir ébouillantées, et le citron coupé en petits cubes. Laisser encore mijoter 30 à 35 min à couvert. Les pois chiches doivent être très tendres, mais rester bien entiers.

Laisser refroidir et servir très frais. On peut rajouter un filet d'huile d'olive au moment de servir.

Nota : Vous pouvez présenter du *pa amb tomàquet* *(voir p. 298)* en même temps.

POIS CHICHES À L'AILLOLI
Cigrons amb allioli

Pratiquement dans tout le Sud de la Catalogne, vous pouvez déguster cette salade tiède et veloutée, car on y sait bien cuire les pois chiches.

Pour 4 personnes :

- 400 g de pois chiches cuits bien égouttés,
- 1 ailloli bien ferme fait avec 1 œuf *(voir p. 54)*,
- 3 ou 4 gésiers confits et finement taillés.

Mélanger tous les éléments à tiède et servir aussitôt.

Nota : Le fait d'y adjoindre des gésiers confits est relativement récent, soit depuis l'élevage de canards gras (1982/1983), dans le secteur de Figueras, puis, par la suite en Catalogne Nord. On peut ajouter une cuillerée à soupe de persil plat ciselé.

SALADE D'ORANGES DOUCES
Amanida de taronja dolça

Il ne faut pas oublier que l'occupation musulmane ne s'arrêta point aux frontières de l'Andalousie, mais qu'elle influença aussi fortement les pays valenciens (pays catalan) où nous retrouvons oranges, citrons, amandes et miel dans de nombreuses préparations salées. C'est Ovidi Montllor, chanteur catalan engagé du mouvement Nova Cançó, aujourd'hui disparu, qui, dans sa jolie maison de Canet (Maresme, Catalogne Sud), m'avait enseigné cette excellente salade apéritive. Sa mère m'avait aussi appris à faire la paella alicantine.

Pour 4 personnes :

- 2 belles oranges,
- 2 pommes de terre de taille moyenne,
- 1 joli concombre préparé *(voir p. 67)* et taillé en minces rondelles,
- 1 oignon doux de taille moyenne, grossièrement haché,
- 1/2 dl d'huile d'olive vierge,
- sel, poivre blanc, à votre goût.

Cuisson : pommes de terre, 20 min. *Réfrigération* : 1 h environ.

Cuire les pommes de terre dans leur peau, à l'eau bouillante salée.

Les éplucher encore chaudes et les couper en rondelles épaisses. Les disposer au fond d'un joli plat en céramique rond et creux. Saler, poivrer légèrement et arroser d'un peu d'huile les pommes de terre encore tièdes. Mettre au frais.

Éplucher les oranges à vif afin qu'il ne reste plus de membrane blanche et les émincer très finement.

Essorer le concombre. Disposer autour des pommes de terre rassemblées en dôme, un cordon de tranches d'orange, un cordon d'oignon haché, un cordon d'oranges. Assaisonner de l'huile restante et arroser tous ces éléments. Remettre au frais 1 h avant de servir.

LA SALADE DE GLORIA
L'amanida de la Gloria

En pays catalan, Gandia, Dénia, Elche, sont autant de lieux splendides de cette côte magnifique de la péninsule Ibérique. Nous allons saluer une amie d'Ovidi Montllor, le chanteur catalan, qui peint dans une vieille maison de pêcheurs à Dénia. Elle fait aussi de la poterie, des *titelles* (marionnettes), toutes sorcières grimaçantes. Dans la cuisine sombre et fraîche, au carrelage rouge et aux murs décorés de *rajoles* ou *azulejos* (petits carreaux de céramique représentant des scènes pastorales ou des motifs mozarabes), je l'aide à préparer ce plat complet vite fait.

Pour 4 personnes :

- 1 riz au court-bouillon *(voir p. 70)* bien froid,
- les restes d'un poulet rôti émiettés,
- 2 poivrons rouges et 1 vert grillés et pelés *(voir p. 67)*,
- 200 g de petits pois écossés,
- 1 sauce vinaigrette *(voir p. 50)* + 1 cuillerée à café de moutarde,
- 1 poignée d'estragon ciselé,
- 2 œufs durs,
- 2 douzaines d'olives noires à l'huile.

Cuisson : petits pois, 10 min.

Cuire les petits pois 10 min à l'eau bouillante salée, sinon utiliser une petite boîte de conserve au naturel bien égouttée. Tailler les poivrons en petits carrés.

Mettre tous les éléments cuits et froids dans un grand saladier et assaisonner avec la sauce vinaigrette. Au moment de servir, saupoudrer avec l'estragon. Bien mélanger. Décorer avec les olives et les œufs durs en quartiers. Servir aussitôt.

SALADE DE RAIE DU PAYS VALENCIEN
Amanida de rajada

Le pays valencien recèle de nombreux villages enchanteurs, mais il faut savoir traîner dans les vieux quartiers pour trouver de petits patios accueillants où la cuisine est restée traditionnelle. Sinon, on risque, même derrière des façades d'architecture locale, de se retrouver dans la France des steack-frites, ou même l'Allemagne des saucisses-pommes de terre, avec une Gretel à l'animation.

Pour 4 personnes :

- 1 kg de raie taillée dans la partie la plus épaisse,
- 1 court-bouillon *(voir p. 74)*,
- 2 tomates mûres mais bien fermes, taillées en cubes,
- 2 poignées de mâche, lavée et équeutée,
- 2 cuillerées à soupe de câpres,
- 1 sauce vinaigrette *(voir p. 50)*.

Cuisson : 15 min.

Cuire les 4 morceaux de raie au court-bouillon. Les égoutter et les peler tout chauds, enlever les cartilages.

Les ranger dans un plat ovale, parsemer de cubes de tomate et de câpres. Disposer la mâche tout autour. Arroser le tout de sauce vinaigrette et servir aussitôt. Il est préférable que la raie soit tiède.

TRUITES DE RIVIÈRE EN ESCABÈCHE
Truites de riu escabetxades

Recette d'un pêcheur de truites du Capcir, secteur de haute montagne du département des Pyrénées-Orientales, où les eaux sont vives et abondantes.

Pour 4 personnes :

- 4 jolies truites de rivière,
- 100 g de raisins secs, tendres et sans pépins,
- 50 g de noisettes grillées,
- 50 g de pignons grillés,
- farine,
- 1,5 dl d'huile d'olive,
- 0,5 dl de vinaigre de vin de Banyuls,

– thym, laurier, origan,
– 1 pincée de piment de Cayenne,
– sel.

Cuisson : 15 min + 3 min. *Réfrigération* : 12 h.

Vider les truites, les laver et les essorer. Les saler, les enfariner et les dorer à l'huile jusqu'à cuisson complète. Les essorer et les ranger dans un plat creux, tête-bêche.

Préparer l'escabèche : filtrer l'huile de cuisson, ajouter le vinaigre, les aromates, le piment de Cayenne, le sel, les raisins, les noisettes et les pignons.

Faire bouillir ce mélange 2 à 3 min et le verser brûlant sur les truites.

Se sert froid, le lendemain, avec une bonne salade de mâche ou de roquettes.

SARDINES À L'ESCABÈCHE À LA TARRAGONAISE
Sardines amb escabetx al tarragonès

En Catalogne, on trouve plusieurs formules d'escabèche de poissons bleus : sardines, petits maquereaux et thon blanc.

Pour 1 kg de sardines nettoyées et salées :

– 1 dl d'huile d'olive,
– 1 dl de vinaigre de vin,
– 1 tête d'ail pelée,
– thym, laurier, origan, piment de Cayenne.

Cuisson : 20 à 30 min + 30 min. *Réfrigération* : 12 h.

Ranger soigneusement les sardines dans une « cassole » en terre vernissée. Les couvrir avec l'huile et le vin. Mettre le piment et recouvrir avec les herbes.

Mettre la « cassole » sur un feu doux et laisser bouillir jusqu'à évaporation complète. Ne pas remuer. La suite de la cuisson se fait dans l'huile, soit 30 min environ.

Laisser refroidir dans le même récipient et servir le lendemain.

Nota : Appellation et mode de cuisson *escabetx* sont d'origine arabe et se sont imposés en Catalogne dès le Moyen Âge. Le mot arabe *iskebab* signifie viande conservée dans du vinaigre. Mais quel que soit cet apport arabe, nous trouvons des formules d'escabèche dans les écrits latins d'Apicius, avec comme base le mélange d'huile et de vinaigre. Dans les premiers recueils de recettes catalanes (XIIIe et XIVe siècles), les *escabetx* sont fréquents et agrémentés de fruits secs (raisins, pignons, noix, noisettes), ils correspondent à « l'aigre-doux » médiéval. Je terminerai en disant qu'il est important d'utiliser un très bon vinaigre.

Sardines marinées
Sardines amb escabetx

Le jour où l'on fait griller des sardines, on en fait en quantité, afin d'avoir des restes à mettre en escabèche.

Pour 1 kg de sardines grillées :

- 4 gousses d'ail hachées,
- 1 bel oignon jaune haché,
- 2 carottes émincées,
- 1 cuillerée à soupe de coulis de tomates *(voir p. 56)*,
- 1 dl de vinaigre de vin de Banyuls,
- 1 dl d'huile d'olive,
- 1 pincée de piment de Cayenne,
- sel et poivre noir moulu,
- 2 feuilles de laurier frais ciselées,
- 1 brin de thym frais émietté.

Cuisson : 10 à 15 min. *Réfrigération* : 12 h.

Faire dorer les oignons à l'huile d'olive, y ajouter les carottes, l'ail, le vinaigre, la tomate, les épices et les aromates. Cuire 10 à 15 min à feu moyen en remuant souvent. Vérifier l'assaisonnement.

Enlever l'arête et la tête des sardines grillées, les partager, les mettre dans un plat creux, recouvertes de l'escabèche chaude. Mettre au réfrigérateur.

Les servir le lendemain, en entrée.

Nota : Il est préférable de faire griller les sardines sur des braises de sarments de vigne, qui leur confèrent un goût incomparable.

Une fois sortie du réfrigérateur, cette salade doit être consommée aussitôt, car les restes seraient inutilisables.

Les sardines marinées existent aussi en Tunisie, selon une préparation plus gourmande que la formule catalane :

Pour 4 personnes, saler légèrement 24 jolies sardines de même taille étêtées, éviscérées et essorées, les faire dorer dans 2 dl d'huile d'arachide. Les égoutter et les disposer dans un plat creux. Verser 6 à 8 gousses d'ail émincées, 1 cuillerée à café de cumin, 1 bonne pincée de piment de Cayenne, 2 cuillerées à café de paprika dans l'huile chaude, bien mélanger. Hors du feu, ajouter 1/2 dl d'un bon vinaigre de vin. Verser sur les sardines et mettre au réfrigérateur pour 24 heures environ, en les retournant souvent. Servir très frais.

SALADE DE SARDINES SALÉES TIÈDE
Amanida tèbia d'arengades

L'*arengada* est une grosse sardine salée et séchée, rangée en caissette ronde, se vendant à la pièce. C'est en visitant la splendide exposition de Chaïm Soutine au musée d'Art moderne de Céret, que je me suis souvenue de cette préparation rustique et si haute en saveur. Cette *Nature morte au pichet*, où s'étale somptueusement une longue *arengada* sur fond rouge, m'a rappelé une halte dans un de ces petits restaurants, anciennes *masies* (fermes), qui foisonnent aux alentours du magnifique monastère de Poblet, près de Tarragone, et connus pour leur accueil chaleureux et leur « bien manger ». Autrefois, les auberges offraient aux pèlerins gîte et repas, grâce aux jardins cultivés par les moines et les paysans, sur les terres qui entouraient le monastère. Il s'agit d'une tradition culinaire propre à tout ce secteur agricole, où tout s'élaborait dans le silence et la paix.

Pour 4 personnes :

- 4 belles *arengades,*
- 4 petites tomates rondes, bien mûres,
- 4 cuillerées à soupe d'huile d'olive vierge,
- 2 belles tranches de ventrèche (poitrine de porc salée) découennée,
- 4 tranches de pain de campagne,
- 12 petites olives vertes.

Cuissons : ventrèche, 15 à 20 min ; sardines, 2 à 3 min.

Mettre tomates et ventrèche à rôtir au four, 15 à 20 min.

Faire griller les *arengades,* 2 à 3 min de chaque côté, de préférence à l'extérieur sur des braises de sarments de vigne. Puis enlever la peau et les arêtes.

Peler les tomates et faire griller les tranches de pain.

Prendre un grand plat en terre vernissée, y disposer les tranches de pain. Sur chaque tranche mettre une *arengada*, une tomate avec 1/2 tranche de ventrèche.

Arroser le tout d'huile d'olive, garnir avec de petites olives vertes dites arbequines et servir aussitôt. On peut évidemment faire des plats individuels.

MAQUEREAUX EN ESCABÈCHE
Verat amb escabetx

Cuisine du Maresme, portion de côte comprise entre la trop connue Costa Brava et Barcelone, en Catalogne.

Pour 4 personnes :

- 4 beaux filets de maquereaux (préparés par le poissonnier) enroulés peau à l'extérieur,
- 1 beau citron taillé en fines rondelles,
- escabèche :
  - 2 à 3 carottes en tranches fines,
  - 2 oignons jaunes coupés en rondelles fines,
  - 2 cuillerées à soupe de marjolaine émiettée,
  - 1 cuillerée à café de clous de girofle,
  - 4 à 5 feuilles fraîches de laurier,
  - 1 cuillerée à soupe de poivre noir en grains,
  - 1 cuillerée à café rase de sel fin,
  - 1 l de vin blanc sec.

Cuisson : 1 h au four à 150 ° C. *Réfrigération* : 24 h.

Ranger les filets dans un plat à four.

Dans une casserole, mettre le vin, les carottes, les oignons, la marjolaine, les clous de girofle, le laurier, le poivre et le sel. Faire bouillir ce mélange 10 min.

Verser ce mélange sur les filets et enfourner à four chaud.

Quand le poisson est bien cuit, le faire refroidir et le mettre 24 h au réfrigérateur. Servir bien frais.

PAIN DE RIZ AU SAUMON
Pastís d'arròs i de salmó

Nous l'avons mangé à Peniscola, mais, à l'évidence, c'est la création d'un bon cuisinier sur des bases de cuisine catalane. Le souvenir de cette préparation est essentiellement lié à la découverte du lieu. Malgré l'invasion touristique, cette cité sur la mer, entourée de murailles, n'a rien perdu de son attrait ; ses ruelles sinueuses conservent leur enchantement médiéval. Je ne saurais trop recommander ces promenades extraordinaires entre terre et mer de l'Èbre, c'est-à-dire cet ensemble culturel formé par les provinces du Maestrat, du Matarranya et du Baix Èbre.

Pour 4 personnes :

- 250 g de saumon frais cuit au court-bouillon *(voir p. 74)*,
- 2 belles tranches de saumon fumé ou 3 si nécessaire,
- 1 riz au court-bouillon *(voir p. 70)* ou cuit dans un fumet de poissons,
- 1 sauce béchamel :
  - 30 g de farine,
  - 30 g de beurre,
  - 1/4 de l de lait,
  - sel, poivre blanc,

- 2 œufs entiers battus en omelette,
- 1 tasse de petits pois cuits,
- 1 noix de beurre,
- accompagnement : 1 sauce mayonnaise *(voir p. 50)* ou 1 coulis de tomates *(voir p. 56)* ou 1 *samfaina (voir p. 68)* servis en saucière.

Cuisson : 25 min à four moyen, au bain-marie.

Mélanger délicatement le riz, le saumon émietté, la sauce béchamel, les œufs et les petits pois.

Beurrer une terrine. Disposer ce mélange en intercalant les tranches de saumon fumé.

Cuire au bain-marie. Servir froid avec la sauce choisie.

ŒUFS DE POISSON À L'HUILE D'OLIVE ET À L'AIL
Ovos em azeite de alhos

Au pays des fados, on trouve des recettes très voisines des recettes provençales, comme celle-ci, avec des œufs de poisson. La différence serait sa présentation sur du pain de maïs dont là-bas on connaît le secret, et peut-être le fort parfum de coriandre, vestige des influences maghrébines.

Pour 4 personnes :

- 800 g d'œufs de cabillaud dans leur poche,
- 4 branches de coriandre,
- 2 carottes épluchées,
- 1 feuille fraîche de laurier,
- 4 gousses d'ail écrasées,
- 1 dl d'huile d'olive + 1 cuillerée à soupe,
- sel et poivre au moulin,
- le jus d'un citron.

Réfrigération : 12 h. *Cuisson* : 20 min.

Laver les poches d'œufs. Les saler et poivrer et les laisser toute la nuit au réfrigérateur.

Mélanger l'ail écrasé à l'huile d'olive.

Faire un court-bouillon avec 2 litres d'eau, le laurier, la coriandre et les carottes émincées. Le laisser cuire 15 min et y plonger les poches d'œufs 20 min environ.

Les laisser refroidir dans le court-bouillon. Les poêler avec la cuillerée à soupe d'huile. Les arroser de l'huile d'olive après l'avoir filtrée pour retirer l'ail.

Griller des tranches de pain de maïs, y tartiner les œufs et arroser avec le jus de citron. Excellent apéritif.

Sardines grillées aux pommes
Arengades a la brasa i pomes

C'est, en Catalogne Nord, un petit déjeuner très apprécié des vendangeurs, surtout s'il est arrosé d'un bon collioure.

Pour 4 personnes :

- 8 à 12 sardines salées et séchées bien charnus,
- 3 pommes reinettes du Conflent,
- 1 sauce vinaigrette *(voir p. 50)* + 1 cuillerée à café de moutarde forte,
- 1 oignon rouge de Toulouges émincé,
- 1 pain de campagne.

Il faut évidemment de belles braises de sarments de vigne sur lesquelles on fait chauffer fortement les *graelles* (le gril).

Pendant ce temps, dans un saladier, on prépare une bonne vinaigrette moutardée. On y mélange l'oignon et les pommes émincées. Le mélange doit être assez piquant.

On fait griller les sardines « tourne-retourne ». Chacun se sert des sardines sur une belle tranche de pain (*pa de pagès*) et les nappe du mélange précédent…

Le vin de Collioure est indispensable, croyez-moi !

Nota : N'essayez pas ce type de grillade à l'intérieur : l'odeur est assez puissante !

Anchois crus
Anxoves crues

On aime bien aussi, en fonction de la pêche, préparer les anchois crus. On les appelle aussi *boquerones,* nom d'origine espagnole.

Pour 4 personnes :

- 20 à 24 anchois frais du jour, de belle taille,
- 1 poignée de gros sel,
- 1 dl de bon vinaigre de vin rancio + 2 à 3 cuillerées à soupe,
- 1 dl d'huile d'olive.

Macération : 6 h.

Enlever l'arête et la tête des anchois tout frais. Les aligner dans une jatte ovale et les saupoudrer de gros sel. Les recouvrir de vinaigre, qui doit circuler entre les anchois.

Au bout de 6 h de macération, les égoutter, les ranger dans un autre plat. Remettre du vinaigre frais et les recouvrir d'huile d'olive. En été, les ranger au frais, mais ne pas les garder au-delà de 5 ou 6 jours. Servir en apéritif ou en hors-d'œuvre.

Ravier d'anchois à la catalane
Platet d'anxoves a la catalana

C'est la préparation la plus courante en pays catalan. Il n'est pas d'apéritif sans anchois, de Collioure ou de l'Escala.

Pour 4 personnes environ :

- 1 vingtaine d'anchois salés préparés *(voir p. 72)*,
- 1 dl d'huile d'olive,
- 1 persillade faite avec 4 ou 5 gousses d'ail et 2 ou 3 brins de persil plat finement hachés,
- 2 œufs durs partagés en quatre.

Aligner les anchois dans un plat ovale et les recouvrir d'huile, saupoudrer avec la persillade et décorer avec les quartiers d'œufs durs.

Gambas d'Arenys de Mar

À demander dans le Maresme, en Catalogne Sud, dans un de ces bons restaurants gastronomiques, en particulier dans le joli village de Sant Pol de Mar, où la pâtisserie d'un certain Salvador est aussi recherchée que la table d'une certaine Carme, talentueuse chef de cuisine, innovatrice dans la tradition.

Pour 4 personnes :

- 16 gambas de taille moyenne, pêchées du matin,
- 1,5 dl de coulis de tomates *(voir p. 56)*,
- 1 sauce vinaigrette au citron *(voir p. 50)*,
- 1/2 dl d'huile d'olive,
- 1 poignée de feuilles fraîches d'estragon ciselées,
- sel, poivre, selon les goûts.

Décortiquer les gambas, les badigeonner d'huile d'olive.

Les passer « tourne-retourne » dans une poêle antiadhésive brûlante. Les assaisonner de sauce vinaigrette, les saupoudrer d'estragon et les réserver.

Dans une petite casserole, mettre le coulis de tomates avec 2 à 3 cuillerées à soupe d'huile d'olive. Y presser les têtes des gambas afin d'en extraire jus et contenu. Faire réduire cette sauce sur un feu doux jusqu'à ce qu'elle nappe la cuiller et rectifier l'assaisonnement si nécessaire.

Napper le fond d'un plat rond et creux de cette sauce. Y disposer les gambas joliment. Arroser le tout de la sauce vinaigrette et servir bien frais.

Fenêtre ouverte. 1992, huile sur toile, 65 x 50 cm. Coll. privée.

Xató de Vilanova

Nous avons mangé ce *xató* pour la première fois dans un excellent restaurant de poissons, chez la famille Mestre, pêcheurs et restaurateurs très connus, en attendant un *romesco de peix* mémorable. Les *comarques* (provinces géographiques et historiques) du Garraf et du Penedès, sont en effet pleines de surprises culinaires particulièrement élaborées et savoureuses.

Ce plat typique se fait surtout au mois de février à Vilanova i la Geltrú, mais aussi à Vendrell, village voisin où l'on sert en même temps une omelette aux haricots blancs, du jambon serrano et de la *botifarra* (boudin noir), ainsi qu'à Vilafranca del Penedès. C'est en fait une petite fête gastronomique appelée *xatonada.*

Pour 6 personnes :

– 400 g de morue préparée *(voir p. 73)*,
– 200 g de thon au naturel émietté,
– 1 jolie scarole,

- 100 g de petites olives vertes arbequines,
- 2 tomates mi-vertes coupées en tranches,
- 12 anchois salés et préparés *(voir p. 72)*,
- 1 sauce ou *xató* composée de :
  - 4 gousses d'ail pilées,
  - 500 g d'amandes grillées + 50 g de noisettes grillées,
  - 4 petits piments doux (*nyores*) mis à tremper 10 min et essorés,
  - 1 dl d'huile d'olive,
  - 1 cuillerée à soupe de vinaigre de vin,
  - 20 g de pain grillé,
  - 1 pincée de piment de Cayenne,
  - sel fin.

Faire la sauce : passer tous les éléments au mixeur et en faire une pommade homogène. Y incorporer alors l'huile peu à peu, comme pour une mayonnaise. On obtient une émulsion écarlate et épaisse.

Dans un grand saladier, mélanger tous les ingrédients, sauf la salade. Les lier avec le *xató* et mettre au frais.

Ajouter la salade au moment de servir.

POTI-POTI

Le Bagès est une province de Catalogne où ce mélange est très courant comme entrée. Les Catalans sont très gourmands de morue et les recettes de *bacallà* (morue salée et séchée) sont très nombreuses et variées. On retrouve d'ailleurs ce goût pour la morue dans le reste des pays latins, et ce produit, pourtant lointain et nordique, correspondait aux directives draconiennes d'un antique principe religieux : le carême. Ce mets de pauvre apparaît maintenant sur les cartes des restaurants dits de haut niveau gastronomique et, malheureusement pour nos bourses, son prix d'achat a sérieusement augmenté. En ce qui concerne cette recette, c'est une réussite sur le plan gustatif : la morue s'imprègne de poivron grillé et les pommes de terre absorbent les différents sucs ; aussi, même lorsqu'il ne reste qu'elles au fond du plat, on est ravi de se resservir.

Pour 4 personnes :

- 500 g de morue séchée et salée,
- 1,200 kg de pommes de terre à chair tendre,
- 1 bel oignon doux émincé,
- 4 belles tomates pour salade, mûres mais fermes,
- 200 g d'olives « arbequines » vertes, à défaut de lucques,

– 2 jolis poivrons rouges grillés *(voir p. 67)* et découpés en fines lanières,
– 1 dl d'huile d'olive vierge première pression,
– 1/2 cuillerée à café de sel fin.

Cuisson : pommes de terre, 20 min. *Réfrigération* : 1 h minimum.

Effiler la morue à sec avec un couteau bien aiguisé et la mettre à tremper toute la nuit (*voir p. 73*).
Cuire les pommes de terre à l'eau bouillante salée dans leur peau.
Couper les tomates en quatre. Peler les pommes de terre et les tailler en rondelles d'1 cm d'épaisseur.
Lorsque tous les éléments sont prêts, essorer soigneusement la morue.
Mélanger l'huile et le sel et assaisonner séparément tous les éléments sauf la morue.
Dans un grand plat creux et rond, mettre successivement : les pommes de terre, la morue, les tomates, l'oignon, les poivrons, terminer par les olives.
Mettre ce plat au frais une bonne heure avant de le servir.

MORUE EFFILÉE
Esqueixada de bacallà

Préparation de morue crue, au printemps, avec les petits oignons tendres minces et longs. On la retrouve dans toute la Catalogne et, depuis quelques années, les Pyrénées-Orientales ont récupéré cette entrée rafraîchissante et apéritive. Il faut surtout avoir la patience de déchirer soigneusement un joli filet de morue (*esqueixar* en catalan signifie, « déchirer », « effilocher »). Certains préfèrent les joues : il y a des amateurs de morue et pour chaque préparation, ils choisissent le morceau qui leur semble le plus approprié. C'est un plat très populaire que l'on trouve dans toutes les familles et au restaurant, dont la saveur est fortement liée à la qualité de l'huile et au morceau de morue choisi et parfaitement dessalé.

Pour 4 à 6 personnes :

– 500 g de filets de morue, dessalés *(voir p. 73)*, essorés et soigneusement effilés,
– 12 olives noires à l'huile, dénoyautées, et 12 vertes,
– 1 poivron rouge grillé *(voir p. 67)* découpé en lanières (facultatif),
– 4 tomates bien fermes, taillées en quartiers,
– 8 oignons tendres effilés dans toute leur longueur,
– 1 sauce vinaigrette :
  • 1 dl d'huile d'olive première pression à froid,
  • 2 cuillerées à soupe de vinaigre de rancio,
  • sel, poivre.

Réfrigération : 30 min.

Mettre tous les éléments dans un grand saladier, les mélanger.

Les arroser de sauce bien fouettée et placer au réfrigérateur au moins 30 min avant de servir.

LA MORUE EN VINAIGRETTE DE MA GRAND-MÈRE
Bacallà amb vinagreta

Comme vous l'avez sans doute deviné, je suis catalane, et ma mère, ma grand-mère maternelle, mes tantes, faisaient essentiellement de la cuisine traditionnelle, mais je n'avais pas le droit de regarder, seulement celui de mettre le couvert... Le vendredi, il y avait toujours de la morue. Ici, à Perpignan, on l'appelle souvent *juliana*, et ma grand-mère, Joséphine Falguères, qui faisait beaucoup d'efforts pour s'exprimer en français (ses enfants étaient instituteurs !) nous disait, lorsque nous arrivions du lycée, mes cousins et moi : « *Mainada*, aujourd'hui, nous tenons de la juliana à la vinagrette. » Traduction : « Les enfants, aujourd'hui, nous avons (*tenir*) de la morue en vinaigrette (*vinagre*)... » Nous ne la corrigions jamais, car ce mélange des langues nous amusait beaucoup, et ensuite parce qu'elle était si douce et si gentille, que nous ne voulions surtout pas lui faire de la peine. La morue était un délice, dessalée à point, tiède et fondante, avec ses feuillets qui se détachaient comme les pages d'un livre : je n'en ai jamais mangé d'aussi bonne. Le seul inconvénient était que j'avais soif tout l'après-midi...

Pour 4 personnes :

- 600 g de morue bien épaisse et bien préparée *(voir p. 73)*, puis pochée en court-bouillon *(voir p. 74)*,
- 1 sauce vinaigrette *(voir p. 50)*,
- 1 persillade, au goût de chacun, soit en moyenne une touffe de persil plat hachée avec 3 à 4 gousses d'ail.

Faire la sauce vinaigrette, y ajouter la persillade.

Faire pocher la morue dessalée, au moment de manger. Bien l'égoutter, la disposer au milieu d'un grand plat rond et creux, et l'arroser toute chaude de sauce.

Servir rapidement dans des assiettes chaudes.

Nota : Mémé mettait des pommes de terre bouillies, toutes fumantes, tout autour de la morue. Mon grand-père, lui, faisait son mélange personnel : il y ajoutait un cœur de céleri cru, taillé en julienne et, en saison, des radis longs et roses, auxquels il laissait les premières feuilles.

Morue rôtie
Bacallà escalivat

En Catalogne, exactement dans le Priorat, vous pourrez facilement demander cette préparation très courante de la morue utilisée comme entrée.

Pour 4 personnes :

- 800 g de morue préparée *(voir p. 73)*,
- 1 sauce romesco *(voir p. 58)* pour enrober cette préparation.

Cuisson : 20 à 25 min au four ou sur braises.

Envelopper le morceau de morue dans un papier d'aluminium et faire rôtir à four chaud.

Pendant ce temps, faire la sauce romesco et la mettre en saucière.

Défaire la papillote. Enlever rapidement peau et arêtes de la morue et la servir rapidement toute tiède avec la sauce.

Empedrat

La traduction littérale évoquerait un pavé formé de pierres ; il s'agit, en fait, d'un mélange d'ingrédients particulièrement nourrissants et caloriques, donnant lieu à un plat unique, que l'on peut consommer dans toute la Catalogne, intéressant par temps froids ou lors d'un travail intense. Ce qui ne l'empêche pas d'être particulièrement savoureux. Haricots blancs en supplément, c'est en fait une autre version de l'*esqueixada (voir p. 111)* et du poti-poti *(voir p. 110)*. Quoi qu'il en soit, le mélange s'établit toujours autour de la morue salée et séchée mais consommée crue après trempage.

Pour 4 personnes :

- 600 g de morue épaisse et préparée *(voir p. 73)*, sans peau et sans arête,
- 1 oignon haché, mis dans du vinaigre de vin,
- 2 tomates mûres pelées, épépinées et taillées en petits morceaux,
- 20 olives noires lavées et dénoyautées,
- 1/2 dl d'huile d'olive,
- poivre à volonté,
- 4 gousses d'ail,
- 400 g de haricots blancs à égrener cuits dans un court-bouillon *(voir p. 74)* et égouttés,
- 3 cuillerées à soupe d'ailloli avec œuf *(voir p. 54)*.

Réfrigération : 1 h + 2 h.

Émietter la morue crue. Y mélanger l'huile et mettre cette préparation de côté pendant 1 h. Y ajouter l'oignon égoutté et pressé.

Dans un mortier, piler l'ail et y incorporer 1 cuillerée à café du vinaigre qui a servi à imbiber l'oignon, y ajouter aussi 1 ou 2 cuillerées de l'huile de la morue. Dans un grand saladier, mélanger tous les ingrédients, y ajouter les haricots, poivrer fortement et ajouter l'ailloli.

Il faut laisser reposer cette préparation au moins 2 heures au frais.

Certains y ajoutent 100 g de thon au naturel, d'autres des œufs durs partagés en quatre et du persil haché.

Nota : En pays valencien, on trouve une préparation du même genre avec du riz : *esgarrat-mullador* et des pois chiches au lieu de haricots blancs, avec, en plus, une *escalivada* d'aubergines et de tomates, du thon ou des anchois ou bien des sardines séchées et grillées.

MORUE DE NOËL
Bacalahau de Natal

Voici une recette de Noël extrêmement simple à réaliser : tout réside dans le choix et la préparation de la morue. Il est indispensable de trouver une boutique bien approvisionnée en morue salée. Il faut aussi aimer la morue, la morue salée s'entend, ce qui est très méditerranéen...

Pour 4 personnes :

- 1 pavé de filet de morue bien épais, de 500 g environ, préparé *(voir p. 73)*,
- 1 petit chou vert pommé,
- 4 jolies pommes de terre à chair blanche,
- 500 g de pois chiches cuits,
- 4 gousses d'ail hachées,
- 4 œufs durs,
- 2 oignons hachés grossièrement,
- 1 sauce vinaigrette au citron,
- du persil ciselé.

Cuisson : 20 min à la vapeur.

Cuire les pommes de terre et le chou entier à la vapeur, les égoutter.

Égoutter la morue la partager en quatre. Écaler les œufs.

Dans un grand plat ovale disposer les 4 pavés de morue, les entourer des pois chiches, du chou émincé, des œufs et des pommes de terre coupées en rondelles épaisses. Arroser le tout de sauce vinaigrette. Parsemer de persil.

Servir encore tiède, ce sera plus onctueux.

Cadaquès. 1999, huile sur toile, 70 x 70 cm. Galerie Graf, Heidelberg.

MORUE AUX ÉPICES EN ESCABÈCHE
Bacallà amb espièces i escabetx

Castelló, València, encore des recettes qui rappellent l'influence de la culture berbère. Dans ces brassages et migrations dus aux conquêtes, au commerce terrestre et maritime, les peuples concernés déplacèrent des techniques, des plantes, des ingrédients culinaires et médicamenteux, venant de régions comme l'Inde, la Mésopotamie, la Perse, l'Anatolie, l'Abyssinie, l'Égypte ou la Sicile. Pour l'histoire des plantes et de la diététique, manuscrits ibériques et vénitiens sont des sources inestimables.

Les ingrédients utilisés dans cette recette sont très révélateurs ; pour ce qui est de la morue il est certain que c'était un autre poisson qui était utilisé à l'époque, tel que le thon ou l'espadon, répertoriés sur le *Sent Soví* (traité culinaire catalan du XIVe siècle), l'utilisation de la morue étant évidemment plus récente.

Pour 4 personnes :

- 1,200 kg environ de filets de morue épais, sans peau, préparés *(voir p. 73)*,
- 1 dl d'huile d'olive,
- panure :
  - 4 à 5 cuillerées à soupe de farine,
  - 1 œuf battu,
  - 4 à 5 cuillerées à soupe de chapelure,
  - poivre noir au moulin,
- escabèche :
  - 1 petit poivron vert finement haché,
  - 1 pincée de piment de Cayenne,
  - 1 cuillerée à café de chaque épice en poudre : coriandre, cumin, cardamome, curcuma, clous de girofle,
  - 1 bonne pincée de gingembre frais râpé,
  - 2 à 3 gousses d'ail hachées finement,
  - 2 cuillerées à soupe de sucre roux,
  - 1/2 cuillerée à café de grains de fenouil,
  - 7 à 8 grains de poivre noir,
  - 3 à 4 feuilles fraîches de laurier,
  - 1 gros oignon jaune, taillé en rondelles épaisses,
  - 1/2 dl de vinaigre de vin blanc,
  - 1/2 dl d'eau.

Cuisson : 10 min + 30 min. *Réfrigération, macération* : 24 h.

Tailler les filets en rectangles réguliers. Mélanger farine et poivre et paner les morceaux de morue.

Prendre une poêle suffisamment large pour aligner les morceaux de morue sur une seule couche dans l'huile chaude. Les faire dorer de tous côtés et les cuire 6 à 7 min.

Les égoutter et les ranger toujours en une seule couche sur un joli plat creux.

Dans la même poêle, verser tous les ingrédients de l'escabèche, travailler ce mélange semi-fluide sur le feu durant 30 min environ et le verser bouillant sur la morue.

Couvrir avec un film alimentaire et mettre 24 heures au réfrigérateur.

Salade de haricots alicantine
Mongetes seques a l'alicantina

À Alicante ou ses environs, avec un peu de chance dans un vieux bistrot, si vous ne recherchez pas une mise de table... on vous servira une pleine assiette de cette nourrissante salade. À vous de demander par la suite une belle orange pressée, car, dans ce secteur, elles sont particulièrement savoureuses.

Pour 4 personnes :

- 250 g de morue salée et préparée *(voir p. 73)*,
- 1 court-bouillon *(voir p. 74)*,
- 2 tomates débitées en cubes,
- 800 g de haricots secs, cuits et égouttés,
- 3 cuillerées à soupe de coulis de tomate,
- 1 sauce mayonnaise *(voir p. 50)* préparée en demi-quantité,
- 1 poignée d'olives vertes cassées,
- 1 douzaine d'olives noires dénoyautées,
- 1 bouquet de coriandre ciselée,
- 1 oignon doux émincé,
- sel, poivre noir.

Réfrigération : 2 h.

Pocher la morue préparée dans un court-bouillon durant 15 min et la laisser refroidir dans ce court-bouillon. L'égoutter et retirer peau et arêtes.

Effeuiller la morue dans un grand saladier, y ajouter : les haricots, les tomates, les olives, la coriandre, l'oignon et la mayonnaise additionnée du coulis, poivrer. Bien mélanger, goûter, ajouter peut-être un peu de sel et mettre au frais avant de servir.

Haricots secs de Nazaré en salade
Sala de feijao da Nazaré

Quelques années après Alicante, j'ai découvert la même préparation au Portugal : seules les quantités d'ingrédients varient. Elle ressemble aussi beaucoup à l'*empedrat* catalan *(voir p. 113)*, coriandre mise à part.

Pour 4 personnes :

- 250 g de morue préparée (filet épais) *(voir p. 73)*,
- 200 g de haricot secs,
- 1 court-bouillon *(voir p. 74)*,

- 2 belles tomates taillées en petits cubes,
- 1 mayonnaise *(voir p. 50)*, préparée en demi-quantité et bien assaisonnée,
- 100 g d'olives vertes aux herbes,
- 50 g d'olives noires à l'huile,
- 2 oignons doux émincés,
- 4 brins de coriandre.

Cuisson : 45 min.

Cuire les haricots au court-bouillon durant 45 min en autocuiseur et les égoutter.
Pocher les filets de morue *(voir p. 73)* et les effeuiller encore tièdes.
Dans un saladier mettre les haricots, la morue, les tomates, les olives, les oignons et la sauce mayonnaise. Mélanger délicatement et parsemer de coriandre ciselée.
Servir tiède ou frais.

LANGUES DE MORUE VINAIGRETTE
Linguas de bacahau

Évidemment, la difficulté sera de se procurer des langues de morue... mais aux marchés de Barcelone, de Marseille vous pourrez trouver cet article, à moins de passer quelques vacances au Portugal, ce que je vous souhaite vivement. Cette préparation délicate se servirait plutôt durant les fêtes de Noël.

Pour 4 personnes :

- 24 langues de morue salées et préparées *(voir p. 73)*,
- 4 pommes de terre à chair jaune,
- 1 petit chou vert ou 1 chou-fleur,
- 1 sauce vinaigrette *(voir p. 50)*,
- 1 court-bouillon *(voir p. 74)*,
- 1 oignon haché.

Cuisson : 20 min + 2 min.

Cuire chou et pommes de terre à la vapeur, séparément, durant 20 min.
Pocher les langues 2 min dans le court-bouillon et les égoutter.
Disposer les langues dans un plat rond et creux, les assaisonner avec la sauce vinaigrette additionnée d'oignon haché. Les entourer du chou émincé et des pommes de terre partagées en deux.
Nota : À défaut de langues, on peut utiliser des joues de morue.

SALADE DE MAÏS
Amanida de blat de moro

Se prépare dans le pays valencien, sur la côte et dans l'intérieur des terres.

Pour 4 personnes :

- 1 boîte de 200 g de grains de maïs doux bien égouttés,
- 8 à 10 petites gambas fraîches grillées,
- 4 cornichons taillés en fines rondelles,
- 1 poivron rouge grillé *(voir p. 67)*, pelé et taillé en fines lanières,
- 4 cuillerées à soupe de mayonnaise *(voir p. 50)*, additionnée de piment doux.

Réfrigération : 30 à 40 min.

Décortiquer les gambas et les couper en morceaux. En garder 4 ou 5 entières pour la décoration.

Mettre tous les ingrédients dans un saladier, les mélanger. Décorer et mettre au frais 30 min avant de servir.

Nota : Dans un restaurant réputé d'Alcoi, en pays valencien, où nous avait accompagnés le chanteur Ovidi Montllor, nous avons eu la même salade en entrée avec, en plus, des dés d'ananas frais.

SALADE DE POULPES
Amanida de pops

Entre Malgrat et Gérone, en prenant des petites routes encore non goudronnées, on arrive à une auberge en plein champs, fréquentée par des ouvriers agricoles. On y sert cette petite salade parmi une série de hors-d'œuvre tout simples, mais très bons. Si l'on veut goûter à tous, il paraît impossible de poursuivre avec une solide grillade de porc et de charcuteries.

Pour 4 personnes :

- 1 kg de poulpes,
- 1 court-bouillon *(voir p. 74)*,
- 1 sauce vinaigrette *(voir p. 50)*,
- 1 cuillerée à soupe de persil plat haché,
- 4 cuillerées à soupe de riz cuit au court bouillon *(voir p. 70)*.

Cuisson : 30 min.

Retirer la plume et la poche à encre des poulpes et les laver largement à l'eau courante. Les cuire 30 min au court-bouillon. Les égoutter et les partager en deux dans le sens de la longueur.

Mettre le riz au fond du plat de service ; y disposer les poulpes tout chauds et les arroser de sauce vinaigrette persillée. Servir aussitôt.

Nota : Les poulpes sont très appréciés aux îles grecques, où on les accommode de diverses façons : en sauce, *htapodi me salta*, mais aussi bouillis, assaisonnés et servis avec du riz ; préparation moins fréquente sur le continent.

Très appréciés aussi en Galice et au Portugal, *o galego e moi pulpeiro*, ils donnent lieu à des plats très populaires, plats réalisés avec des poulpes de grande envergure, mis à bouillir dans d'énormes chaudrons : *espantats* (épouvantés), présentés ensuite avec pommes de terre et *samfaina (voir p. 68)*. En Catalogne, nous préférons les petits poulpes ou *popets*.

Crabes au roquefort
Crancs amb rocafort

Les Catalans sont très friands de fromage de Roquefort, et ce depuis les années 30 environ. Aussi, il n'est pas surprenant de trouver ce fromage incomparable dans de nombreuses sauces.

Voici la recette d'une de mes cousines de Barcelone.

Pour 4 personnes :

- 1 boîte de 200 g de chair de crabe bien égouttée et effilée,
- 1 concombre préparé *(voir p. 67)* et taillé en dés,
- 2 œufs durs taillés en quartiers,
- 1 petite laitue ciselée,
- le blanc d'un céleri effilé,
- 2 oignons tendres hachés,
- 1 jus de citron,
- 150 g de fromage frais de Maó (Minorque), taillé en copeaux,
- 1 mayonnaise *(voir p. 50)*, additionnée de 50 g de roquefort écrasé et d'un jus de tomate.

Dans un saladier, mettre : la chair de crabe et l'arroser de citron, le concombre, la laitue, le céleri et les oignons.

Bien mélanger le tout. Assaisonner avec la mayonnaise. Bien mélanger.

Répandre les copeaux de fromage et décorer avec les œufs. Servir aussitôt.

Cigales tièdes aux asperges vertes
Espàrrecs verds amb escamerlans

Cuisine des pays catalans, sur la côte, près de València. Composition de chef, certainement avec la pêche du jour, on me les a servies en entrée, dans un restaurant.

Pour 6 personnes :

- 18 cigales de même taille,
- 6 filets de sole de 250 g chacun environ,
- 1 court-bouillon très parfumé *(voir p. 74)*,
- 36 jolies pointes d'asperges vertes,
- 1 *sofregit* fait avec :
  - 2 échalotes ébouillantées et hachées,
  - 1/2 dl d'huile d'olive,
  - quelques feuilles fraîches d'estragon,
  - 1 ailloli de coings *(voir p. 54)*.

Cuisson : 25 à 30 min + 7 min.

Décortiquer les cigales, les entourer par trois d'un filet de sole et ficeler le tout soigneusement.

Mettre le court-bouillon à cuire. Dans une poêle, faire dorer les petits rouleaux dans l'huile chaude. Les retirer avec une écumoire et les disposer dans un plat allant au four. Dans la même huile, faire le *sofregit*. Lorsqu'il est doré, l'ajouter aux cigales.

Cuire les pointes d'asperges 5 min dans le court-bouillon ; les égoutter soigneusement et les disposer tout autour du plat de cigales.

Filtrer le court-bouillon et le faire réduire d'un tiers. Le vider alors dans le plat de cigales afin de le recouvrir totalement.

Mettre le plat au four moyen. Pendant la cuisson, préparer l'ailloli de coings.

Quand le bouillon s'est complètement évaporé dans le plat de cigales, le retirer du four et recouvrir la préparation avec l'ailloli.

Servir tiède, en ayant soin de décorer avec les feuilles fraîches d'estragon.

Salade de moules de Torredembarra
Amanida de musclos de Torredembarra

Recette populaire traditionnelle de Catalogne Sud.

Pour 4 personnes :

- 2 kg de grosses moules,

– 1 sauce faite avec :
  - 4 belles tomates mûres,
  - 1 ailloli avec œuf *(voir p. 54)*,
  - 1 cuillerée à soupe d'huile d'olive.

Faire rôtir les tomates au four. Les peler, les épépiner. Les dessécher sur un feu moyen avec un peu d'huile, afin d'obtenir une pâte assez compacte, et laisser refroidir.

Faire l'ailloli très serré et très fort, et y incorporer délicatement la purée de tomates.

Faire ouvrir les moules à la vapeur et enlever une coquille. Les ranger sur un grand plat tiédi. Mettre dans chaque moule une pointe de sauce et manger au fur et à mesure.

C'est délicieux, mais je vous déconseille d'aller au bal après…

SALADE DE RIZ AUX CRUSTACÉS
Ensalada freda d'arròs i crustacis

À Vilanova la Geltrud, station balnéaire et port de pêche catalan près de Tarragone, dans un restaurant où on est pêcheur-restaurateur de père en fils, nous avions imprudemment pris cette salade comme entrée… ce fut pour nous un véritable repas. Les préparations sont conditionnées par la pêche du jour. Il reste encore quelques places pour les Catalans dans ce restaurant, malgré l'invasion de touristes allemands et italiens et l'accueil familial y est particulièrement chaleureux.

Pour 4 personnes :

– 1 riz au court-bouillon *(voir p. 70)*,
– 300 g de grains de maïs cuits bien égouttés,
– 300 g de petits pois cuits,
– 1 sauce mayonnaise *(voir p. 50)*,
– 1 cuillerée à soupe de coulis de tomates *(voir p. 56)*,
– 1 pincée de piment de Cayenne,
– 1 cuillerée à café de piment doux en poudre,
– sel et poivre blanc du moulin,
– 1 court bouillon pour poisson *(voir p. 74)*,
– crustacés :
  - 500 g environ de langouste cuite au court-bouillon,
  - 12 gambas de belle taille,
  - 250 g de chair de crabe, décortiquée après cuisson au court-bouillon,
  - 4 grosses gambas en garniture, décortiquées après court-bouillon, en laissant la tête.

Cuisson : 15 à 18 min. *Réfrigération* : 1 h.

Cuire les crustacés, sauf les 12 gambas, au court bouillon et les y laisser refroidir.
Mettre le riz froid, le maïs et les petits pois dans un saladier avec 2 ou 3 cuillerées de mayonnaise et bien mélanger.
Griller les 12 gambas 7 à 8 min à la *planxa*, un carré ou rectangle de tôle de 4 à 5 mm d'épaisseur, muni d'un rebord et de 2 poignées, permettant de mieux griller les chairs délicates ; à l'origine, il s'agissait d'un morceau d'ardoise bien régulier, que l'on faisait chauffer sur des braises ardentes.
Assaisonner la mayonnaise restante avec les autres ingrédients cités. Mélanger délicatement.
Tailler tous les crustacés en petits morceaux réguliers et les assaisonner avec la mayonnaise épicée. Tapisser le riz et les autres légumes avec ce mélange, décorer avec les gambas.
Laisser au frais 1 h au moins.

ŒUFS FARCIS AU THON
Ous amb farciment de tonyina

C'est une recette très simple que ma mère utilisait lorsqu'elle était pressée car pour elle, ce n'était pas faire de la cuisine que de préparer des salades.

Pour 4 personnes :

- 4 œufs durs écalés,
- 2 tomates rondes bien craquantes, partagées transversalement et égrenées,
- 1 boîte de 140 g de thon au naturel bien égoutté,
- 1 cuillerée à soupe de persil plat haché,
- 1 sauce mayonnaise *(voir p. 50)* bien serrée, préparée avec 1 dl d'huile d'olive.

Réfrigération : 30 min.

Partager les œufs longitudinalement, en retirer les jaunes.
Dans un grand bol, mêler à la fourchette : les jaunes, le thon, le persil et la mayonnaise. Remplir les blancs et les tomates avec ce mélange. Mettre le tout au frais 30 min avant de servir.
Nota : On peut les présenter sur un lit de laitue ou de scarole ou de salades sauvages assaisonnées de sauce vinaigrette *(voir p. 50)* ou bien sur du riz au court-bouillon *(voir p. 70)*. En ce cas, le plat sera complet, ce qui n'exclut pas quelques tartines de pain garnies à votre choix (*voir chapitre :* « Pains garnis, tartines et canapés »).

SALADE D'ŒUFS AUX OIGNONS
Ovos de cebolada

Préparation très simple, aux accents très méditerranéens dans l'usage des olives, de l'huile d'olive, de l'ail et de l'oignon… et plat presque complet : quelques fruits et laitages suffiront à équilibrer le repas.

Pour 4 personnes :

- 4 belles pommes de terre à chair ferme,
- 1 bel oignon doux,
- 4 ou 5 brins de persil plat,
- 5 œufs durs,
- 16 belles olives vertes avec leur noyau,
- 1/2 dl d'huile d'olive vierge,
- sel, poivre gris.

Cuisson : 20 min.

Cuire les pommes de terre en robe des champs, à l'eau bouillante salée.

Hacher grossièrement l'oignon et le blondir avec la moitié de l'huile d'olive selon la technique du *sofregit*.

Peler les pommes de terre et les couper en quatre. Les ajouter à l'oignon ainsi que 4 œufs coupés en rondelles épaisses et les olives. Assaisonner et laisser revenir 5 min en secouant la poêle.

Pendant ce temps, passer le dernier œuf dur et le persil à la moulinette.

Verser le mélange dans un plat rond et creux. Arroser avec l'huile d'olive restante. Saupoudrer du mélange œuf/persil. Servir tiède ou froid.

VIANDES CUITES EN SALADE
Amanida de carn de perol

Il s'agit d'une des préparations typiques du jour de la *matança del porc* (le jour où on tue le cochon), en Catalogne et en Languedoc. À l'évidence, cette fête, qui avait lieu dans les villages, tour à tour dans chaque mas où on avait élevé un cochon, ne se fait guère plus, car nos services d'hygiène, des fraudes et autres « services spéciaux » interdisent ces fabrications artisanales par des non-professionnels. Mais quelques particuliers, fidèles aux traditions ancestrales, essaient encore de reconstituer cette atmosphère bon enfant qui régnait pour la fête du cochon et qui réunissait famille et amis, venus aider.

Dans un grand *perol* (chaudron) plein d'eau, on jette un beau bouquet garni, les légumes verts du jardin, du gros sel. On y met cuire à petit feu la tête entière du cochon, la langue et les oreilles. Certains y ajoutent quelques perdrix, pour corser le goût, avec aussi quelques tours de moulin à poivre noir. On y met en tout cas les chutes de viande, de couennes et de lard, laissées de côté lors de la découpe. Cette cuisson dure 2 à 3 heures ; les grands-mères écument de temps en temps, goûtent au bout d'une heure et ajoutent à leur goût, un oignon, une branche de céleri… et piquent la tête avec une aiguille à tricoter : tout doit être bien tendre, bien parfumé.

On égoutte alors soigneusement toutes ces viandes, sans perdre une goutte de ce bon bouillon. On épluche la langue, puis, pendant qu'une équipe va tailler tout cela en dés et le répartir dans de grands saladiers, d'autres vont faire cuire dans ce même bouillon les boudins, les blancs d'abord, les noirs ensuite, et dans ce bouillon très concentré appelé *brou bufat*, une fois les boudins retirés, nos grands-mères vont mitonner la soupe de *brou bufat* avec tous les légumes qu'elles ont soigneusement préparés, en devisant gaiement sur les derniers événements de la paroisse.

Revenons à notre salade : il ne reste plus qu'à préparer une grosse sauce vinaigrette, avec une énorme persillade toute fraîche et à assaisonner les viandes toutes chaudes. On goûte : bien sûr, c'est un vrai délice.

On va manger cette *carn de perol* tiède en entrée, avec un bon pain cuit au four à bois, accompagnée de scaroles craquantes et fraîches encore de la rosée du matin.

Nota : Actuellement, cette salade exclusivement composée de viandes, consommée tiède ou froide, spécifique de la partie nord de la Catalogne et du secteur de Gérone, en Catalogne Sud, ne se limite plus au jour de la *matança*, mais constitue une entrée courante, même dans de grands restaurants.

FILET DE PORC AU COULIS DE PÊCHE
Filet de porc amb pressegat

Vieille recette catalane, reconstituée d'après des documents d'archives du XIIIe siècle et du manuscrit anonyme dit de *Sent Soví*, premier recueil de recettes de cuisine catalane connu en Europe (cf. notre ouvrage *La Table médiévale des Catalans*, Les Presses du Languedoc, 2001).

Pour 4 personnes :

– 8 tranches fines de filet de porc rôti,

– 1 *pressegat* :
- 4 belles pêches jaunes, pelées et dénoyautées,
- 1 dl d'huile d'olive,
- 2 cuillerées à soupe de vinaigre de vin de Banyuls,
- quelques clous de girofle écrasés,
- 1 pincée de cannelle en poudre,
- 1/2 cuillerée à café de gingembre frais râpé,
- quelques tours de poivre noir,
- 1 pincée de sel,
- 1 pincée de piment de Cayenne,
- 100 g de ventrèche (poitrine de porc) découennée, taillée en petits carrés et ébouillantée quelques minutes.

Cuisson : *pressegat*, 12 à 15 min.

Mettre la ventrèche à dorer dans l'huile d'olive après l'avoir égouttée. Y ajouter les pêches coupées en quatre et toute la garniture énumérée.

Laisser mijoter ce mélange à couvert 12 à 15 min de façon à obtenir une purée onctueuse.

Servir les tranches de porc avec le *pressegat* en saucière. Cette préparation peut se manger chaude ou mieux, très froide.

Oreilles de porc en salade
Amanida d'orelles de porc

Salade assez courante en Catalogne : dans tout l'Ampourdan, notamment.

Pour 4 personnes :

– 2 belles oreilles de porc cuites au court-bouillon *(voir p. 74)*,
– la partie blanche d'une scarole bien craquante et ciselée,
– 1 panure : farine, œuf battu, chapelure,
– 1 sauce vinaigrette *(voir p. 50)* + ciboulette hachée.

Les oreilles doivent être très tendres. Les essorer et les laisser refroidir.

Les tailler en lanières d'1 cm et les paner soigneusement.

Disposer la salade dans un plat rond et creux. Préparer la sauce vinaigrette et la ciboulette.

Au moment de passer à table, dorer les oreilles à grande friture. Les essorer.

Les disposer rapidement sur la table et les arroser de sauce vinaigrette. Servir aussitôt.

Nota : Au Portugal, on retrouve une salade plus fruste mais néanmoins savoureuse, et avec cette touche de coriandre caractéristique : *salada d'orelha*. Une fois les

Barques à Collioure. 2001, huile sur toile, 65 x 54 cm. Coll. privée.

oreilles cuites au court-bouillon, on les coupe en petits morceaux lorsqu'elles sont encore tièdes. On les mélange alors à un hachis d'oignons, ail et coriandre, on les arrose d'une vinaigrette à l'huile d'olive et on les sert tiède.

Tartare de Collioure

La viande de bœuf s'est introduite dans l'alimentation des Catalans très tard et progressivement, car l'agneau reste le numéro un dans leur choix. Le Roussillonnais, notamment, est très gourmand, mais aussi un peu snob et à l'affût de ce qui vient d'ailleurs, alors le pavé de bœuf au banyuls, un tartare très « terroir » a obtenu leur agrément, toutefois avec un accompagnement également très « terroir ».

Quant à Collioure, c'est un petit port de pêche et de plaisance, sur la Côte Vermeille, dans les Pyrénées-Orientales. C'est aussi le berceau du fauvisme, et le rendez-vous des peintres du monde entier. Au Moyen Âge, âge d'or de la Catalogne, le commerce maritime y était à son apogée, avec l'Orient, les Pays-Bas..., et Cotlliure (en catalan) en était le deuxième port après Barcelone.

Pour 4 personnes :

- 800 g de romsteck haché quelques heures avant et gardé au froid,
- 4 filets d'anchois de Collioure à l'huile d'olive *(voir p. 72)*,
- 4 œufs durs passés à la moulinette, blancs et jaunes séparément,
- 12 olives vertes dénoyautées,
- 2 petits oignons tendres, grossièrement hachés,
- 1 belle tomate mûre pelée, épépinée et concassée,
- 1 poivron vert très croquant, taillé en petits dés,
- 1 poivron rouge grillé *(voir p. 67)* taillé en petits dés,
- 4 cuillerées à soupe de câpres,
- 1 bouquet de basilic ciselé,
- huile d'olive,
- Tabasco,
- sel fin, poivre noir au moulin.

Mêler très rapidement à la fourchette le basilic à la viande, et faire 4 boulettes.

Placer les boulettes au centre de chaque assiette. Répartir autour de la boulette les ingrédients énumérés, c'est-à-dire, successivement : des filets d'anchois roulés, des olives, du jaune d'œuf dur, du blanc, de l'oignon, de la tomate, du poivron rouge et vert, et des câpres.

Mettre à disposition l'huile, le Tabasco, le sel et le poivre, chacun assaisonnant à sa guise.

CERVELLES DE MOUTON AUX LENTILLES
Sesos de cordero con lentejas

Vous pouvez les manger à Almeria, à Malaga, mais aussi à Ceuta ou à Fez. Les Arabes adoraient les lentilles, considérées comme plat délicieux au Xe et XIe siècle, et ils attribuent aux cervelles la propriété de fortifier la vue.

Pour 4 personnes :

- 2 cervelles de mouton,
- 2 œufs durs,
- 250 g de lentilles blondes,
- 1 court-bouillon pour les cervelles *(voir p. 74)*, bien vinaigré,
- 1 court-bouillon pour les lentilles *(voir p. 74)*,

– 1 sauce vinaigrette faite avec :
  • 1 dl d'huile d'olive vierge,
  • 1 cuillerée à soupe de moutarde,
  • 1 poignée de câpres,
  • 1/2 jus de citron,
  • sel et poivre noir, une bonne pincée,
– 1 oignon grossièrement haché,
– 2 carottes râpées.

Cuissons : lentilles, 20 min ; cervelles, 10 min.

Pocher les cervelles 5 min dans le court-bouillon et les égoutter. Les essorer avec un papier absorbant et les saisir 4 à 5 min dans l'huile d'olive chaude. Les déposer sur du papier absorbant.

Cuire les lentilles en autocuiseur dans le court-bouillon et bien les égoutter. Les assaisonner, encore tièdes, avec la moitié de la sauce.

Tapisser un plat de feuilles de salade, mettre les lentilles en dôme au centre et les tapisser des cervelles finement escalopées. Saupoudrer d'œufs durs passés à la moulinette.

Mettre tout autour l'oignon et les carottes et arroser avec la sauce restante. On peut terminer la décoration avec des rondelles de citron.

Nota : Nous retrouvons une salade toute simple de cervelles d'agneau en Turquie, Crète, Yougoslavie, mais aussi au Maroc : *salatat al-noukhaate (voir p. 243).*

POULET EN MARINADE DE JUS DE GRENADE
Pollo marinado en zumo de granada

Une recette millénaire qui nous vient de Grenade ou Malaga, villes encore imprégnées de cette civilisation de l'époque de l'Al-Andalus, quand l'influence perse se faisait sentir. En essayant de l'actualiser, les cuisiniers d'aujourd'hui ont respecté cette saveur et ce parfum délicat que confèrent les grains de la grenade et son jus.

Pour 4 personnes :

– 2 très beaux blancs de poulet sans la peau,
– 4 cuillerées à soupe de graines sèches de grenade,
– quelques feuilles de coriandre fraîches,
– 2 belles grenades mûres,
– 2 cuillerées à soupe d'huile d'olive,
– 1 pincée de sel et de cannelle,

– 2 cuillerées à soupe de garam massala *(voir nota)*,
– quelques oignons tendres (facultatif).

Marinade : 5 h. *Cuisson* : 15 à 18 min au four à 180° C.

Presser les fruits de la grenade pour en extraire le jus. Je vous conseille de le faire à la centrifugeuse.

Rincer les graines séchées et les mélanger au jus. Travailler ce mélange afin d'obtenir une pâte. Lui ajouter le garam massala et un peu de sel.

Faire 4 parts dans les blancs, les aplanir avec le dos du couperet et les disposer sur une seule couche dans un plat creux. Les recouvrir du mélange précédent et les laisser mariner 5 heures au frais.

Retirer les blancs, les essuyer et les faire revenir dans l'huile chaude sans les colorer. Les disposer dans un plat à four, les recouvrir de la marinade. Mettre à four chaud jusqu'à ce qu'il se forme une croûte.

À la sortie du four, saupoudrer de cannelle et de coriandre ciselée. À refroidissement, entourer le plat d'oignons tendres effilés.

Certains présentent ce plat avec du lait caillé à la menthe fraîche.

Nota : Le garam massala, est un mélange d'épices piquantes préparé pour assaisonner des plats de viande ou de légumes. D'une manière générale, il comprend, pour 3 cuillerées à soupe de mélange : 1 cuillerée de graines de cardamome, 1 écorce de cannelle pilée, 1 cuillerée à café de poivre noir, 1 de cumin, 1 de clous de girofle pilés et 1 pincée de noix muscade. Tous les éléments sont soigneusement broyés. Ce mélange peut s'acheter dans les épiceries spécialisées en produits exotique et se conserver 2 mois au sec dans une boîte hermétiquement fermée.

POULET EN BALLOTTINE À LA MAJORQUINE
Pollastre de Mallorca

J'avais fait une conférence à Sa Pobla, près de Palma de Majorque, aux îles Baléares, et mes élèves m'ont invitée dans une petite auberge de Palma où j'ai goûté cette délicieuse ballottine, réalisée selon des recettes traditionnelles.

Pour 4 personnes :

– 1 jeune poulet de 1,200 kg environ, entièrement désossé,
– 1 court-bouillon *(voir p. 74)*,
– garniture :
  • 1 tranche de pain frite à l'huile d'olive et pilée,

- 1 oignon moyen, finement haché avec 4 à 5 brins de persil,
- 1 petite truffe émincée,
- 2 œufs,
- sel, poivre, piment doux, safran et cannelle,
- 50 g de gruyère râpé,
- 3 cuillerées à soupe d'huile d'olive,

– 1 sauce mayonnaise *(voir p. 50)*,
– 1 sauce romesco *(voir p. 58)*.

Cuisson : 1 h.

Détacher délicatement la chair du poulet de la peau sans abîmer celle-ci.

Mettre le court-bouillon à cuire 2 heures.

Pendant ce temps, hacher la chair du poulet et y mêler toute la garniture. Rouler cette farce dans la peau du poulet et la coudre soigneusement. Faire dorer cette préparation sur toutes les faces dans une cocotte.

La faire cuire ensuite dans le court-bouillon durant 1 h à petit feu. La laisser refroidir dans le bouillon.

Servir froid, découpé en tranches épaisses, accompagné d'une saucière de sauce romesco et une de sauce mayonnaise.

Filtré, le bouillon peut servir de consommé glacé.

Nota : Je recommande de présenter la ballottine sur un lit de cresson, de roquette ou de pourpier assaisonnées de sauce vinaigrette, salades les plus consommées dans l'île.

PERDRIX À LA MAJORQUINE
Perdius a la mallorquina

Les îles Baléares ont une cuisine très riche, et ce ne sont pas les restaurants pour touristes qui la font connaître, hélas ! Fort heureusement, ce sont des amis qui m'ont fait visiter ces îles qui sont si belles, amis qui m'ont initiée à leur cuisine spécifique et raffinée. À Majorque, il y a encore du gibier, tant que les bois ne sont pas tous clôturés… et ces préparations de perdrix ou de cailles marinées sont légères et agréables, lors d'un repas frugal.

Pour 4 personnes :

– 4 perdrix,
– 1 dl d'huile d'olive
– 1 dl de bon vinaigre de vin rancio,

- 1 petit rameau de laurier frais,
- sel,
- garniture :
  - 200 g de roquette, environ.

Cuisson : 30 min. *Réfrigération* : 12 h environ.

Mettre les perdrix dans une sauteuse, sur une seule couche, avec tous les ingrédients et couvrir d'eau froide. Mettre à feu vif. Au premier bouillon, réduire le feu et laisser cuire doucement à couvert.

Laisser refroidir les perdrix dans leur jus de cuisson. Mettre au frais toute la nuit.

Laver soigneusement la roquette et enlever les queues. Essorer. En tapisser un plat ovale.

Disposer les perdrix froides, partagées en deux sur le lit de roquette. Arroser le tout du jus de cuisson et servir aussitôt.

SALADE DE CAILLES
Amanida de guatlles

Nous l'avons dégustée près de Tarragone, dans une petite halte-auberge près de l'arc romain, à la Mora. Évidemment, il s'agissait de cailles sauvages, hautement gustatives et tout avait été cuit à la braise de bois de pin et d'oranger.

Pour 4 personnes :

- 4 jolies cailles bien dodues, fendues longitudinalement, sans séparer les 2 parts,
- 1 concombre préparé *(voir p. 67)*,
- 4 pommes de terre moyennes, soigneusement lavées et brossées,
- le cœur d'une petite laitue émincé,
- sel, poivre,
- 1 mayonnaise bien relevée *(voir p. 50)*,
- 1 sauce vinaigrette *(voir p. 50)*,
- 1 marinade *(voir p. 73)*.

Marinade : 2 h.
Rôtissage : 25 min. *Cuisson* : 25 à 30 min au four.

Préparer les sauces et les mettre au frais, ainsi que le concombre taillé en rondelles.

Cuire les pommes de terre avec leur peau, sous la cendre ou au four.

Mettre les cailles fendues à mariner au minimum 2 heures au frais.

Préparer de bonnes braises et y faire griller les cailles 20 à 25 min. Sinon, les rôtir à four très chaud 210° C en les arrosant souvent.

Assaisonner séparément concombre et laitue avec la vinaigrette.

Prendre une grande assiette pour chaque convive. Y disposer 1 pomme de terre partagée en deux, 1 caille fendue, du concombre, de la laitue et un petit tas de mayonnaise. Chacun fait ses mélanges à son goût.

C'est délicieux et très amusant à manger.

Nota : On peut servir, en même temps, une corbeille de *pa amb tomàquet* *(voir p. 298)*.

RECETTES DU BAS LANGUEDOC, DE BASSE PROVENCE, DU COMTÉ DE NICE ET DE CORSE

Sète, le palais consulaire. 2000, huile sur toile, 92 x 60 cm. Coll. privée.

Salade frisée aux lardons

Tout le grand Sud-Ouest prépare cette salade traditionnelle.

Pour 4 personnes :

- 1 salade frisée, taillée aux ciseaux après l'avoir triée,
- 150 g de lard fumé taillé en petits lardons,
- 1 sauce vinaigrette *(voir p. 50)* additionnée de ciboulette hachée,
- 1 poignée de petits croûtons frits à l'huile d'olive et frottés d'ail.

Mettre la salade dans un saladier, l'assaisonner et bien remuer.

Au dernier moment, faire griller les lardons, les verser sur la salade, mélanger, poser les croûtons au-dessus et servir aussitôt.

Nota : Après un bon cassoulet ou des haricots blancs en saupiquet, cette salade devient alors un vrai délice.

Mesclun

C'est un mélange de salades pour la plupart sauvages, cueillies dans les garrigues et les jardins. Sa composition est très variable, et pour le réussir, le mesclun (du latin *misculare* : mélanger) doit présenter un assemblage de couleurs, de saveurs et de consistances diverses.

Les plus courants peuvent comporter :

- feuille-de-chêne : douceur et croquant,
- chicorée rouge de Trévise : couleur et amertume,
- chicorée frisée : feuillage à frisures et amertume,
- pourpier : feuille épaisse et acidulée,
- cerfeuil : finesse et parfum,
- roquette : saveur et âpreté,
- sans compter en saison les jeunes feuilles d'épinard, de tétragone, le pissenlit, le cresson, le persil, la coriandre…

Une sauce vinaigrette *(voir p. 50)* légèrement aillée suffit comme assaisonnement.

Salade d'oignons de Provence

Pour 4 personnes :

- 1 oignon par personne,
- 1 sauce vinaigrette *(voir p. 50)*.

Cuisson : 1 h à 220° C.

Cuire les oignons au four.
À refroidissement, les peler, les tailler finement et les arroser de vinaigrette.

Salade Margot

Préparation courante à Nice, Cannes... Qui était Margot ? Brassens en parle, mais à Sète !

Pour 4 personnes :

- 1 concombre long et mince, préparé *(voir p. 67)* et émincé,
- 2 petits cœurs de laitue, très blancs et très croquants,
- 4 petites tomates rondes, très fermes, émincées, salées et poivrées,
- 1 sauce mayonnaise bien épaisse *(voir p. 50)*,
- 1 poignée de fleurs de capucine,
- 1 douzaine d'olives noires à l'huile, dénoyautées,
- 2 œufs durs découpés en rondelles.

Prendre un plat rond, plat, disposer au centre les cœurs de laitue en pyramide.
Tout autour, disposer en rang serré les concombres et les tomates. Recouvrir entièrement le tout d'une mayonnaise épaisse.
Décorer avec les capucines, les olives et les œufs. Servir très frais.

Salade aux noix

C'était à Avignon, pendant le festival, dans un de ces multiples restaurants où l'on se presse en discutant, sans trop faire attention à ce que l'on mange. Mais là, vraiment, il y a eu un long silence éloquent... Je crois que nous avions dit : « Une salade bien fraîche nous suffira... »

Pour 4 à 6 personnes :

- 500 g de haricots verts très fins, cuits 20 min à la vapeur et rafraîchis,
- 200 g de toutes petites morilles étuvées dans 60 g de beurre et 1 dl de banyuls blanc et refroidies,
- 12 pointes d'asperges vertes, cuites 10 min à la vapeur et rafraîchies,
- 24 noix fraîches, émincées,
- 1 sauce vinaigrette à l'huile de noix *(voir p. 50)*,
- 2 jaunes d'œufs durs écrasés.

Disposer tous les éléments dans un grand plat rond et les arroser copieusement de sauce vinaigrette à laquelle on aura ajouté les jaunes d'œufs.

Caviar d'aubergine

Pour préparer de petits canapés d'apéritif, en Provence.

Pour 1 kg d'aubergines :

- 1/2 dl d'huile d'olive,
- 4 à 6 gousses d'ail,
- sel, poivre.

Partager les aubergines longitudinalement et les préparer *(voir p. 68)*. Les rôtir à four moyen. Les creuser.

Passer au mixeur cette chair avec l'ail, l'huile et l'assaisonnement. Étaler cette pommade sur du pain grillé. Certains ajoutent quelques gouttes de citron.

Papeton d'aubergines

Pour 4 personnes :

- 5 belles aubergines épluchées et préparées *(voir p. 68)*,
- 4 œufs,
- 1/2 dl d'huile d'olive,
- 4 gousses d'ail pressées,
- 1 poignée de basilic ciselé,
- 1 dl de coulis de tomates *(voir p. 56)*,
- sel, poivre,
- 1 noix de beurre.

Cuisson : 30 à 35 min au bain-marie à 210° C.

Dans une cocotte et à couvert, faire fondre les aubergines coupées en cubes avec l'huile et l'ail. Obtenir une purée d'aubergines. L'assaisonner. Ajouter le basilic.

Battre les œufs en omelette et les incorporer à la purée. Verser dans un moule à cake beurré et cuire au bain-marie.

Démouler à refroidissement et servir frais, nappé de coulis de tomate.

Nota : Peut se faire avec des courgettes, on y ajoute alors 50 g de fromage de chèvre râpé.

Soufflé d'aubergine provençal

C'était à Aix, par une de ces journées de chaleur accablante. J'ai apprécié ce mets léger, rafraîchissant et sans prétention.

Pour 4 personnes :

- 2 belles aubergines coupées en deux et préparées *(voir p. 68)*,
- 4 gousses d'ail,
- 3 œufs,
- 1/2 dl d'huile d'olive,
- 1 cuillerée à café de vinaigre de vin,
- 1 cuillerée à café de moutarde forte,
- 1 cuillerée à café de paprika,
- 1/4 l de coulis de tomates *(voir p. 56)*,
- 10 feuilles de basilic ciselées.

Cuisson : 20 min + 30 min. *Réfrigération* : 4 h minimum.

Cuire les aubergines à la vapeur. Les peler.

Mixer la pulpe des aubergines avec l'ail, les 3 jaunes d'œuf, la moutarde, le vinaigre, les épices, l'huile d'olive. Monter les blancs en neige et les ajouter au mélange.

Garnir un moule bien huilé et cuire 30 min au bain-marie.

À refroidissement, mettre au réfrigérateur 4 heures environ. Servir glacé avec le coulis tiède.

CAPONATA

Pour 4 personnes :

- 500 g d'aubergines préparées *(voir p. 68)*, coupées en gros dés,
- 500 g de poivrons taillés en dés,
- 500 g de tomates mûres, taillées en gros morceaux,
- 500 g d'oignons taillés en gros morceaux,
- 1/2 dl d'huile d'olive,
- 1 cuillerée à soupe de câpres,
- 1 poignée d'olives noires,
- vinaigre, sel, poivre.

Cuisson : 1 h.

Mettre le tout à cuire sans couvercle, hormis les câpres et le vinaigre.

Après cuisson à petit feu, ajouter 2 cuillerées à soupe de vinaigre et les câpres. Vérifier l'assaisonnement.

Servir froid en apéritif. Certains la présentent avec une omelette en entrée.

RATATOUILLE NIÇOISE
Ratatouia nissarda

On peut affirmer que c'est la préparation la plus connue du comté de

Nice. Malheureusement, tout comme la *samfaina* catalane, très souvent, les proportions des ingrédients ne sont pas respectées et, de ce fait, le résultat est plus ou moins savoureux. On compte 4 à 5 cuillerées à soupe de ratatouille par personne pour une entrée. S'il y a des restes, vous pouvez les garder 2 à 3 jours au réfrigérateur.

Pour 4 à 6 personnes :

– 500 g d'aubergines découpées en rondelles d'1 cm et préparées *(voir p. 68)*,
– 500 g de poivrons verts, sans pédoncules, égrenés et taillés en fines lanières,
– 500 g de courgettes longues découpées en rondelles d'1 cm d'épaisseur,
– 500 g d'oignons jaunes émincés,
– 750 g de tomates mûres pelées, épépinées et concassées,
– 5 belles gousses d'ail rose hachées finement,
– 6 à 7 brins de persil plat haché
– 1 poignée de feuilles de basilic ciselées,
– 1 cuillerée à soupe de thym frais émietté,
– 1 à 2 cuillerées à soupe de farine,
– 1 dl d'huile d'olive environ,
– sel, poivre noir au moulin.

Cuisson : 1 bonne heure.

Essorer les aubergines, les saupoudrer de farine. Même opération pour les courgettes dans une autre assiette.

Chauffer 2 à 3 cuillerées à soupe d'huile dans une poêle et faire dorer les aubergines. Les égoutter, les réserver. Ajouter un peu d'huile s'il y a lieu et faire dorer les courgettes, les égoutter, les réserver. Même opération avec les poivrons. Égoutter et réserver. Même opération avec l'oignon. Retirer, égoutter et réserver.

Ajouter l'huile restante, mettre alors l'ail, le basilic, le thym et les tomates. Saler, poivrer et laisser mijoter jusqu'à concentration du mélange.

Prendre une cocotte assez grande, en fonte épaisse, la placer sur un feu très doux. Y verser alors toutes les préparations effectuées et laisser mijoter en remuant avec une spatule en bois, en goûtant de temps en temps pour vérifier assaisonnement et degré de cuisson. Les légumes doivent être onctueux, tendres et conserver leur saveur.

On peut, en fin de cuisson, égoutter l'huile en excès, s'il y a lieu, en renversant la cocotte et en maintenant le couvercle.

Nota : Elle se mange en entrée froide, en ce cas certains y ajoutent une pointe de safran, ou tiède ou chaude comme plat principal. Elle constitue alors un excellent accompagnement pour un plat de viande, volaille, lapin, rôtis ou grillés.

Conserve de ratatouille : Égoutter l'huile soigneusement. Tasser la ratatouille dans un bocal, laisser 3 cm au bord. Sceller et stériliser 45 min.

Courgettes à l'ail et au fenouil

Recette rurale du comté de Nice, que l'on retrouve toutefois au Maroc, parfumée au cumin et les courgettes taillées en petits dés.

Pour 4 personnes :

- 4 petites courgettes très fermes et lisses, à la saison,
- 4 gousses d'ail rose émincées,
- 1 cuillerée à café de graines de coriandre,
- 1 bouquet de fenouil frais et tendre, haché,
- 1/2 cuillerée à café rase de sel fin,
- 1/2 dl d'huile d'olive,
- 1 dl de vinaigre de vin blanc,
- 2 dl d'eau.

Marinade : 24 h.

Ôter la queue et le fond des courgettes après les avoir lavées et essuyées. Les tailler en longues lamelles de 2 mm d'épaisseur.

Les ranger dans un plat rectangulaire en terre vernissée et les parsemer de coriandre.

Chauffer le vinaigre avec le sel et l'eau. À ébullition, verser sur les courgettes et laisser refroidir.

Égoutter et essorer les courgettes dans un torchon.

Les ranger dans un plat de service rond et creux en intercalant entre les tranches, de l'ail et du fenouil.

Recouvrir complètement d'huile d'olive et laisser mariner 24 heures environ.

Artichauts à la provençale

Pour 4 personnes :

- 4 violets préparés *(voir p. 69)* et coupés en quatre,
- 150 g de petit salé, découenné et taillé en cubes,
- 1 gros oignon haché,
- 2 cuillerées à soupe d'huile d'olive,
- 1 citron,
- 1 bouquet garni (laurier, thym frais),
- sel, poivre noir,
- 1 dl de vin blanc.

Cuisson : 35 à 40 min.

Citronner les artichauts.

Dans une cocotte, faire fondre l'oignon avec l'huile et le petit salé. Ajouter les artichauts. Lorsque le mélange est blond, saler, poivrer, mettre le bouquet garni et mouiller avec le vin. Laisser mijoter 35 min.

Se mange chaud ou froid.

Baïna

Recette de la vallée de Taulourenc (col de Fontaube, haute Provence), communiquée par le docteur Bernard Ély, ardent défenseur des cuisines occitanes, qui nous fait remarquer qu'avec une préparation, on fait deux plats et que, sur un plan diététique, la recette allie légumes et aromates, la viande faisant office de condiment goûteux. C'est une des caractéristiques de nos cuisines catalano-occitanes. Depuis de longues années, nous avons l'habitude de confronter nos constatations en matière d'habitudes alimentaires des populations du sud de la France, et nos conclusions aboutissent toujours au constat suivant : les autochtones, qui ont su préserver leurs recettes traditionnelles, n'ont nul besoin de se tourner vers le régime dit « crétois ».

Pour 6 personnes :

- 1 kg de haricots verts cocos, en été, ou 1 kg de chou vert, en hiver,
- 500 g de pommes de terre,
- 200 g de poireaux,
- 100 g d'oignons,
- 300 g de carottes,
- 100 g de blettes (facultatif),
- 2 belles gousses d'ail pilées,
- 400 g de talon de jambon de montagne,
- thym et laurier frais et poivre noir,
- 1 sauce vinaigrette *(voir p. 50)*.

Cuisson : 1 h 30 environ.

Dans un grand faitout, mettre tous les ingrédients grossièrement partagés en deux ou en quatre, avec le bouquet garni et quelques tours de poivre noir au moulin.

Recouvrir complètement d'eau froide et, à partir de l'ébullition, laisser mijoter à couvert jusqu'à ce que le chou soit « fondant ».

Faire la sauce vinaigrette, y mêler l'ail.

Retirer tous les légumes avec l'écumoire, ainsi que le fond de jambon.

Fouetter la sauce vinaigrette, arroser les légumes encore tièdes et servir immédiatement.

Nota : Le bouillon de cuisson est consommé en potage avec des croûtons frits largement frottés d'ail.

Le Grau-du-Roi. 1995, huile sur toile, 116 x 89 cm. Coll. privée.

Nous retrouvons cette préparation au sud de la Catalogne, dans la province de Tarragone : *patates i col bullides amb allioli*, pommes de terre et chou bouillis avec un ailloli. Une fois ces deux légumes bien cuits, ils sont égouttés et servis nappés d'un ailloli à l'œuf *(voir p. 54)*.

SALADE CAMARGUAISE

C'était l'été, lors d'une ferrade à la manade Saumade. Sous les ombrages, une énorme tablée de bons vivants, joyeux convives, faisait honneur à une pantagruélique salade, servie dans de splendides « conques » (grands plats coniques), en poterie d'Anduze.

Pour 4 personnes :

– 250 g de riz de Camargue, évidemment, cuit au court-bouillon *(voir p. 70)*,
– 4 œufs durs,
– 1 douzaine d'olives vertes,
– 1 douzaine d'olives noires à l'huile,

- 4 à 5 oignons tendres, effilés,
- 3 gousses d'ail pilées finement,
- 12 filets d'anchois à l'huile, préparés *(voir p. 72)*,
- 2 ou 3 grosses tomates craquantes, coupées en rondelles,
- 1 sauce vinaigrette *(voir p. 50)*.

Dans le saladier, piler la moitié des anchois, et les mélanger à l'ail, l'oignon et la sauce vinaigrette.

Verser alors dans cette sauce, le riz, les tomates, les œufs, le reste des anchois et les olives.

Bien remuer et servir très frais.

Salade niçoise

Est-ce la vraie ? Nous l'avons dégustée à Cannes… au Carlton, en 1970. Ce n'était déjà plus la grande époque !

Pour 4 personnes :

- 1 riz au court-bouillon *(voir p. 70)*,
- 1 botte de radis roses,
- 1 blanc de céleri,
- 125 g d'olives noires de Nice,
- 8 anchois à l'huile *(voir p. 72)*,
- 2 œufs durs,
- 1 poignée de fines herbes ciselées,
- 3 ou 4 jolies tomates bien rondes,
- 1 sauce vinaigrette (*voir p. 50*).

Cuire le riz et le laisser refroidir. L'assaisonner avec la moitié de la sauce vinaigrette.

Pendant ce temps, tailler les radis en fleurs, les tomates en fines rondelles, le céleri en dés et les œufs en quartiers.

Choisir un joli plat rond. Disposer le riz en dôme au centre et le tapisser avec les anchois posés en croisillons. Y piquer les olives. Entourer avec les radis. Terminer par les tomates en couronne. Répartir les quartiers d'œufs durs et les dés de céleri. Parsemer cette couronne de fines herbes et arroser avec le reste de vinaigrette. Servir très frais.

Salade nissarde
Salada nissarda

D'après un Niçois d'origine, celle-ci serait la vraie salade niçoise, l'authentique, la traditionnelle, sans vinaigre, avec les tomates que l'on sale trois fois et des anchois, car à l'époque le thon était cher. Je vous livre donc la recette de cet ami médecin, qui avait fait ses études à Montpellier avec nous.

Pour 4 personnes :

- 4 tomates moyennes, mûres mais très fermes,
- 2 concombres de Provence préparés *(voir p. 67)*,
- 8 petits artichauts violets crus et préparés *(voir p. 69)* ou, en saison, 120 g de petites fèves écossées,
- 1 joli poivron vert,
- 4 petits oignons tendres,
- 1 poignée de feuilles de basilic,
- 1 belle gousse d'ail,
- 2 œufs durs,
- 8 filets d'anchois,
- 80 g d'olives noires à l'huile,
- sel, poivre noir,
- 1/2 dl d'huile d'olive première pression.

Couper les tomates en quartiers et les saler sur un plat creux.

Couper les œufs en quartiers, les filets d'anchois en petits carrés. Émincer les concombres essorés. Évider les poivrons et les tailler finement en anneaux. Effiler les oignons tendres et tailler les artichauts en quartiers.

Partager la gousse d'ail en deux et en frotter les parois et le fond d'un saladier. Y verser tous les ingrédients sauf les tomates. Égoutter celles-ci et les ressaler.

Faire la sauce : ciseler le basilic y mêler l'huile, le sel et le poivre. Mettre au frais.

Égoutter les tomates, les ajouter à la salade. Bien mélanger le tout. Arroser de sauce et servir aussitôt.

Nota : Au lieu d'un saladier, on peut aussi prendre un grand plat creux, le frotter avec l'ail et ranger les différents ingrédients par catégorie en laissant une place pour les tomates à ajouter au moment de servir. Puis arroser de sauce.

Petits artichauts crus au feche sec

C'est en Languedoc que l'on peut goûter à cette spécialité, car la difficulté est de trouver le *feche sec*. C'est André Bonnaure qui m'a communiqué les secrets de ce foie sec, car il s'agit d'une spécialité très localisée. Les voici : le foie de porc a séjourné 2 mois en saumure aromatisée, ainsi qu'un gros boyau. Le foie est pressé, roulé et introduit dans le boyau. Il est ficelé et suspendu dans un linge de toile dans un endroit sec et bien aéré durant tout l'hiver.

Pour 4 personnes :

- 8 petits violets bien tendres, préparés *(voir p. 69)* et émincés à cru,
- 1 oignon doux émincé,
- 2 œufs durs en rondelles,
- 200 g de foie sec, taillé en tranches minces,
- 1/2 dl d'huile d'olive
- 1 cuillerée à soupe de vinaigre de vin
- sel, poivre.

Mélanger tous ces éléments et mettre au frais 30 min avant de servir.

Salade au fromage frais

Toujours en Languedoc, et toujours sur les conseils d'André Bonnaure, il faut goûter à cette salade, rustique mais savoureuse, qui ne demandera que quelques fruits de saison pour compléter le repas.

Pour 4 personnes :

- 2 pommes de terre moyennes par personne,
- 200 g environ de fromage frais (mixte, vache/chèvre),
- 1 sauce :
  - 2 à 3 cuillerées à soupe d'huile de colza,
  - 1 cuillerée à soupe de vinaigre de vin,
  - sel et poivre.

Cuire les pommes de terre sous la cendre et les manger toutes chaudes, arrosées de sauce vinaigrette et accompagnées de lamelles de fromage.

En saison, un gros raisin muscat bien doré complétera cette préparation rustique.

Nota : On peut enrichir la recette précédente avec des oignons… un bel oignon doux par personne, de Lézignan évidemment :

Cuire lentement, dans leur peau, les oignons entiers sous la cendre (à défaut au four). Lorsqu'ils sont bien tendres, les peler tout chauds et les assaisonner de sauce vinaigrette. Les manger tièdes de préférence.

Salade provençale

Une salade provençale parmi d'autres, évidemment ; on a toujours tendance à attribuer une seule préparation à une région définie : *la* salade provençale, *la* salade catalane, *la* sétoise… Phénomène réducteur, laissant

Le Vin. 1995, huile sur toile, 61 x 50 cm. Coll. privée.

supposer une « limitation gastronomique provinciale » ! Il faut voyager, messieurs les critiques et écrivains gastronomiques, confinés dans les bureaux de la capitale, et regardant négligemment les cartes géographiques.

Pour 4 personnes :

- – 4 petites pommes de terre nouvelles, bouillies dans leur peau,
- – 2 échalotes finement hachées,
- – 2 œufs durs,
- – 16 filets d'anchois préparés *(voir p. 72)*,
- – 2 ou 3 petites tomates rondes, bien fermes,
- – 1 sauce vinaigrette *(voir p. 50)*,
- – 1 cuillerée à soupe de persil plat haché.

Choisir un joli plat ovale, en céramique. Y étaler les pommes de terre épluchées et coupées en tranches, avec la moitié de la sauce vinaigrette.

Passer séparément les blancs et les jaunes d'œufs à la moulinette. À l'aide de caches, faire des losanges : jaunes et blancs. Souligner les croisements d'un filet d'anchois roulé.

Tout autour, déposer les tomates coupées en quartiers, et les arroser avec la vinaigrette restante. Saupoudrer de persil et servir très frais.

SALADE DE COMTÉ

Recette de la Côte d'Azur et de l'arrière-pays. Je doute toutefois de son authenticité, mais sa composition est intéressante et savoureuse.

Pour 4 personnes :

- 2 endives,
- 12 radis roses,
- 2 pommes granny-smith,
- 200 g de comté,
- 32 cerneaux de noix,
- le jus d'un citron (en deux fois),
- 1/2 dl d'huile d'olive,
- sel, poivre blanc.

Laver et essorer les endives, les tailler en longueur et les effeuiller. Gratter les radis en laissant du rose, couper la queue et laisser un peu de tige. Peler les pommes, les tailler en dés et les arroser de jus de citron. Tailler le comté en dés.

Mélanger tous ces éléments dans un saladier.

Fouetter ensemble l'huile, le jus de citron restant, le sel, le poivre. Arroser le mélange, bien remuer et servir aussitôt.

AILLADE D'ESCARGOTS

C'est mon ami André Bonnaure, fin cuisinier occitan, exilé sur la Costa Brava, qui m'a enseigné cette préparation languedocienne classique, très haute en saveur. À réserver pour un jour de farniente !

Pour 4 à 6 personnes :

- 100 escargots de garrigue,
- 8 à 12 pommes de terre avec la peau, lavées et brossées,
- un beau bouquet de thym, laurier, menthe et romarin,
- 1 cuillerée à soupe de gros sel,
- 1 aillade *(voir p. 55)*.

Cuisson : 40 min environ.

Préparer une grande marmite d'eau salée. À ébullition, y mettre le bouquet garni et y plonger les escargots et les pommes de terre.
Peler les pommes de terre, rincer rapidement les escargots. Manger ensemble pommes de terre et escargots tièdes avec l'aillade.
Chacun assaisonne à son goût.

Les nonats
Lou nounat

Il s'agit d'alevins microscopiques nommés *nounats* ou *poutina*, pêchés entre Antibes et Menton : le nonat est clair, transparent ; la poutine est trouble.

Pour 4 personnes :

- 500 g de nonats,
- 1 court-bouillon *(voir p. 74)* additionné de marjolaine,
- 1 sauce vinaigrette *(voir p. 50)* + fines herbes hachées.

Faire bouillir le court-bouillon 20 minutes.
Mettre les nonats dans une grande passoire très fine. La plonger dans le court-bouillon. Lorsque l'ébullition reprend, la retirer. Rafraîchir les nonats à l'eau froide.
Une fois égouttés, les verser dans un saladier. Assaisonner avec la sauce vinaigrette aux fines herbes.

Les anchois marinés à la provençale
Li amploua marinat

Chaudes ou froides, les préparations d'anchois et de sardines sont abondantes en Provence et dans le comté de Nice. On peut dire que les chefs de ces régions sont passés maîtres en la matière.

Pour 4 personnes :

- 30 beaux anchois nettoyés : enlever tête, arête et queue,
- 4 oignons tendres, finement émincés,
- 2 ou 3 carottes finement émincées,
- 4 citrons,
- 2 à 3 brins de persil plat,
- 4 à 5 baies de genièvre, et autant de coriandre et de clous de girofle,
- 4 feuilles de laurier fraîches,
- 2 cuillerées à soupe de vinaigre de vin,

- 1 dl d'huile d'olive,
- 1 trentaine de grains de poivre, sel fin.

Réfrigération : 48 h.

Bien essorer les anchois nettoyés.

Dans une terrine à pâté rectangulaire, mettre une couche d'oignons, un peu de carottes, quelques baies de genièvre, de coriandre et un peu de vinaigre. Poser une couche d'anchois bien serrés. Arroser de 2 cuillerées à soupe d'huile d'olive, saupoudrer d'une pincée de sel et de grains de poivre.

Recommencer l'opération jusqu'à épuisement des ingrédients. Arroser de jus de citron. Recouvrir complètement d'huile d'olive. Terminer par : laurier, girofle et persil.

Entourer de film alimentaire et mettre au réfrigérateur. Servir dans le même récipient.

Salade de poutargue

On servait de ces œufs de poisson pressés, dans un petit bistrot, pendant le festival d'Aix-en-Provence, mais je n'y ai pas goûté… cela ne me tentait pas. Aussi ai-je recours aux dires du bon docteur Bernard Ély, passionné de cuisine provençale et érudit en la matière.

Pour 4 personnes :

- 4 tranches de poutargue de la taille d'un gros œuf de poule approximativement,
- huile d'olive,
- 250 g de haricots secs, ou 500 g de haricots frais à égrener, préparés tièdes en salade *(voir p. 96)*.

Ramollir et dissocier les grains de poutargue en faisant macérer les tranches dans de l'huile d'olive.

Servir avec la salade tiède de haricots blancs, que l'on peut remplacer par de jolis pois chiches.

Nota : Bernard Ély préconise aussi d'écraser les haricots ou les pois chiches, de les mélanger à la poutargue et d'étaler cette pâte sur des tartines de pain grillé, comme les *crostini* toscans.

Salade de poulpes à la nissarde

Pour 4 personnes :

- 1 kg de petits poulpes ou de sèches ou d'encornets,

- 3 petits citrons,
- 1/2 dl d'huile d'olive,
- poivre,
- accompagnement :
  - 1 riz au court-bouillon *(voir p. 70)*,
  - 1 sauce vinaigrette *(voir p. 50)*.

Cuisson : 20 à 25 min. *Réfrigération* : 2 à 3 h.

Nettoyer les poulpes ou les sèches, et les couper en morceaux de 2 cm.

Les mettre dans une poêle et leur faire rendre leur eau à petit feu et à couvert, durant 20 min. Lorsque leur jus les recouvre, enlever le couvercle et faire évaporer totalement ce liquide.

Y verser l'huile, donner un tour et retirer du feu. Verser dans une jatte ovale un peu creuse, arroser du jus de citron et poivrer.

Mettre au réfrigérateur, il se forme une gelée rose.

Au moment de servir l'entourer d'un cordon de riz au court-bouillon arrosé de sauce vinaigrette.

Nota : Certains mélangent à la sauce vinaigrette 1 ou 2 tomates crues, pelées, épépinées et écrasées.

SALADE D'HIVER EN LANGUEDOC

Buffet campagnard chez un ami, médecin à Clermont-l'Hérault.

Pour 4 personnes :

- 1 sauce vinaigrette *(voir p. 50)*,
- 1 pied de mouton cuit au court-bouillon *(voir p. 74)*, froid et désossé,
- 2 foies de volaille rôtis,
- 3 œufs durs,
- 4 beaux filets de harengs marinés à l'huile,
- 4 brins de ciboulette, autant d'estragon, de persil et de cerfeuil, le tout haché ensemble et ajouté à la sauce vinaigrette.

Réfrigération : 1 h.

Dans un grand saladier, mettre le pied de mouton coupé en petits dés, les foies rôtis en lamelles et les œufs durs en rondelles.

Tailler les filets de harengs en morceaux assez fins. Verser la sauce vinaigrette parfumée et mélanger le tout. Laisser reposer ce mélange au réfrigérateur une bonne heure avant de le servir.

Le grand ailloli des Provençaux

Pour Mistral, ce grand plat odorant et coloré est caractéristique de la Provence « parfumée, dorée comme un fil d'or ». C'est un plat riche qui ne nécessite qu'un produit laitier très frais pour compléter ce repas d'une grande simplicité, mais d'une extrême sensibilité ; je veux dire que ce plat rustique met en éveil tous nos sens. Vincent Van Gogh, en 1888, dans sa correspondance avec son frère Théo, remarque la simplicité de cette cuisine.

J'ajouterai que les plantes aromatiques introduites dans tous les courts-bouillons ajoutent à ces préparations subtilité et variété, et donnent une saveur supplémentaire aux volailles, gibiers et escargots qui s'en nourrissent dans la nature.

C'est un plat que l'on choisit lorsqu'on est nombreux, car il fait partie de ces préparations méditerranéennes qui engendrent une grande convivialité.

Pour 10 à 12 personnes :

– 1 ailloli avec œufs *(voir p. 54)*, en double quantité,
– 1 court-bouillon pour poisson *(voir p. 74)*,
– 1 court-bouillon pour viandes *(voir p. 74)*,
– 2,5 kg de beaux filets de morue bien épais et préparés *(voir p. 73)*,
– 1,5 kg de faux-filet de bœuf,
– 1 beau gigot de mouton désossé et roulé,
– 1 centaine d'escargots petits gris ébouillantés,
– 12 œufs durs,
– 12 jolies carottes fanes,
– 12 artichauts violets préparés *(voir p. 69)*,
– 700 g de haricots verts cocos,
– 6 bulbes de fenouil partagés en deux,
– 12 courgettes moyennes,
– 12 pommes de terre nouvelles moyennes,
– 1 joli chou-fleur,
– 6 poireaux moyens partagés en deux.
– 500 g de beaux pois chiches cuits.

Cuissons : viandes, 1 h ; carottes + fenouils + haricots verts + poireaux, 25 à 30 min ; artichauts, 10 à 15 min ; chou-fleur, 20 min ; pommes de terre + courgettes, 20 min ; morue, 15 min ; escargots, 25 min.

Préparer les deux courts-bouillons et les laisser bouillir durant 5 min.

Dans le court-bouillon pour viandes, mettre les deux viandes et laisser cuire à petit feu durant 1 h.

Dans le second court-bouillon, faire pocher la morue 15 min et la réserver au tiède. La remplacer par les escargots et les laisser cuire 25 min. Retirer le faitout du feu et réserver.

Cuire séparément les artichauts et le chou-fleur, bien égoutter. Laisser au tiède.

25 min avant la fin de la cuisson des viandes, ajouter les carottes, les fenouils, les haricots verts et les poireaux. 5 min après la reprise de l'ébullition, ajouter les courgettes épluchées et fendues en deux, les pommes de terre entières, non épluchées mais bien brossées. À la fin de la cuisson, égoutter les légumes et réchauffer les pois chiches dans ce court-bouillon.

L'ailloli doit être bien onctueux et homogène et doit reposer au frais mais non au réfrigérateur.

Service : Je vous conseille de préparer les assiettes individuelles car, en général, les gens se servent très mal. Il faut avoir de tout dans son assiette et de préférence tiède, c'est bien meilleur.

Dans une grande assiette creuse et chaude, disposer :

- 1 tranche de chaque viande,
- 1 morceau de morue,
- 1 légume de chaque, la pomme de terre fendue en deux,
- 1 œuf dur partagé en deux,
- 1 bouquet de chou-fleur,
- 1 fagot de haricots verts,
- 2 cuillerées de pois chiches,
- 1 dizaine d'escargots.

Faire circuler 1 ou 2 mortiers d'ailloli.

Nota : Personnellement, je préfère la viande rouge saignante, alors je modifie un peu la recette traditionnelle : quand toutes les cuissons de légumes sont terminées, je remets le court-bouillon de légumes à bouillir et alors, j'y plonge le gigot et le pavé de bœuf 15 à 18 min et je les retire pour les découper rapidement. Le jus qui s'écoule est réparti dans les assiettes.

RECETTES D'ITALIE, DE SARDAIGNE ET DE SICILE

Venise, la Vénitienne. 2000, huile sur toile, 100 x 100 cm. Coll. privée.

Salade de roquette

La roquette, ou rouquette, est une salade très parfumée, très prisée des Italiens comme des Catalans.

Pour 4 personnes :

- 250 g de roquette,
- 1 sauce vinaigrette au vinaigre balsamique *(voir p. 50)*,
- 100 g de parmesan taillé en copeaux.

Équeuter la salade, l'assaisonner au moment de la tourner et la couvrir de copeaux de parmesan.

Nota : On peut ajouter aussi de très fines tranches de poires.

Céleri au gorgonzola
Sedano ripierro di gorgonzola

Antipasto amusant en apéritif. C'est craquant et facile à manger avec ses doigts.

Pour 4 personnes :

- 8 branches très tendres de céleri avec la partie tendre de leurs feuilles,
- 75 g de gorgonzola,
- 50 g d'un fromage à tartiner,
- 1 cuillerée à soupe de ciboulette ciselée.

Réfrigération : 1 h.

Mixer les deux fromages afin d'obtenir une pâte lisse. Y mélanger la ciboulette.

Couper la base des branches de céleri, éplucher les côtes s'il y a lieu. Les laver et les essorer. Tartiner le creux de la branche avec le fromage, lisser et mettre au frais avant de servir.

Nota : On peut présenter une corbeille de canapés au jambon et au céleri *(voir p. 306)*.

Tomates-cerises au pesto
Pomodorini con pesto

Pour un buffet, vous disséminez quelques coupelles de *pomodorini* entre les autres *antipasti*, ce sera apprécié.

Pour un apéritif de 8 à 12 personnes :

– une quarantaine de tomates-cerises,
– le pesto :
  • 1 grosse poignée de basilic frais, à larges feuilles bien fermes,
  • 6 gousses d'ail rose,
  • 50 g de pignons décortiqués,
  • 1 cuillerée à café rase de sel fin,
  • 1/2 cuillerée à café de poivre au moulin,
  • 1 dl d'huile d'olive vierge extra,
  • 3 cuillerées à soupe de parmesan frais râpé,
  • 6 cuillerées à soupe de pecorino frais râpé.

Réfrigération : 1 h.

Mixer tous les éléments du pesto jusqu'à obtention d'une pâte lisse. Vérifier l'assaisonnement.

Étêter les tomates, les vider avec une cuillère parisienne et les remplir généreusement de pesto. Mettre au réfrigérateur 1 h avant de servir.

Salade de fenouils à l'orange
Insalata di finocchio con arancio

Une salade dégustée en Sicile et qui, selon l'amie qui me recevait, daterait du XVIIe siècle et se servait en fin de repas. Après un rôti ou un plat assez fort comme le délicieux canard aux châtaignes, cette salade est très rafraîchissante.

Pour 4 personnes :

– 2 beaux bulbes de fenouil,
– 2 ou 3 oranges douces,
– 2 oignons tendres, longs et fermes,
– 1 sauce vinaigrette au citron *(voir p. 50)*, préparée en demi-quantité.

Réfrigération : 1 h.

Retirer les premières côtes du fenouil, peler les suivantes s'il y a lieu, et les émincer finement. Les disposer dans un plat rond et creux.

Peler les oranges à vif. Les couper en tranches et les partager en quatre dans une assiette, enlever les pépins et les dresser sur les céleris. Ajouter le jus recueilli dans l'assiette s'il y a lieu.

Arroser avec la sauce au citron et mélanger. Parsemer d'oignons tendres émincés.

Mettre au frais une petite heure.

Nota : Lorsque la chaleur est écrasante, c'est un mélange très craquant et rafraîchissant.

Crudités en vinaigrette
Panzimonio

Antipasto très coloré, d'un bel effet au centre d'un buffet froid. Très apprécié dans la région de Rome.

Pour 8 à 10 personnes :

- 1 vinaigrette *(voir p. 50)*, en double quantité, additionnée de basilic frais ciselé,
- 3 ou 4 grosses carottes, pelées et taillées en bâtonnets,
- 1 beau poivron jaune, épépiné et taillé en bâtonnets,
- 1 poivron vert, épépiné et taillé en bâtonnets,
- 6 branches de céleri tendres et taillées en bâtonnets,
- 12 petits bouquets de chou-fleur,
- 12 radis roses taillés en fleur,
- 2 grosses tomates mûres mais très fermes, taillées en quartiers,
- 12 oignons tendres longs, fendus en quatre, à la saison.

Choisir un très grand plat rond, mettre la saucière au centre et disposer tout autour les différents légumes en éventail, en intercalant les couleurs.

Chacun croque à sa guise, en trempant les légumes dans la sauce vinaigrette.

Les aubergines en salade de Sardaigne

Recette de l'Alguer, ce territoire sarde où l'identité catalane est très vivace, avec un usage courant de la langue catalane. Dans les vieilles ruelles d'Alguer, on trouve encore des auberges qui vous proposent des plats typiques.

Pour 4 personnes :

- 4 aubergines moyennes, rondes, sans graines, préparées et débitées en cubes *(voir p. 68)*,
- 1 oignon doux mixé en purée,
- 1 sauce :
  - sel, 1/2 cuillerée à café de poivre blanc,
  - 1 cuillerée à soupe de vinaigre de vin,
  - 8 cl d'huile d'olive,
  - 1 cuillerée à soupe de persil haché,
- 1 douzaine de belles olives noires, dénoyautées.

Cuisson : 10 à 12 min.

Cuire les cubes d'aubergine à l'eau bouillante salée, les égoutter et les presser.

Mélanger le tout très minutieusement et servir très frais.

Nota : Certains travaillent le tout au mixeur, jusqu'à obtention d'une pâte lisse et homogène, qu'ils garnissent d'olives.

SALADE DE POMMES DE TERRE
Insalata di patate

Les aromates peuvent changer, mais on retrouve cette salade en Provence, en Languedoc et en Catalogne. Il semblerait qu'on la fasse de moins en moins à l'heure actuelle, et c'est bien dommage.

Pour 4 personnes :

- 1 kg de pommes de terre fermes,
- 1 sauce vinaigrette au citron avec en plus :
  - 2 gousses d'ail pilées
  - 2 cuillerées à soupe de persil et de ciboulette ciselés.

Cuire les pommes de terre en robe des champs à l'eau bouillante salée, 20 min environ.

Préparer la sauce vinaigrette.

Peler et tailler les pommes de terre en gros dés et les mettre dans un saladier.

Verser la sauce vinaigrette sur les pommes de terre encore chaudes. Mélanger délicatement et servir tiède ou froid.

Nota : Cette salade accompagne très bien des poissons grillés dans toute leur simplicité.

POIS CHICHES EN SALADE
Ceci in insalata

Un plat unique, intéressant en été ; un fromage frais arrosé de miel ou de marmelade de fruits rouges complétera agréablement cette salade nourrissante.

Pour 4 personnes :

- 800 g de pois chiches cuits, bien égouttés,
- 4 oignons tendres, très fermes, effilés,
- 2 tomates mûres mais fermes, épépinées et taillées en dés,
- 1 oignon rouge doux, haché,
- 12 olives noires, dénoyautées et hachées,

– 1 cuillerée à soupe de câpres,
– 1 cuillerée à soupe de menthe fraîche ciselée + quelques feuilles pour le décor,
– 4 œufs durs coupés en quatre,
– 1 sauce vinaigrette *(voir p. 50)*.

Réfrigération : 1 h.

Mettre tous les ingrédients dans un grand saladier, hormis les œufs durs. Arroser de sauce vinaigrette et bien mélanger le tout.

Décorer avec les œufs durs et les feuilles de menthe. Couvrir avec un film alimentaire et laisser 1 h au réfrigérateur avant de servir.

Nota : Il est préférable d'assaisonner les pois chiches encore tièdes. Beaucoup plus simple, en Provence, la salade de pois chiches est simplement garnie d'oignons tendres ou « cebettes » et d'huile d'olive. Andrée Moreau nous dit que quelques petits morceaux de harengs à l'huile l'agrémentent délicieusement (*Recettes en Provence*, Édisud, 1991).

SPAGHETTIS AUX HERBES AROMATIQUES
Spaguetti alle erbe

Je vous recommande d'aller visiter le musée des pâtes à Pontedassio en Ligurie. Vous apprendrez que le Nord de l'Italie privilégie la consommation des pâtes fraîches aux œufs de fabrication artisanale, alors que le Sud préfère les pâtes sèches au blé dur. Le rapport de ce comportement avec les facteurs climatiques, économiques et agricoles est évident. Au climat humide du Nord favorisant l'élevage, le Sud oppose un climat sec et chaud propice aux cultures. La consommation de pâte sèche (*ascuitta*) en Italie est de 20 kg par an et par personne.

Pour 4 personnes :

– 350 g de spaghettis,
– 4 cuillerées à soupe de parmesan frais râpé,
– sel, poivre gris au moulin,
– sauce aux herbes :
  • 3 à 4 brins de persil,
  • 3 à 4 brins de basilic,
  • 3 à 4 brins de thym frais,
  • 1,5 dl d'huile d'olive,
  • 4 gousses d'ail,
  • 300 g de pignons légèrement grillés,
– des feuilles de basilic et quelques pignons pour la garniture.

Cuire et égoutter les spaghettis *(voir p. 70)*. Les verser dans un saladier.
Mixer les éléments de la sauce jusqu'à obtention d'une consistance crémeuse. Verser cette sauce sur les spaghettis encore tièdes, saler, poivrer et bien remuer le tout.
Décorer avec pignons et basilic et servir aussitôt.

Salade de pâtes aux olives

Avec quelques variantes, on la présente sur tout le littoral italien.

Pour 4 personnes :

- 250 g de pâtes courtes (farfalles),
- 10 tomates sèches,
- 2 cuillerées à soupe de câpres,
- 100 g d'olives noires dénoyautées,
- 3 gousses d'ail pilées,
- 1 dl d'huile d'olive vierge extra,
- 3 cuillerées à soupe de vinaigre de vin,
- 3 cuillerées à soupe de persil plat haché.

Macération : 30 min.

Cuire les pâtes *al dente (voir p. 70)*, les égoutter, les rincer à l'eau froide et les verser dans un grand saladier. Ajouter l'huile d'olive et mélanger.
Faire tremper les tomates 10 min dans un bol d'eau chaude. Les égoutter. Les mixer avec les olives, les câpres, l'ail, l'huile, le vinaigre, le sel et le poivre.
Incorporer ce mélange aux pâtes. Bien remuer, saupoudrer de persil et laisser macérer 30 min avant de servir.

Capellinis aux pois gourmands
Capellini con rucoza e piselli

Pour 4 personnes :

- 250 g de capellinis,
- 400 g de pois gourmands,
- 50 g de pignons grillés,
- 3 cuillerées à soupe de parmesan râpé,
- 1/2 dl d'huile d'olive,
- 6 ou 8 jolies feuilles de laitue feuille-de-chêne,
- sel et poivre blanc au moulin.

Cuisson : pois gourmands, 20 min.

Cuire les pâtes *(voir p. 70)* et les égoutter, les verser dans un saladier maintenu au tiède. Pendant leur cuisson, équeuter les pois gourmands et laver la salade.

Cuire les pois gourmands dans l'eau des pâtes, les égoutter.

Dans le saladier tiède, ajouter les pois, saupoudrer de parmesan, de pignons, saler et poivrer et bien mélanger le tout. Arroser d'huile, décorer avec la salade et servir très vite.

Salade de pâtes aux artichauts
Insalata di pasta ai carciofi

Lac Majeur, lac d'Orta, lac de Côme, lac de Garde, charme et poésie, élégance des hôtels de luxe surannés... îles Borromées dont la beauté est légendaire, on ne peut que tomber amoureux de ces sites exceptionnels... jardins de la Villa d'Este, de la Villa Carlotte, autant de paradis perdus. Quel que soit le lieu, vous trouverez toujours une petite auberge qui aura, à sa carte, une de ces salades rafraîchissantes, colorées et nutritives, suffisantes pour poursuivre cette promenade romantique.

Pour 4 personnes :

- 250 g de pâtes, type fusilés ou pennes,
- 4 cœurs d'artichauts préparés *(voir p. 69)* et cuits à l'eau bouillante salée,
- 1 beau poivron rouge grillé *(voir p. 67)* pelé et épépiné,
- 1 dl d'huile d'olive,
- 1 oignon émincé,
- 3 cuillerées à soupe d'un bon vinaigre de framboises ou de cerises,
- 100 g de brocolis cuits à l'eau bouillante salée,
- 20 olives noires à l'huile, dénoyautées et hachées,
- 2 cuillerées à soupe de persil plat haché,
- sel et poivre au moulin,
- 1 cuillerée à soupe de fleurs de thym fraîches.

Réfrigération : 1 h.

Dans 3 cuillerées à soupe d'huile et la même quantité d'eau, cuire et blondir l'oignon. Y ajouter le poivron taillé en lanières. Arroser avec le vinaigre, saupoudrer de thym, saler et bien remuer le tout jusqu'à évaporation du vinaigre.

Cuire les pâtes *(voir p. 70)* et les verser dans un saladier.

Ajouter les cœurs d'artichauts émincés, les brocolis en petits bouquets, les olives et le persil. Saler, poivrer. Arroser avec le reste de l'huile et remuer très délicatement afin de ne pas briser les légumes. Mettre au réfrigérateur avant de servir.

Nota : On peut présenter une assiette de *bruschetta (voir p. 306)*.

Salade de pâtes aux asperges et pommes de terre
Insalata di pasta con asparagi e patate

Je ne sais plus si c'était aux îles d'Ischia et de Procida, que nous avons mangé ce plat qui nous a suffi. Ces nourritures simples sont appréciées des promeneurs aux alentours de Naples. Nous avons dégusté le même type de salade, accompagnée de belles tranches de jambon, dans le golfe de Pouzzoles, après nous être rassasiés du spectacle offert par ses surprenants phénomènes géologiques.

Pour 4 personnes :

- 250 g de coquillettes,
- 4 cuillerées à soupe d'huile d'olive vierge,
- 12 petites pommes de terre nouvelles, cuites 5 min à l'eau bouillante salée (les couper en deux si elles sont trop longues).
- 16 asperges vertes cuites 8 min à l'eau bouillante salée (ne garder que la partie comestible),
- 75 g de parmesan en copeaux,
- 1/2 cuillerée à café de sel fin et quelques tours de moulin de poivre noir.

Cuire les pâtes *(voir p. 70)*. Les égoutter et les mettre dans un saladier. Y verser l'huile pendant qu'elles sont encore chaudes. Saler, poivrer.

Y ajouter les pommes de terre tièdes. Bien remuer le tout.

Décorer avec les asperges et les copeaux de parmesan et servir aussitôt.

Salade de pâtes au thon
Insalata di pasta con tonno

Préparation intéressante, car il s'agit d'un plat complet : un laitage suffira pour terminer le repas. D'autre part, sa préparation est assez rapide.

Pour 4 personnes :

- 250 g de pâtes courtes (macaronis, ruotes, farfalles),
- 2 cuillerées à soupe d'huile d'olive,
- 150 g de thon au naturel, bien égoutté et émincé,
- 200 g de haricots blancs cuits, bien égouttés,
- 1/2 oignon doux
- 1 petit cœur de céleri émincé,
- 1/2 jus de citron,
- 1 cuillerées à soupe de persil plat haché,
- sel, poivre au moulin.

Réfrigération : 1 h.

Cuire les pâtes *(voir p. 70)*. Les verser dans un grand saladier et arroser d'huile d'olive. Bien mélanger et laisser refroidir.

Ajouter le thon, les haricots, le céleri et l'oignon. Saler, poivrer et citronner. Bien mélanger, saupoudrer de persil et laisser au frais 1 h au minimum.

Nota : Cette salade se fait aussi uniquement avec des haricots blancs : *tonno e fagioli*. Les ingrédients sont : 800 g de haricots blancs cuits, 400 g de thon au naturel, oignon, huile, citron, persil, sel et poivre.

SALADE DE PÂTES À LA TRUITE FUMÉE
Insalata di pasta alla trota afumicata

Pour 4 personnes :

- 250 g de coquillettes ou papillons,
- 4 petits bulbes de fenouil, épluchés et taillés en petits cubes,
- 200 g de filets de truite fumée, émiettés,
- 4 cuillerée à soupe d'aneth finement ciselé + quelques brins pour décorer,
- 1 mayonnaise *(voir p. 50)*, préparée en demi-quantité,
- sel, poivre blanc au moulin,
- 1/2 dl d'huile d'olive.

Cuisson : fenouils, 10 min environ.

Dans une casserole, mettre les fenouils, l'aneth, l'huile et 2 cuillerées à soupe d'eau. Couvrir et laisser fondre les fenouils à petit feu, jusqu'à ce qu'ils soient bien tendres.

Cuire les pâtes *(voir p. 70)*. Égoutter les fenouils s'il y a lieu, et les verser dans un grand saladier. Y ajouter les pâtes tièdes et remuer.

Ajouter alors les filets de truite, la mayonnaise, remuer délicatement. Décorer avec quelques brins d'aneth et servir aussitôt.

SALADE DE PÂTES AU POULET
Insalata di pasta con pollo

En Catalogne, nous avons relevé une salade de riz au poulet, en Italie évidemment on lui préfère des pâtes.

Pour 4 personnes :

- 250 g de pâtes courtes (rigatonis, fusilés, pennes),

Taormina. 1999, huile sur toile, 100 x 100 cm. Coll. privée.

– 300 g de poulet rôti froid,
– 1 oignon doux émincé,
– 2 poivrons (rouge et jaune), grillés *(voir p. 67)*,
– 50 g d'olives vertes dénoyautées,
– 3 cuillerées à soupe de sauce mayonnaise *(voir p. 50)*,
– 1 cuillerée à soupe de vinaigre de vin,
– sel et poivre au moulin,
– des feuilles fraîches de basilic,
– 3 cuillerées à soupe d'huile d'olive.

Réfrigération : 15 min.

Cuire les pâtes *(voir p. 70)*. Verser les pâtes dans un grand saladier, ajouter l'huile et bien remuer.

Couper le poulet en petits dés en retirant peau et os, et tailler les poivrons en fines lanières.

Dans un autre saladier, faire le mélange : mayonnaise, poulet, olives, poivrons, oignon et vinaigre. Saler, poivrer et vérifier l'assaisonnement.

Incorporer ce mélange aux pâtes. Remuer délicatement, décorer avec le basilic et mettre au frais 15 min.

PANZANELLA

Une utilisation goûteuse des restes de pain en Toscane.

Pour 4 personnes :

- 300 à 400 g de pain rassis,
- 4 tomates moyennes, bien mûres,
- 1 oignon doux,
- des feuilles de basilic,
- 1 sauce vinaigrette *(voir p. 50)*.

Trempage : 30 min environ. *Réfrigération* : 2 h.

Mettre le pain à tremper dans l'eau froide 1/2 heure environ.

Émincer l'oignon et couper les tomates en morceaux.

Presser le pain afin d'éliminer le maximum d'eau et l'émietter.

Mettre tous les ingrédients dans un saladier, arroser de sauce vinaigrette. Bien mélanger. Garnir de feuilles de basilic et mettre au réfrigérateur 2 h avant de servir.

PETIT PAIN ITALIEN

On le mange avec ses doigts, on s'en met partout, mais c'est délicieux. Évidemment ce n'était pas dans un grand restaurant que nous l'avons trouvé, mais dans un Restauroute bourré de camionneurs internationaux (ils connaissent les bons coins), à la sortie de Rome.

Pour 4 personnes :

- 4 petits pains ronds, dits de campagne, bien souples,
- 4 gousses d'ail,
- 250 g de jambon de Parme, taillé en copeaux (ou de Sant Daniele),
- 24 olives noires à l'huile, dénoyautées et grossièrement hachées,
- 1/2 dl d'huile d'olive vierge,
- 1 sauce vinaigrette *(voir p. 50)*,
- 1 ou 2 grosses tomates bien mûres (il s'agit de ces belles tomates côtelées fermes et charnues et si goûteuses) + 1 tomate ronde, mûre, partagée en deux.

Couper les pains au 1/3 de leur hauteur et les évider de leur mie. La réserver.

Frotter l'intérieur de chaque pain avec une gousse d'ail puis avec la tomate ronde et l'arroser de la moitié de la sauce vinaigrette.

Tapisser l'intérieur des pains avec les copeaux de jambon découennés.

Dans un saladier, assaisonner la tomate émincée de la sauce vinaigrette restante, y ajouter les olives et répartir le mélange dans chaque petit pain.

Au moment de servir, dorer à l'huile d'olive la mie de pain taillée en petits dés et la répartir sur les pains. Servir aussitôt.

Nota : On peut mélanger à la tomate quelques feuilles de scarole taillées en julienne. À condition que le petit pain n'attende pas.

Salade de pommes à la roumaine

Dans un petit port, passé la frontière italienne, il était tard et manifestement l'aubergiste n'avait plus rien à nous proposer. Elle nous prépara cette petite salade croquante et rafraîchissante, évidemment c'était un peu frugal, mais c'est ça la diète méditerranéenne.

Pour 4 personnes :

- 2 oignons rouges doux, émincés,
- 4 pommes calville ou boscop, épluchées et taillées en rondelles,
- 1 jus de citron,
- 1 sauce vinaigrette *(voir p. 50)*, sans sel mais poivrée.

Mettre les oignons dans une passoire, au-dessus d'une assiette, et les saler abondamment.

Arroser les rondelles de pommes du jus de citron.

Égoutter les oignons et les déposer dans un saladier en alternance avec les pommes égouttées. Arroser de sauce vinaigrette et servir aussitôt.

Salade de tomates, mozzarella et basilic
Insalata caprese

De Florence, en allant vers le Sud, vous aurez souvent l'occasion de vous rafraîchir avec cette salade toute simple et nutritive. Entre collines à perte de vue, alignements de cyprès, vignes entrecoupées de champs d'oliviers, vous ne serez pas déçus. En abandonnant la nationale, vous traverserez des villages aux noms qui chantent : Radda in Chianti, Gaïola in Chianti, Badia a Coltibuono... une abbaye du XIe siècle mérite une halte avec son domaine viticole. En septembre, vous pourrez de plus goûter le *fagiano dei bosconi,* faisan sauvage rôti à l'huile d'olive du domaine, pressée artisanalement, faisan accompagné de quelques *fagioli all'ucelleto,* (haricots blancs en saupiquet).

Pour 4 personnes :

- 3 belles tomates mûres et bien rondes,
- 400 g de mozzarella,
- 1 douzaine de belles feuilles de basilic,
- 4 cuillerées à soupe d'huile première pression,
- sel et poivre noir au moulin.

Réfrigération : 1 h.

Couper les tomates en rondelles d'1 cm épaisseur, faire de même pour la mozzarella.

Prendre un joli plat rond, y disposer les tomates en rosace, en les faisant chevaucher avec le fromage. Intercaler chaque feuille de basilic.

Dans un bol, fouetter l'huile avec le sel et le poivre et arroser la salade. Mettre au frais 1 h avant de servir

Nota : C'est une recette très populaire que l'on retrouve dans toute l'Italie. La meilleure mozzarella se trouve surtout dans le Sud et en Campanie.

SALADE D'ARTICHAUTS AUX ŒUFS
Insalata di carciofi con uova

En Italie du Nord, ce plat est servi comme *antipasto,* mais, vraiment, il constitue une entrée importante ou un plat principal au printemps.

Pour 4 personnes :

- 4 beaux artichauts ou suivant l'époque, 8 petits violets préparés *(voir p. 69)*,
- 4 gros œufs durs,
- 1/2 citron,
- 1 sauce mayonnaise *(voir p. 50)* avec 1 cuillerée à café de moutarde et 1 cuillerée à soupe de persil ciselé.

Cuisson : 12 à 25 min, selon la variété des artichauts.

Frotter les artichauts avec le 1/2 citron et les faire cuire à la vapeur.

Pendant ce temps, faire la sauce mayonnaise.

Une fois refroidis, tailler les fonds d'artichauts en quatre. Enlever le foin s'il y a lieu. Écaler et couper les œufs en quartiers.

Disposer le tout sur un joli plat rond et napper de sauce vinaigrette, servir frais.

Nota : Je conseille de présenter en même temps une corbeille de *pa amb tomàquet* *(voir p. 298)*.

Aspic de tomates

Une formule rafraîchissante de la cuisine italienne, issue de l'imagination d'un chef autochtone.

Pour 4 personnes :

- 250 g de fromage blanc,
- 1 dl de pulpe de tomate bien égouttée,
- 1 poivron vert haché,
- sel, poivre blanc,
- 1 sachet de gélatine,
- 1/2 dl d'eau froide,
- 1/2 dl d'eau bouillante,
- 1/2 jus de citron,
- garniture au gré de chacun : 1 laitue ciselée, 1 sauce mayonnaise *(voir p. 50)*.

Réfrigération : 2 h environ.

Faire dissoudre la gélatine dans l'eau froide, puis ajouter l'eau chaude pour la faire prendre et ajouter le citron.

Dans un grand saladier, mêler les ingrédients ainsi que la gelée.

Verser le mélange dans un moule à charlotte ou dans des ramequins individuels, et mettre en réfrigération.

Servir très frais sur un lit de laitue et de mayonnaise.

Poivrons grillés farcis au thon
Peperoni rossi con ripierro di tonno

Recette du sud de l'Italie.

Pour 4 personnes :

- 2 gros poivrons rouges grillés *(voir p. 67)*,
- 300 g de thon blanc au naturel, bien égoutté,
- 12 olives noires dénoyautées et hachées,
- 4 cuillerées à soupe d'huile d'olive,
- 2 cuillerées à soupe de jus de citron,
- sel, poivre blanc,
- 1 cuillerée à soupe de persil haché,

– 2 gousses d'ail hachées,
– 1 cœur de céleri.

Réfrigération : 1 h.

Peler, vider les poivrons et les partager en quatre.

Mixer ensemble : le thon, les olives, l'ail, le céleri, l'huile, le citron et l'assaisonnement.

Mettre les quarts de poivrons grillés bien à plat sur une planche et les tapisser du mélange. Rouler délicatement en pressant légèrement. Mettre ces petits rouleaux au réfrigérateur durant 1 h au minimum. On peut les refendre en 2 au moment de servir. Garder des feuilles de céleri pour la décoration.

Nota : On peut aussi intercaler ces petits rouleaux avec les petits fromages de chèvre au poivron rouge *(voir p. 290)*, ce qui constituera une belle entrée estivale.

ANCHOIS AU FOUR

C'était dans un petit port sarde, nous nous promenions sur les quais, il faisait chaud, portes et fenêtres étaient bien closes. Mon mari, très curieux, poussa un grand portail en bois... Dans une salle blanchie à la chaux, six femmes tissaient sur d'imposants métiers mécaniques, et, au fond, un pêcheur préparait des anchois dans une grande cheminée. J'ai appris à tisser, nous avons mangé les anchois, tout en parlant catalan.

Pour 4 personnes :

– 1 kg d'anchois frais, évidés et étêtés, lavés et essorés,
– le jus de 500 g de tomates mûres,
– 1 dl d'huile d'olive,
– 1 cuillerée à soupe de persil haché,
– 1 jolie branche de céleri, haché fin,
– 1 gros oignon haché fin,
– 8 gousses d'ail pilées,
– sel, poivre.

Cuisson : 25 à 30 min.

Disposer les anchois dans un plat allant au four.

Mélanger tous les autres ingrédients et recouvrir les anchois de ce mélange. Mettre au four, jusqu'à cuisson des anchois et réduction de la sauce.

Servir froid, avec des pommes de terre bouillies.

Nota : Peut se faire, évidemment, sur des braises, à couvert. On peut également remplacer les anchois par de petits maquereaux.

Poissons en sauce piquante

Recette qui se prépare en Sardaigne, en Sicile et presque partout en Italie…

Pour 4 personnes :

- 1,5 kg de petits rougets vendangeurs, écaillés, vidés et lavés,
- 1 cuillerée à café de sel,
- le jus de 2 beaux citrons,
- 1 friture d'huile d'arachide,
- 2 ou 3 cuillerées de farine,
- 1/2 dl de vinaigre de vin rouge,
- 6 gousses d'ail hachées,
- 1 cuillerée à soupe de fleurs de romarin,
- 4 feuilles de laurier frais,
- sel, poivre.

Cuisson : 3 à 4 min + 5 min. *Réfrigération* : 4 jours.

Mettre les rougets dans un plat creux et les arroser de citron. Les laisser mariner 30 min. Les essorer et les enrober de farine.

Les frire 3 à 4 min à grande friture. Les égoutter. Les aligner dans une grande poêle, sur une seule couche. Chauffer la poêle, puis arroser de vinaigre, ajouter l'ail, le romarin, le laurier, saler, poivrer et porter à ébullition. Laisser cuire 5 min. Si nécessaire, ajouter un peu d'eau chaude.

Disposer les poissons sur un plat creux, les napper de sauce. Laisser refroidir et mettre au réfrigérateur durant quatre jours.

Servir, avec une bonne salade de laitue.

Rougets au basilic

C'était en Sicile, dans un bar qui ne payait pas de mine, mais tout ce qu'on nous proposait en apéritif nous faisait envie, et notamment ces petits rougets, alignés sur un lit de tomates et de basilic aux couleurs éclatantes.

Pour 4 personnes :

- 8 à 12 petits rougets,
- 3 ou 4 tomates mûres,
- 2 gousses d'ail haché,
- 1 dl d'huile d'olive,
- 1 cuillerée à café d'un bon vinaigre de vin,
- 1 bouquet de basilic ciselé.

Macération : 3 à 4 h.

Hacher grossièrement les tomates et les mélanger à tous les autres aromates.

Dans une jatte ovale, étaler un lit de ce mélange et mettre au frais durant 3 à 4 h.

Au moment du repas, passer les rougets à la poêle 2 à 3 min de chaque côté, après les avoir salés, poivrés et badigeonnés d'huile, et les disposer sur le lit de tomates.

POULPES AU CITRON ET À L'AIL
Polpo con limone e aglio

C'est une préparation particulièrement appréciée en Italie. Le poulpe y est vraiment cuit à point et fait le bonheur des amateurs de ce mollusque très abondant sur nos côtes.

Pour 4 personnes :

- 1 kg de tout petits poulpes,
- 1 vinaigrette *(voir p. 50)* préparée en demi-quantité et avec :
  - 3 gousses d'ail pilées,
  - 3 cuillerées à soupe de jus de citron
  - 1 grosse cuillerée à soupe de persil frais ciselé,
  - quelques tours de poivre noir au moulin,
- 1 court-bouillon *(voir p. 74)*.

Cuisson : 1 h pour de jeunes poulpes. *Macération* : 30 min.

Battre les poulpes avec le plat d'un couperet sur un marbre ou un plan de travail. Enlever les yeux, le bec, les poches et les laver à grande eau froide.

Mettre les poulpes dans le court-bouillon froid et compter 1 h de cuisson à partir de l'ébullition. Il faut qu'ils soient très tendres. Les laisser refroidir dans le court-bouillon puis bien les égoutter. Les débiter en petits morceaux de 1,5 cm.

Les disposer dans un plat rond et creux. Verser la sauce vinaigrette, bien mélanger et laisser reposer 30 min à température ambiante avant de servir.

Nota : On peut présenter, en même temps, des canapés au jambon et au céleri *(voir p. 306)* ou des tapenades *(voir p. 303)* ou encore une pita tiède *(voir p. 298)*. On trouve la même préparation en Corse : *u polpu ineu l'oliu e l'acetu*, avec une sauce vinaigrette au vinaigre, sans ail, mais avec une bonne poignée de fines herbes hachées.

Couleurs de l'été. 1991, huile sur toile, 61 x 50 cm. Coll. privée.

SALADE DE CRABES

Sur une base traditionnelle, une création de chef (pour la présentation) que nous avons goûtée en Sicile.

Pour 4 personnes :

- 250 g de chair de crabes, bien égouttée,
- 1 pincée de sucre,
- 1 tomate mûre mixée,
- 3 cuillerées à soupe de fromage blanc,
- 1 mayonnaise *(voir p. 50)* préparée en demi-quantité,
- 1/2 jus de citron,
- 1 oignon haché,
- 1 sachet de gelée,
- 1 tasse d'eau bouillante,
- garniture au gré de chacun : feuilles de laitue, carottes râpées, œufs durs…

Réfrigération : 2 h environ.

Faire dissoudre la gelée dans l'eau bouillante. Y incorporer la tomate et le sucre.

Dans un saladier, mélanger le fromage, la mayonnaise, le citron et l'oignon. Y incorporer la chair de crabe émincée et la gelée.

Mélanger le tout et le verser dans un moule à charlotte. Faire prendre au réfrigérateur. Démouler sur un plat. Décorer avec quelques feuilles de laitue, des carottes râpées, des rondelles d'œufs durs. Servir sur glace pilée.

SALADE DE LA MER

Sur les rivages de la Méditerranée, jusqu'aux marches de l'Orient extrême, ces salades de fruits de mer sont particulièrement savoureuses.

Pour 4 personnes :

- 4 grosses gambas ou 8 petites,
- 4 langoustines,
- 1 grosse rascasse,
- 150 g de chair de crabe,
- 2 citrons verts, pelés à vif + 1 jus,
- 1 dl d'huile d'olive,
- 1 poignée de menthe fraîche ciselée,
- 1 cuillerée à café de gingembre frais râpé,
- sel, poivre blanc au moulin,
- 1 belle scarole taillée en julienne.

Macération : 4 h.

Badigeonner d'huile d'olive les gambas et les langoustines. Les griller rapidement dans une poêle antiadhésive. Les décortiquer.

Cuire la rascasse 5 min à la vapeur et en lever les filets.

Dans un plat creux, émietter les filets de rascasse et la chair de crabe. Tailler en menus morceaux les crustacés. Les arroser d'huile, saler, poivrer et parsemer de gingembre et de menthe. Laisser macérer pendant 4 h.

Tapisser le plat de service de scarole, y disposer les produits de la mer. Arroser de marinade citronnée et garnir de morceaux de citron.

Servir très frais.

TAGLIATELLES AUX FRUITS DE MER

C'était à Florence, à l'automne, à la terrasse fleurie d'un petit restaurant ; c'est ce nom chantant qui m'a séduite, et le résultat ne nous a pas déçus.

Pour 8 personnes :

- 400 g de tagliatelles,
- 4 queues de langoustes,
- 24 grosses crevettes roses,
- 8 coquilles Saint-Jacques,
- 24 grosses moules ouvertes à la vapeur,
- ciboulette, basilic,
- 3 œufs durs,
- 12 à 16 olives noires à l'huile,
- 1/4 de l de sauce mayonnaise *(voir p. 50)*,
- 2,5 l de court-bouillon *(voir p. 74)*,
- 3 cuillerées à soupe d'huile d'olive.

Cuissons : 4 à 5 min pour les pâtes et 10 min pour les crustacés.
Réfrigération : 1 h.

Cuire les crustacés dans le court-bouillon. Les égoutter. Pocher 3 à 4 min les noix de Saint-Jacques. Les égoutter. Réserver 8 crevettes pour la décoration.

Faire reprendre l'ébullition au court-bouillon et y cuire les pâtes. Les égoutter.

Faire la sauce mayonnaise.

Escaloper les queues de langoustes, décoquiller les moules.

Dans un grand saladier, mélanger les pâtes, les produits de la mer et la sauce mayonnaise. Parsemer de basilic et de ciboulette. Décorer avec les œufs, les olives et les crevettes. Recouvrir d'un film alimentaire et mettre au réfrigérateur 1 h avant de servir.

ŒUFS DURS EN SAUCE AU THON
Uova sode tonnate

J'ai pu les manger à Palerme, en Sicile, chez un professeur qui était venu améliorer son français à Perpignan, à l'époque de l'université d'été, où l'on faisait des rencontres très enrichissantes.

Pour 4 personnes :

- 4 gros œufs durs,
- 200 g de thon à l'huile d'olive,
- 12 filets d'anchois à l'huile,
- 1 cuillerée à soupe de câpres + quelques unes pour la décoration,
- 2 cuillerées à soupe de jus de citron,
- 3 cuillerées à soupe d'huile d'olive,
- sel et poivre noir,
- 1 sauce mayonnaise (*voir p. 50*).

Réfrigération : 30 min.

Faire la sauce mayonnaise.

Écaler les œufs, les partager en deux longitudinalement et les disposer sur un plat rond.

Mixer ensemble : le thon, 4 filets d'anchois, la cuillerée de câpres, le citron, l'huile d'olive, du sel et du poivre. Vérifier l'assaisonnement de cette pommade.

L'incorporer délicatement à la sauce mayonnaise et vérifier l'assaisonnement.

Napper les œufs de sauce au thon. Décorer avec les anchois et les câpres restant, mettre au frais 30 min avant de servir.

Nota : Je conseille de faire un lit de feuilles de laitue ou de scarole.

CARPACCIO DE BŒUF MARINÉ

Goûté en Toscane, accompagné de ces fameux petits pains fourrés individuels.

Pour 4 personnes :

- 250 g de filet de bœuf émincé en fines lamelles (le boucher le fera mieux que vous, je pense),
- 1/2 dl d'huile d'olive,
- 100 g de tout petits cèpes frais, émincés en fines lamelles,
- le jus de 2 citrons,
- 50 g de parmesan taillé en copeaux,
- sel fin, poivre blanc,
- 1 poignée de basilic ciselé.

Marinade : 15 à 20 min.

Dans un grand plat rond et creux, disposer les tranches de bœuf. Arroser avec la moitié de l'huile et le jus d'un citron. Laisser mariner 15 min au frais.

Répartir les cèpes sur la viande, puis le parmesan. Saler et poivrer à votre goût. Arroser avec l'huile et le jus du citron restant.

Parsemer de basilic et servir très frais.

CARPACCIO À LA ROQUETTE ET AU PARMESAN
Carpaccio con rucola

Je l'ai trouvé mentionné surtout dans le nord de l'Italie, mais ce n'est pas une recette ancestrale, hormis l'utilisation de la roquette.

Pour 4 personnes :

- – 4 tranches de bœuf dans le gîte à la noix, extrêmement fines de préférence,
- – 8 tranches fines de parmesan frais,
- – 1 citron et demi,
- – 1 belle gousse d'ail rose, finement pilée,
- – sel, poivre blanc,
- – 1 bouquet de roquette,
- – 1/2 dl d'huile d'olive vierge extra.

Fouetter ensemble l'ail, l'huile, le sel, le poivre et le jus de citron et laisser reposer la sauce 10 à 15 min.

Laver la roquette à grande eau, l'équeuter et l'essorer.

Disposer la roquette tout autour d'un plat rond et un peu creux. Mettre le bœuf au centre, le napper de sauce. Disposer les morceaux de parmesan au-dessus et servir immédiatement.

RECETTES
DE GRÈCE ET DE CRÈTE

Santorin, ombre et lumière. 1998, huile sur toile, 146 x 114 cm. Coll. privée.

TZATZIKI

Pour 6 personnes :

– 1 beau concombre long préparé *(voir p. 67)*,
– 300 g de yaourt au lait entier,
– 4 gousses d'ail soigneusement écrasées,
– 4 cuillerées à soupe d'huile d'olive,
– 2 cuillerées à soupe de vinaigre de vin,
– sel et poivre.

Réfrigération : 1 h.

Râper le concombre en fins copeaux.

Vider le yaourt dans un saladier rafraîchi, et le mélanger délicatement avec l'ail.

En fouettant légèrement, verser alternativement l'huile et le vinaigre. Assaisonner et vérifier.

Servir très frais, en hors-d'œuvre.

Nota : À quelques variantes près, on retrouve ce type de préparation particulièrement rafraîchissante au Maroc, *râya bi-labane (voir p. 228)*, en Égypte, avec de tout petits concombres, ou en Crète, avec du yaourt bulgare, une poignée de feuilles de menthe.

SALADE DE TOMATES ET CONCOMBRES

Préparée avec de la feta, ce fromage grec au lait de brebis, mi-mou, friable, conservé dans la saumure.

Pour 4 personnes :

– 1 joli concombre préparé *(voir p. 67)* et taillé en cubes,
– 2 tomates fermes, taillées en rondelles,
– 4 anchois à l'huile *(voir p. 72)* ou 4 sardines en escabèche *(voir p. 102)*,
– 1 cuillerée à soupe de persil haché,
– 1/2 dl d'huile d'olive,
– 1 cuillerée à café de sel fin,
– 100 g d'olives arbequines,
– 1 morceau de feta écrasée.

Mélanger tous les ingrédients.

On peut aussi servir les anchois ou les sardines séparément. On peut y ajouter un oignon doux émincé et un poivron grillé *(voir p. 67)*.

Pain rafraîchissant

Une entrée très rafraîchissante, pour les jours de canicule, consommée dans un restaurant d'Athènes. Là aussi, un chef a su adapter au monde moderne une recette traditionnelle, avec ses composants typiques.

Pour 4 personnes :

– 1 dl de pulpe de tomates bien mûres, bien égouttées,
– 2 carottes râpées,
– 1/2 jus de citron,
– 1 branche très tendre de céleri haché,
– 1 poivron vert haché,
– sel, poivre blanc,
– 2 cuillerées à soupe de sauce mayonnaise *(voir p. 50)*,
– 1 sachet de gélatine,
– 250 g de fromage blanc,
– 1 poignée de coriandre fraîche,
– 1 poignée de feuilles de menthe fraîches.

Réfrigération : 2 à 3 h.

Dans un saladier, faire dissoudre la gélatine dans très peu d'eau froide (1/2 l), puis ajouter 1/2 dl d'eau bouillante pour faire prendre.

Y mélanger tous les ingrédients, sauf le fromage, la coriandre et la menthe.

Verser rapidement le mélange dans un moule à charlotte mouillé et le mettre en réfrigération.

Mixer la coriandre et les feuilles de menthe et les mélanger au fromage frais. Mettre au réfrigérateur.

Au service, entourer le pain de légumes de fromage parfumé. Servir sur glace pilée, si possible.

Salade d'artichauts
Vrastes anginares salata

Une préparation pour les petits artichauts très tendres, qu'en Roussillon nous préférons manger crus.

Pour 4 personnes :

– 8 petits artichauts violets, tournés et citronnés *(voir p. 69)*,
– 1 jus de citron,
– 1/2 dl d'huile d'olive très fruitée ou 1 sauce mayonnaise *(voir p. 50)*,
– 1/2 cuillerée à café de sel fin et de poivre blanc.

Cuisson : 15 à 18 min.

Cuire les artichauts à l'eau bouillante salée et citronnée. Les égoutter, les partager en quatre et les disposer dans un plat creux.

Les arroser tièdes avec l'huile d'olive ou la mayonnaise. Servir tiède ou froid.

Nota : On peut constater que le fait de cuire les petits artichauts pour une entrée froide se retrouve en Égypte, avec un assaisonnement plus important et très parfumé : les artichauts aux olives *(voir p. 199)*. Toutefois, la préparation la plus raffinée, délicate et précieusement présentée sera celle que nous avons dégustée en Turquie : les artichauts à l'orange *(voir p. 198)*.

Chou en salade
Salata labano

Pour 4 personnes :

- 1/2 chou vert ferme,
- 2 cuillerées à soupe d'un bon vinaigre de vin,
- 1 cuillerée à café de sel fin,
- 1 poignée d'olives arbequines,
- 1 œuf frit par personne.

Trempage : 1 h.

Débarrasser le chou de ses feuilles vertes et le ciseler finement. Le faire tremper durant 1 h dans de l'eau froide.

L'essorer et le mettre dans un grand saladier avec le sel et le vinaigre.

Bien mélanger et servir avec olives et œufs frits.

Nota : Personnellement, je le trouve meilleur avec un peu d'huile, et j'ai par la suite trouvé une autre formule, avec du chou blanc : émincer le chou et le mettre en terrine avec 1 jus de citron, 4 cuillerées à soupe d'huile et une pincée de sel. Mélanger et servir. Une troisième formule complète la précédente, en y ajoutant 2 ou 3 carottes râpées, des œufs durs coupés en rondelles, une poignée d'olives vertes et du persil plat haché.

Champignons à la grecque

C'est sans doute la recette la plus connue en France et qui nous permet de manger agréablement ces insipides champignons de couche plus ou moins caoutchouteux.

Pour 4 personnes :

– 500 g de champignons de couche (champignons de Paris), de petite taille et réguliers,
– 1 beau citron bien mûr, non traité et finement émincé,
– 4 à 5 échalotes de petite taille,
– 1 cuillerée à soupe de graines de coriandre,
– 4 à 5 grains de poivre noir,
– 1 bouquet garni (thym, laurier, romarin),
– 1 tomate épépinée, hachée et pelée,
– 1/2 cuillerée à café de sel fin,
– 1/2 dl d'huile d'olive.

Cuisson : 1 h. *Réfrigération* : 1 h.

Couper le bout terreux des champignons et les laver à grande eau. Les émincer régulièrement.

Dans une sauteuse, verser les champignons, le citron, les échalotes, toute la garniture énumérée et 1 dl d'eau froide. Couvrir et faire mijoter 1 h environ. Le tout doit être bien réduit et les champignons moelleux.

Verser la préparation dans un joli plat ovale et mettre 1 h au frais avant de servir.

XORIATIKA

Après la chaleur des vieilles pierres et la fatigue de la marche, vous saurez trouver une taverne accueillante et hospitalière. Cette salade campagnarde y sera la bienvenue et vous suffira peut-être, avec quelques *amigdalotha*, petits gâteaux aux amandes, miel et cannelle qui accompagnent le café.

Pour 4 personnes :

– 1 beau poivron rouge grillé *(voir p. 67)*, pelé et taillé en petits carrés,
– 3 tomates rondes et mûres, pelées, épépinées et taillées en petits morceaux,
– 1 petit bouquet de menthe fraîche ciselée,
– 1 petit bouquet de persil plat ciselé,
– 6 anchois à l'huile mixés *(voir p. 72)*,
– 8 à 10 olives noires, dénoyautées et grossièrement hachées,
– 1/2 poivron vert cru, finement émincé,
– 4 gousses d'ail pressées,
– 1/2 cuillerée à café de cumin,
– 1/2 dl d'huile d'olive,
– 100 g de feta taillée en petits cubes,
– 1 pincée de sel fin,
– 2 à 3 pincées de poivre noir.

Réfrigération : 35 à 40 min.

Dans un saladier, mettre l'huile, les anchois, l'ail et le cumin. Bien mélanger.

Y verser les tomates, les poivrons, les olives, saler légèrement, poivrer et remuer le tout. Ajouter la menthe, le persil et la feta et mettre au frais. Bien tourner la salade au moment de servir.

LÉGUMES FRAIS À LA GRECQUE

Pour 4 personnes :

- 1/2 petit chou-fleur, détaillé en bouquets,
- 3 artichauts parés pour en conserver le cœur,
- 4 carottes fanes grattées et taillées en rondelles,
- 3 citrons,
- 1 paquet d'oignons tendres effilés,
- 1 cuillerée à soupe de graines de coriandre,
- 1/2 dl de vin blanc sec,
- 1 dl d'huile d'olive,
- 2 belles tomates mûres, pelées, épépinées et taillées en gros dés,
- 1/2 cuillerée à café de sel fin,
- 4 à 5 tours de moulin à poivre blanc.

Macération : 2 h. *Cuisson* : 40 min. *Réfrigération* : 1 h.

Citronner largement les artichauts et les couper en quatre. Tailler les citrons restants en fines rondelles.

Verser tous les ingrédients dans une cocotte, ajouter 1 dl d'eau froide et laisser macérer 2 h au frais.

Mettre la cocotte sur un feu moyen et l'amener à ébullition. Couvrir et laisser alors mijoter 40 min à tout petit feu. Il ne doit plus rester de liquide. Vérifier l'assaisonnement et mettre au frais 1 h avant de servir.

RATATOUILLE GRECQUE

On trouve autant de formules de ratatouille que de pays et de régions autour de la Méditerranée.

Pour 4 à 6 personnes :

- 1,2 kg de courgettes, épluchées et coupées en rondelles,
- 1,2 kg de pommes de terre épluchées et coupées en rondelles,
- 3 aubergines préparées *(voir p. 68)* et coupées en rondelles,

- 1 oignon doux émincé,
- 1 poignée de haricots verts très fins,
- 6 gousses d'ail hachées,
- 1 poivron rouge taillé en lanières,
- 500 g de pulpe de tomates fraîches,
- 2 dl d'huile d'olive,
- 1 branche d'aneth taillée finement,
- sel, poivre.

Cuisson : 40 à 45 min au four à 180° C.

Disposer tous les légumes dans un plat allant au four. Verser dessus la tomate et l'huile. Saler, poivrer et cuire au four.

Ajouter de l'eau si nécessaire. Laisser réduire et servir chaud ou froid.

Salade de courgettes à la grecque

Près de la frontière turque s'étend une plaine littorale délimitée par des contreforts montagneux pouvant atteindre 1 500 mètres d'altitude. Sur cette plaine s'étendent diverses cultures de légumes comme pommes de terre et courgettes, de fruits frais comme pommes, poires, pêches, abricots et fraises, de fruits secs et d'oliviers. C'est dans ce secteur que nous avons mangé cette préparation rurale sans prétention, à une table commune que nous appellerions en France table d'hôtes.

Pour 4 personnes :

- 4 mini-courgettes par personne,
- 4 pommes de terre bouillies,
- 1 sauce :
  - 1/2 dl d'huile d'olive,
  - 1 cuillerée à soupe de vinaigre de vin ou de jus de citron vert,
  - 1/2 cuillerée à café de sel fin.

Cuisson : 20 min.

Éplucher les courgettes, les partager en deux longitudinalement, et les cuire 15 min à la vapeur.

Faire bouillir les pommes de terre. Les couper en rondelles épaisses et les disposer dans un grand plat creux.

Y disposer les courgettes en étoile. Arroser de sauce la préparation encore tiède et servir froid.

AILLOLI GREC
Skordalia ou *aliada*

À ne pas demander dans un grand restaurant gastronomique… mais dans de petites auberges sans prétention, à moins d'avoir la chance d'être reçu dans une famille grecque qui saura vous régaler.

Pour 4 personnes :

- 1 kg de pommes de terre,
- 12 gousses d'ail,
- 1/2 dl de vinaigre de vin,
- 1,5 dl d'huile d'olive,
- 1/2 cuillerée à café de sel fin,
- olives, persil haché.

Faire bouillir les pommes de terre dans leur peau.

Piler finement l'ail au mortier. Y incorporer une à une les pommes de terre chaudes, jusqu'à ce qu'elles soient réduites en purée et liées à l'ail.

Incorporer alors lentement l'huile et le vinaigre et saler. On doit obtenir une purée épaisse. La servir garnie d'olives et d'un peu de persil.

Nota : On peut la servir avec de la morue frite ou des poissons au court-bouillon et avec des betteraves cuites.

Il est évident qu'il faut aimer l'ail ! Mais c'est un vrai délice avec des petits morceaux de morue bien croustillants.

SALADE DE POIS CHICHES AU SÉSAME
Revithosalata me tahini

Pour 4 personnes :

- 600 g de pois chiches cuits, très tendres,
- 1 tasse à café de bouillie de sésame ou de *tahiné* (*voir p. 86*), délayée avec un peu d'eau,
- 1 jus de citron,
- 1/2 dl d'huile d'olive,
- une pincée de sel et de poivre blanc,
- 4 gousses d'ail écrasées,
- 1 cuillerée à soupe de persil plat haché.

Réfrigération : 3 h.

Passer les pois chiches tièdes au presse-purée.

Le port de Nauplie. 1998, huile sur toile, 100 x 81 cm. Coll. privée.

Dans un saladier, mélanger cette purée à la bouillie. Incorporer progressivement : le jus de citron, l'huile, l'ail et assaisonner. Vérifier l'assaisonnement et mettre au frais.

Au moment de servir, saupoudrer de persil haché.

Salade de figues à la grecque

Dans l'« Île des Roses », Rhodes, autrefois dominée par le célèbre Colosse, l'une des sept Merveilles du Monde, on ne pouvait que découvrir un mets surprenant. L'île elle-même est pleine de souvenirs et la promenade jusqu'à Lindos vous fera découvrir des points de vue superbes ainsi que le plus grec de ses villages.

Pour 1 personne :

– 4 figues blanches, fermes mais mûres, pelées et coupées en quatre,

– 200 g de feta débitée en dés,
– 2 rondelles de salami un peu épaisses, taillées en lanières,
– 4 à 6 feuilles de laitue feuille-de-chêne, bien lavées,
– 1 sauce :
  • 2 cuillerées à soupe d'huile,
  • 1 cuillerée à café de jus de citron,
  • 1 pincée de sel et 2 ou 3 tours de poivre.

Prendre une jolie assiette, un peu creuse, et y disposer joliment les différents ingrédients.

Dans un bol, fouetter l'huile, le citron, le sel et le poivre et arroser la salade. Servir très frais.

TARTARE DE THON AU CITRON VERT

La Crète. 38° C à l'ombre, mais l'air de la mer et cette salade rafraîchissante et nutritive palliaient largement cette situation. Un soir, à Sphakia, avec des Crétois aux yeux pleins de rêves et au langage plein de gestes… même le catalan (car c'était notre langue internationale, lorsque je voyageais avec mon mari) n'a eu aucun effet !

Pour 4 à 6 personnes, suivant l'appétit :

– 600 g de filet de thon frais, bien essoré, serré dans un film alimentaire et mis 2 h au freezer,
– 4 citrons verts,
– 1 gros oignon doux,
– 2 gousses d'ail,
– 1 sauce mayonnaise :
  • 2 dl d'huile d'olive,
  • 1 cuillerée à soupe de soja,
  • 1 cuillerée à soupe de moutarde,
  • sel, poivre.

Macération : 3 h au minimum.

Avec un couteau bien aiguisé, tailler de fines lanières de thon et les mettre dans une terrine.

Mixer l'oignon et l'ail et y ajouter le jus des citrons. Verser cette préparation sur le thon. Laisser macérer 3 à 4 h au réfrigérateur.

Au moment de servir, faire la sauce mayonnaise. Essorer le thon, et le mettre dans un joli plat nappé entièrement de sauce.

Taramasalata

Une salade d'œufs de poisson, goûtée en Grèce, à Igoumenitsa.

Pour 4 personnes :

- 100 g d'œufs de poisson salés,
- 200 g de mie de pain blanc rassis, hachée,
- 1 dl d'huile d'olive,
- 1 cuillerée à soupe de persil haché,
- 1 oignon doux, moyen, mixé en purée,
- 1 jus de citron,
- 1 douzaine de grosses olives vertes,
- 1 petite laitue.

Travailler au mortier les œufs, l'huile et le citron, jusqu'à obtention d'une pâte homogène. Y incorporer la mie de pain et l'oignon en purée. Travailler jusqu'à obtention d'une pâte lisse, de couleur rose clair.

Mettre la *taramasalata* en saucière, saupoudrer de persil et garnir avec des olives vertes partagées en deux.

Servir avec de petites feuilles de laitue très tendres.

Nota : On retrouve ce type de préparation à Sète ou à Bouzigues, en Languedoc.

Homard au ladolemono

Toujours en Grèce, dans les petites îles… c'est chez l'habitant, que nous avons pu goûter ce homard assaisonné à l'huile et au citron.

Pour 4 personnes :

- 1 homard de taille moyenne, antennes et pinces attachées le long du corps,
- 1 court-bouillon *(voir p. 74)*,
- 1 sauce *ladolemono*, appelée aussi *marmalatso* :
  - 1 dl d'huile d'olive,
  - le jus de 2 gros citrons,
  - 1 pincée d'oignons en poudre,
  - 1 cuillerée à café de moutarde fine,
  - du persil haché.

Cuisson : 15 à 18 min.

Cuire le homard 15 à 18 min dans le court-bouillon et le laisser refroidir dans ce court-bouillon.

Casser les pinces et en extraire la chair ainsi que celle de la tête. Fendre la paroi abdominale dans toute sa longueur, et couper la chair en tranches fines. Disposer le tout sur une jatte ovale.

Fouetter vivement la sauce et arroser les chairs du homard. Saupoudrer d'un peu de persil. Servir très frais, avec une salade de roquette ou de pissenlit ou bien un mélange de salades sauvages (mesclum).

Nota : On peut également napper les chairs d'une sauce mayonnaise *(voir p. 50)* et la garnir de persil haché, de câpres, de cornichons et de rondelles d'œufs durs.

Crevettes en salade en Grèce

Pour 4 personnes :

- 1 kg de crevettes,
- 1 court-bouillon *(voir p. 74)*,
- 1 sauce *ladolemono*, appelée aussi *marmalatso* :
  - 1 dl d'une huile d'olive très fruitée,
  - le jus de 2 gros citrons,
  - 1 pincée d'origan.

Cuisson : 6 à 8 min environ.

Cuire les crevettes au court-bouillon jusqu'à ce qu'elles prennent une couleur rouge.

Les décortiquer, laisser la tête et la queue ; les dresser dans un plat creux.

Mixer la sauce jusqu'à l'obtention d'une liaison onctueuse. La verser sur les crevettes et servir aussitôt.

Nota : Certains servent, en plus, une sauce mayonnaise ; la « diète méditerranéenne » est souvent suivie de loin…

Salade d'œufs durs à la crétoise

Une nourriture fruste, mais nutritive et intéressante pour un repas de midi, en été… Elle nous est préconisée dans la « diète méditerranéenne », comme si nous, gens du Midi, ne l'avions jamais pratiquée !

Si à cette préparation, succèdent un bon fromage frais, du miel, des fruits, on sort de table léger et satisfait.

Pour 4 personnes :

- 6 œufs durs taillés en rondelles,
- 8 oignons tendres effilés,
- 1 sauce vinaigrette *(voir p. 50)*.

Dans un saladier, mettre alternativement : une couche d'œufs durs, une couche d'oignons, jusqu'à épuisement.
Verser l'assaisonnement et servir frais.
Nota : Vous trouverez deux autres formules avec la *salatat bayd mas loûq (voir p. 242)* et l'*azadkéghov havguit* (œufs au persil), toutes deux recettes orientales.

Pieds de porc vinaigrette

Se rencontre en Grèce, en Sicile, et aussi en Catalogne où, hormis la coriandre, nous les préparons de même.

Pour 4 personnes :

- 4 pieds de porc,
- 3 gousses d'ail pilées,
- 4 oignons tendres effilés,
- 1 sauce vinaigrette *(voir p. 50)*,
- 1 branche de coriandre fraîche ciselée.

Cuire les pieds de porc au court-bouillon *(voir p. 74)*, les désosser et les débiter en petits cubes.
Encore tièdes, les assaisonner de vinaigrette.
Au moment de servir, y mélanger l'ail, l'oignon et la coriandre.

Salade de cervelles

Crète, Turquie, Yougoslavie : la préparation a l'air très fréquente, sans oublier son intérêt dans la cuisine marocaine.

Pour 4 personnes :

- 2 à 3 cervelles d'agneau mises à dégorger dans l'eau froide,
- 1 belle salade verte bien craquante,
- 1 court-bouillon *(voir p. 74)*,
- farine,
- 1 sauce vinaigrette *(voir p. 50)*,
- 2 citrons verts, coupés en rondelles,
- 1/2 dl d'huile d'olive.

Blanchir les cervelles, en les plongeant 2 à 3 min dans un court-bouillon. Les égoutter et les laisser refroidir. Les fariner légèrement.

Escaloper les cervelles sur 2 à 3 mm et les faire sauter rapidement à la poêle, dans l'huile chaude. Les saler au sortir de la poêle.

Dans un joli plat rond et creux, faire un lit de salade ciselée, l'arroser de vinaigrette, disposer les escalopes, les rondelles de citron et servir très vite.

Nota : Certains y mettent aussi un ris de veau cuit au four et au vin blanc 20 min. Au Maroc, les cervelles sont simplement cuites au court-bouillon : *salatat al-noukhaate* *(voir p. 243)*.

RECETTES DE TURQUIE, DU LIBAN, D'ISRAËL ET D'ÉGYPTE

Turquie, Cappadoce. 1988, huile sur toile, 81 x 65 cm.

Salade verte à la menthe
Ganatchégheni aghtzan

Pour 4 personnes :

- la moitié d'une salade romaine,
- 1 dizaine de branches de pourpier,
- 2 tomates mûres, pelées, épépinées et taillées en menus morceaux,
- 3 gousses d'ail pilées,
- 1 oignon blanc haché fin,
- 1 grosse cuillerée à soupe de menthe séchée,
- 1 jus de citron,
- 1/2 cuillerée à café de sel fin,
- 1 bonne pincée de poivre rouge,
- 1/2 dl d'huile d'olive.

Réfrigération : 30 min.

Séparer les feuilles des branches de pourpier. Ciseler ces feuilles ainsi que la romaine. Mettre au frais.

Dans un saladier, bien mélanger huile, citron, assaisonnement, ail et oignon. Y ajouter les tomates, mélanger et mettre au frais 30 min.

Au moment de manger, ajouter les salades. Mélanger et saupoudrer de menthe. Servir très frais.

Salade aux aromates

Un plat de crudités agrémenté de feta, dégusté au Liban.

Pour 4 personnes :

- le cœur d'1 scarole ou 2 suivant la grosseur,
- 1 joli concombre préparé *(voir p. 67)*, fendu en quatre longitudinalement et émincé,
- 2 jolies tomates rondes et fermes, pelées, épépinées et partagées en quatre,
- 4 oignons tendres partagés en quatre,
- 1 botte de radis longs, grattés et fendus en quatre,
- 2 ou 3 branches d'aneth haché,
- 1 petit bouquet de persil plat ciselé,
- 1 petit bouquet de menthe fraîche ciselée finement,
- 150 g de feta taillée en petits cubes,
- 1 sauce vinaigrette *(voir p. 50)* avec :
  - le jus d'1 citron,
  - 4 gousses d'ail pilées.

Réfrigération : 1 h.

Séparer et laver soigneusement les feuilles de salade. Les découper en lanières. Essorer le concombre.

Prendre un joli plat rond, un peu creux, y étaler les lanières de salade. Disposer ensuite les concombres, les tomates, les oignons, la feta et les radis à votre goût.

Saupoudrez largement d'aromates et arroser de sauce vinaigrette. Mettre la salade au frais et mélanger délicatement au moment de servir.

SALADE DE CONCOMBRES AU YAOURT

C'est la version égyptienne de ce « classique » du concombre.

Pour 1 bol :

- 2 ou 3 petits concombres de 10 à 12 cm de long chacun, préparés *(voir p. 67)*,
- 1 yaourt,
- 2 à 3 brins de menthe ciselée.

Dans un saladier, mélanger les concombres émincés et le yaourt préalablement battu avec la menthe. Servir très frais.

CONCOMBRE AU YAOURT DE BREBIS
Cacik

Autre *mézzé*, c'est-à-dire entrée, consommé à plusieurs reprises dans ces petits restaurants très accessibles que l'on trouve tout le long du Bosphore. Par temps chaud, cette sorte de soupe glacée est la bienvenue. C'est très agréable avec les brochettes de viande ou de poisson.

Pour 1 bol :

- 1 joli concombre préparé *(voir p. 67)*,
- 1 dl de yaourt de brebis,
- 1 bonne poignée de menthe fraîche poivrée,
- 1 branche d'aneth frais,
- 1/2 jus de citron,
- 1 cuillerée à soupe d'huile d'olive vierge,
- 1 pincée de piment de Cayenne,
- poivre noir au moulin, sel fin.

Réfrigération : 3 à 4 h.

Verser le yaourt dans un chinois afin de l'égoutter un peu. Passer le concombre à la râpe à gros trous. Ciseler les aromates.

Dans un grand saladier, fouetter ensemble le yaourt, les aromates, les épices et l'huile. Essorer le concombre râpé et l'ajouter à ce mélange. Vérifier l'assaisonnement et mettre au frais. On peut aussi préparer des coupelles individuelles.

Nota : Il est important de servir ce *mézzé* très très frais. Après viennent tous ces plats aux noms mystérieux qui font rêver : le *börek*, l'*imam bayfaïldi*, le *döner kebab*, le *keskul kadin* ou « crème de riz pour la dame », parfumée à l'eau de roses…

Salade d'épinards aux noix

Elle se sert en *mezzé* dont, au Liban, on vous propose un très généreux assortiment, qui pourrait même, pour nous, constituer un repas.

Pour 4 personnes :

- 400 g d'épinards très frais et très jeunes, lavés et équeutés,
- 200 g de haricots verts très fins, triés et coupés en deux,
- 1 oignon doux émincé,
- 1 sauce :
  - 1 yaourt nature au lait entier,
  - 1 cuillerée à soupe de jus de citron,
  - 1 douzaine de feuilles de menthe ciselées,
- quelques feuilles de menthe entières
- 1 poignée de cerneaux de noix concassés,
- 1 petit poivron rouge, taillé en très fines lanières passées à l'eau glacée.

Cuisson : haricots, 10 min à l'eau bouillante salée.

Cuire, égoutter et laisser refroidir les haricots. Laver soigneusement les feuilles d'épinards. Dans un plat rond et creux disposer : les épinards, les haricots verts et l'oignon.

Faire la sauce dans un bol. Bien fouetter et la verser sur la salade.

Décorer avec les noix, la menthe et le poivron. Servir la salade très fraîche avec du pain pita *(voir p. 298)*.

Nota : Il s'agit bien sûr de jeunes épinards et de petites feuilles bien tendres : fin septembre, ils sont délicieux.

Haricots verts à l'huile et à la tomate
Loubiya khadrâ bi-zayt – fâwila bi-zayt

Pour 4 personnes :

– 1 kg de haricots verts fins, effilés et coupés en 2 ou 3 morceaux,
– 1,5 dl d'huile d'olive,
– 2 dl d'eau,
– 1/2 dl de coulis de tomate *(voir p. 56)*,
– 1/2 cuillerée à café de poivre blanc,
– 1 bonne pincée de sel fin,
– 2 jolis oignons jaunes émincés,
– 8 à 10 gousses d'ail émincées.

Cuisson : 8 min + 25 min. *Réfrigération* : 2 à 3 h.

Étuver l'oignon et l'ail dans l'huile d'olive chaude à couvert. Retirer le couvercle, faire à peine blondir. Ajouter la tomate, l'eau et assaisonner.

À reprise de l'ébullition, ajouter les haricots verts. Couvrir et laisser cuire jusqu'à ce que les haricots soient tendres, mais sans s'écraser. Vérifier l'assaisonnement. Verser dans un joli plat en terre cuite.

Mettre au frais 2 à 3 heures et servir très frais.

Nota : Certains garnissent le tour du plat avec des quartiers d'œufs durs.

Salade de fèves fraîches

Elle nous a été servie au Caire.

Pour 4 personnes :

– 2 kg de jeunes fèves fraîches écrasées,
– 3 gousses d'ail écrasées,
– 1 poignée de coriandre ciselée,
– le jus d'1 beau citron,
– 1 citron confit émincé *(voir p. 66)*,
– 100 g d'olives vertes,
– 1 pincée de sel,
– 1 cuillerée à soupe de piment doux,
– 1/2 dl d'huile d'olive.

Cuisson : 40 min. *Réfrigération* : 25 à 30 min.

Mettre dans une cocotte : les fèves, l'huile, l'ail, le piment et le sel. Recouvrir d'eau froide et faire cuire à feu doux et à couvert jusqu'à ce qu'elles soient bien tendres mais sans se défaire.

Faire réduire s'il y a lieu, verser dans un saladier, y ajouter le jus de citron, les olives, le citron confit et la coriandre. Mélanger et servir frais.

Nota : Ce type de salade de fèves cuites se trouve aussi accompagnée de fonds d'artichauts au Maroc. Mais la préparation la plus simple semble être la salade de fèves algérienne *(voir p. 234)*. On retrouve également des salades de jeunes fèves en Catalogne, mais on les préfère crues : *amanida de faves amb menta (voir p. 90)*.

Artichauts à l'orange

C'était dans un petit palais turc, nous étions nombreux, il y avait des danseuses, tous voiles dehors et ondulantes, l'envoûtement était complet : dommage, le maître de céans n'était pas un calife, et il n'y avait pas de grand vizir. L'artichaut est un mets très apprécié à la table des sultans... Vinrent ensuite un poulet aux épices, des pigeons farcis, des figues à l'aigre-doux, des beignets au miel et un soufflé glacé aux pêches... Je pensais au banquet offert par le chevalier Tirant lo Blanc à l'empereur de Constantinople, il ne devait pas y avoir de grande différence dans l'élaboration des plats.

Pour 4 personnes :

- 8 artichauts préparés *(voir p. 69)*, puis coupés en quatre,
- 1 beau citron,
- 1 oignon jaune, finement émincé,
- 4 cuillerées à soupe d'huile d'olive,
- 4 cuillerées à soupe d'eau froide,
- 3 gousses d'ail pilées,
- 2 oranges moyennes, coupées en tranche,
- 2 petits citrons confits *(voir p. 66)*, coupés en quatre,
- 1 pincée de brins de safran,
- 1 pincée de sel et de poivre blanc,
- 2 morceaux de sucre,
- 1 dl de vin de muscat,
- 1 dl environ de bouillon de volaille,
- quelques quartiers d'orange pour la décoration.

Cuisson : 45 à 50 min.

Citronner largement les artichauts.

Dans une cocotte en fonte, mettre les artichauts, l'oignon, l'huile et l'eau. À évaporation de l'eau, faire doucement revenir le mélange.

Ajouter alors tous les autres ingrédients et laisser mijoter à feu doux, jusqu'à ce que les artichauts soient très tendres. Vérifier l'assaisonnement, il faut assurer un équilibre salé/sucré, sans dominance de l'un ou de l'autre.

Servir frais, entourés de quartiers d'oranges.

Nota : L'artichaut tendre, de petite taille, est plus utilisé, sur cette partie de la Méditerranée en entrée que ce que l'on pouvait supposer C'est ainsi qu'il sera assaisonné aux olives et à la cannelle en Égypte *(voir ci-dessous)*, simplement arrosé de citron en Grèce.

ARTICHAUTS AUX OLIVES

Un plat de la cuisine égyptienne.

Pour 4 personnes :

- 8 petits artichauts violets préparés *(voir p. 69)* et coupés en quatre,
- 100 g d'olives noires,
- 3 cuillerées à soupe de grains de coriandre,
- 4 gousses d'ail pilées,
- 1 pincée de cannelle,
- 1 citron découpé en rondelles,
- 1 jus de citron,
- thym émietté, sel, poivre au moulin,
- 1/2 dl d'huile d'olive.

Cuisson : 15 à 18 min. *Réfrigération* : 2 h.

Citronner les fonds d'artichauts.

Dans une cocotte en fonte, mettre l'huile, les artichauts, l'ail, les épices et les olives, et faire cuire à l'étouffée avec 1 verre d'eau et à couvert.

À mi-cuisson, ajouter les rondelles de citron. En fin de cuisson il ne doit plus rester de jus. Verser dans une jatte et mettre au frais 2 heures avant de servir.

TOMATES FARCIES D'ISRAËL

Des tomates farcies crues à l'avocat : c'est très spécial et surprenant.

Pour 4 personnes :

- 4 tomates moyennes, très rondes et fermes, mais mûres,
- 1 farce :
  - 1 avocat pelé et dénoyauté, ou 2,
  - 2 gousses d'ail,
  - 1/2 jus de citron,
  - 2 cuillerées à soupe d'huile d'olive,
  - 1 cuillerée à soupe de persil plat haché,
  - 1 cuillerée à soupe de coriandre,
  - 1 pincée de sel,

- 1 petite salade verte de votre choix,
- des olives noires à l'huile.

Réfrigération : 1 h.

Enlever un chapeau aux tomates et les égrener. À l'aide d'une cuillère à café, ôter la pulpe en en laissant toutefois un bon centimètre sous la peau.

Mixer la farce en y ajoutant la pulpe des tomates. Remplir les tomates de cette farce. Piquer des olives dessus et mettre au frais 1 h avant de servir.

Disposer les tomates sur un lit de salade verte.

Nota : Pour la farce, selon la consistance obtenue, soit une pâte un peu ferme, ajouter ou non le deuxième avocat. Il faut pouvoir couper sa tomate au couteau. La réfrigération est indispensable.

ASSIETTE FROIDE DES CALIFES
Badninjam mahchi

« Une table sans légumes est comme un vieil homme sans sagesse », selon un vieil adage. Parmi ces légumes, un des préférés en Turquie est l'aubergine, et cette recette est attribuée à Ibrâhim al-Mahdî, le gourmet poète, qui en était particulièrement friand. Selon les médecins arabes du Moyen Âge, l'aubergine était censée activer les fonctions du rein et de la rate.

Pour 4 personnes :

- 2 jolies aubergines partagées en quatre dans le sens de la longueur et préparées *(voir p. 68)*,
- 2 beaux oignons jaunes, émincés finement,
- 2 cuillerées à soupe d'huile de sésame,
- 2 cuillerées à soupe d'huile d'olive,
- 1,5 dl de vinaigre de vin blanc,
- 2 cuillerées à soupe de sucre roux,
- 25 g d'amandes broyées,
- 1 cuillerée à café de cannelle,
- 1/2 cuillerée à café de curcuma,
- 1/2 cuillerée à café de graines de carvi.

Cuisson : 15 min. *Réfrigération* : 30 min.

Presser et rincer les aubergines. Les mettre dans une casserole, recouvertes d'eau froide, et les cuire 15 min. Les égoutter, les essorer.

Faire dorer doucement et régulièrement les oignons dans l'huile de sésame. Les égoutter, les essorer.

Figues-fleurs et pêches à la pastèque. 1999, huile sur toile, 100 x 100 cm. Coll. privée.

Mixer ensemble : les amandes, le sucre, la cannelle, le curcuma, les graines de carvi et le vinaigre.

Mettre le mélange au fond d'une jatte ovale et creuse. Y poser les morceaux d'aubergines, les arroser d'huile d'olive. Tapisser les aubergines avec les oignons frits et mettre au frais 30 min avant de servir.

Nota : À son apogée, Bagdad avait la réputation d'être le « nombril de l'univers gastronomique », satisfaisant les exigences d'une élite à laquelle elle fournissait tous les produits alimentaires imaginables. Cette classe riche et puissante jouait le rôle d'un catalyseur essentiel dans l'élaboration d'une grande cuisine, en instaurant des modes que les autres classes s'empressaient d'imiter. Cette population de gastronomes trouvait son plaisir dans la consommation de mets raffinés et délicats, encouragée qu'elle était à « manger les excellentes nourritures que Dieu nous a accordées » (Coran VII Al-Araf, verset 160). Ces usages culinaires sont partie intégrante du patrimoine de Bagdad.

Salade d'aubergines et de courgettes

Une préparation que l'on trouve en Turquie, au Liban, mais aussi au Maroc. Il y faut des légumes très jeunes, très tendres et fraîchement cueillis.

Pour 4 personnes :

- 3 petites aubergines bien fermes et luisantes, fendues en 2 et préparées *(voir p. 68)*,
- 4 petites courgettes bien fermes et lisses, épluchées,
- 1 sauce :
  - 1/2 jus de citron,
  - 8 à 10 brins de coriandre ciselés,
  - 1/2 jus d'orange,
  - 1 pincée de poivre noir moulu,
  - 2 à 3 cuillerées à soupe d'huile d'olive.

Presser, rincer et essorer les aubergines. Les tailler régulièrement en demi-rondelles.

Chauffer un gril plein ou une *planxa* (pierre spéciale ou tôle épaisse chauffée sur des braises incandescentes). Badigeonner d'huile les aubergines et les griller rapidement sur les deux faces. Les disposer sur un plat ovale et creux.

Émincer les courgettes crues en fins et longs rubans et les mélanger aux aubergines.

Fouetter la sauce dans un bol, arroser les légumes et les servir aussitôt.

Crème d'aubergine au tahiné
Baba ghannouj

Une entrée raffinée que l'on peut apprécier dans tout le Moyen-Orient, joliment présentée dans de petites soucoupes en céramique, une galette de pita découpée en petits triangles formant une fleur et, au centre, cette crème légère et onctueuse, ornée de petites feuilles de menthe et d'un peu de citron. Tout est dans le raffinement, sans compter le sourire énigmatique du serveur.

Pour 4 personnes :

- 2 jolies aubergines fermes et lisses, coupées longitudinalement et préparées *(voir p. 68)*,
- 40 à 50 g de *tahiné (voir p. 86)* bien mélangé,
- 2 gousses d'ail pilées,
- 2 cuillerées à café de jus de citron,
- 1 cuillerée à soupe de menthe fraîche hachée,

– quelques feuilles de menthe entières,
– quelques rondelles de citron,
– sel.

Cuisson : 20 min à 200° C.

Essorer les aubergines et les mettre au four jusqu'à ce que la chair soit bien tendre. Les peler toutes chaudes.
Mixer ensemble : la chair des aubergines, l'ail, le *tahiné*, le jus de citron, le sel et l'huile d'olive jusqu'à obtention d'une crème.
Composer joliment des petits plats individuels et servir aussitôt.

Caviar d'aubergines
Baba ghanouj

Un buffet oriental ne peut se concevoir sans le caviar d'aubergines.

Pour 4 personnes :

– 4 belles aubergines,
– 4 cuillerées à soupe de *tahiné (voir p. 86)*,
– le jus d'un citron moyen,
– 4 gousses d'ail pilées avec 1/2 cuillerées à café de sel fin,
– 1 pincée de poivre blanc,
– 3 cuillerées à soupe d'huile d'olive.

Cuisson : 35 à 40 min.

Griller les aubergines entières en les retournant souvent. Lorsque la peau est noircie, les peler toutes chaudes.
Mixer ensemble les aubergines, l'ail, le jus de citron, le *tahiné* et l'huile, jusqu'à obtention d'une pâte fine. Poivrer selon les goûts.
Disposer sur un joli plat en céramique et saupoudrer de persil haché.

Purée d'aubergines

Une préparation d'aubergines à l'Égyptienne, qui, en général, accompagne des viandes ou des poissons froids ou grillés et chauds.

Pour 4 personnes :
– 3 belles aubergines, partagées en deux et préparées *(voir p. 68)*,
– 3 gousses d'ail écrasées,
– 1 douzaine de feuilles d'origan fraîches hachées,

- 2 tomates mûres, pelées et épépinées,
- sel, poivre blanc,
- 1 dl d'huile d'olive.

Cuisson : 45 min.

Rôtir les aubergines au four jusqu'à ce qu'elles soient très tendres. Retirer la pulpe à l'aide d'une cuillère.

Mixer ensemble : la pulpe d'aubergines, les tomates, l'ail, l'origan, le sel et le poivre.

À obtention d'une pâte fine, ajouter lentement l'huile d'olive.

Vérifier l'assaisonnement, mettre dans un joli bol et servir.

Nota : Nous retrouverons ce type de préparation en Espagne, très exactement en Andalousie, la recette de l'*ensalada de berenjena (voir p. 86).*

AUBERGINES FRITES EN SALADE

En Israël, il est assez difficile de savoir si on mange un mets traditionnel ou si le cuisinier reproduit des réminiscences de préparations familiales ou touristiques. En fait, j'ai eu le sentiment d'un mélange de techniques maghrébines et occidentales, mélange le plus souvent très heureux.

Pour 4 personnes :

- 2 à 3 aubergines moyennes, préparées en rondelles minces *(voir p. 68)*,
- 2 à 3 cuillerées à soupe de farine,
- 1 dl d'huile d'olive,
- salade :
    - 2 poivrons rouges grillés *(voir p. 67)*, pelés et taillés en petits dés,
    - 2 cuillerées à soupe de vinaigre de vin,
    - 2 jolis cornichons hachés,
    - 1 branche de fenouil ciselé,
    - 1 cuillerée à café de sucre semoule,
    - sel, poivre blanc, une bonne pincée.

Mélanger tous les ingrédients de la salade dans un grand plat creux et les mettre au frais.

Essorer les rondelles d'aubergines et les passer soigneusement dans la farine en secouant le surplus. Prendre une poêle assez grande, y faire chauffer l'huile et dorer les aubergines sur une seule couche, les retourner délicatement. Les retirer avec l'écumoire, les poser sur un papier absorbant.

Dresser les aubergines en buisson au centre du plat de salade et servir ce mélange appétissant.

Étuvée d'aubergines

À Istanbul, nous retrouvons le mélange classique dans tout le bassin méditerranéen : aubergines, oignons, tomates, ail, toutefois en ce cas présent sans poivron, et peut-être plus raffiné, plus haut en saveur. Mais avec l'envoûtement de l'Orient, allez savoir…

Pour 4 personnes :

- 4 jolies aubergines violettes fermes,
- 6 belles tomates bien mûres, coupées en rondelles,
- 2 oignons jaunes doux, hachés moyennement,
- 4 gousses d'ail pilées,
- 1/2 dl d'huile d'olive très fruitée,
- 1 pincée de sel,
- 1 poignée de marjolaine,
- 1 pincée de coriandre.

Cuisson : 1 h environ au four, th. 7. *Réfrigération* : 2 à 3 h.

Prendre un plat rectangulaire en terre vernissée et le badigeonner d'huile.

Tapisser le fond du plat avec l'oignon, puis disposer une couche d'aubergines, une couche de tomates, jusqu'à épuisement. Arroser d'ail et de sel. Parsemer d'aromates et mettre au four et à couvert. Découvrir à mi-cuisson, afin de faire évaporer l'eau lentement.

Mettre au frais 2 à 3 h et ramener le plat à température ambiante, au moment de servir dans ce même plat de cuisson.

Compote d'aubergines à la libanaise

Au Liban, nous avons trouvé une nouvelle formule où se fondent les mêmes légumes, avec une technique de cuisson assez élaborée, ce qui confère un certain moelleux à la dégustation.

Pour 4 personnes :

- 4 aubergines moyennes, coupées en tranches dans le sens de la longueur et préparées *(voir p. 68)*,
- 400 g d'oignons doux émincés,
- 1 kg de tomates bien mûres pelées, épépinées et hachées,
- 1 friteuse garnie d'huile d'arachide ou de tournesol,
- 4 à 5 gousses d'ail, haché finement,
- 1/2 cuillerée à café de sel,

– 1 dizaine de tours de moulin à poivre blanc,
– 3 cuillerées à soupe de vinaigre de vin,
– 3 cuillerées à soupe d'huile d'olive + 3 cuillerées à soupe d'eau.

Cuissons : friture, 5 min ; en cocotte, 1 h. *Réfrigération* : 5 à 6 h.

Blondir les aubergines dans la friteuse. Bien égoutter et essorer avec du papier absorbant.

Dans une cocotte, faire fondre les oignons dans le mélange huile/eau. En retirer la moitié, les réserver.

Recouvrir les oignons de la moitié des tomates, saler et poivrer. Disposer soigneusement les tranches d'aubergine. Saupoudrer avec l'ail haché.

Tapisser avec l'autre moitié des oignons puis des tomates, saler et poivrer. Arroser de vinaigre. Couvrir.

Faire mijoter 30 min. Enlever le couvercle et laisser encore mijoter 25 à 30 min. Le mélange doit être très moelleux. Mettre au réfrigérateur. Servir très frais.

FEUILLES DE BLETTES AU CITRON
Guidronov pantchar

Pour 4 personnes :

– 1 kg de blettes,
– le jus de 2 citrons,
– 2 oignons blancs hachés finement,
– 1/2 dl d'huile d'olive,
– sel, poivre.

Cuisson : 4 à 5 min environ.

Réserver les côtes de blettes, par exemple pour faire un *panchari got (voir p. 207)*, et laver les feuilles à grande eau.

Les cuire 4 à 5 min à l'eau bouillante salée. Bien les égoutter et les presser. Les hacher grossièrement.

Faire blondir l'oignon dans l'huile d'olive. Y ajouter les blettes bien essorées. Assaisonner, bien mélanger et faire revenir encore 2 à 3 min.

Ajouter le jus de citron hors du feu, mélanger et verser dans le plat de service. Se mange chaud ou froid.

Nota : En Catalogne, nous y ajoutons une bonne poignée de pignons et nous les faisons aussi avec les jeunes pousses d'épinards, mais sans les blanchir car elles sont très tendres.

CÔTES DE BLETTES AU TAHINÉ
Panchari got

Pour 4 personnes :

– 1 kg de blettes,
– 200 g de *tahiné (voir p. 86)*,
– 4 gousses d'ail pilées,
– le jus de 2 beaux citrons,
– 1 citron découpé en rondelles,
– 1/2 cuillerée à café de sel et 1/2 de poivre blanc.

Cuisson : 15 min environ.

Réserver les feuilles de blettes pour faire un *guidronov pantchar* (*voir p. 206*). Éplucher soigneusement les côtes, les couper en carrés de 3 à 4 cm et les faire cuire à l'eau bouillante salée 15 à 20 min. Les égoutter.

Dans un saladier, diluer le *tahiné* avec 2 à 3 cuillerées à soupe d'eau, y mélanger l'ail, le jus de citron, le sel et le poivre.

Verser les côtes dans le saladier, bien mélanger et servir très frais avec des rondelles de citron.

SALADE DE POMMES DE TERRE AUX ÉPICES

La cuisine libanaise dans sa savoureuse simplicité.

Pour 4 personnes :

– 800 g de pommes de terre à chair ferme, de taille moyenne et régulière,
– 400 g de haricots verts fins,
– 1 sauce vinaigrette *(voir p. 50)*,
– 2 gousses d'ail écrasées,
– 1 petit poivron rouge et un vert, émincés très finement,
– 6 à 8 brins de coriandre ciselés,
– 1 cuillerée à café de graines de carvi.

Cuisson : 25 min + 5 min.

Laver, brosser les pommes de terre et les cuire à la vapeur 25 min. Les couper en deux.

Tailler les haricots verts en biseau, les cuire 5 min à la vapeur. Les égoutter.

Mettre haricots et pommes de terre mélangés dans un plat creux.

Fouetter dans un petit saladier la sauce et tous les éléments restant et arroser les légumes encore tièdes.

Servir aussitôt ou mettre au frais.

FATTOÛCHE

C'est la salade la plus populaire au Proche-Orient : Liban, Palestine, Israël... Caractérisée par le pain, que ce soit chez les Arabes ou chez les Juifs, il est toujours d'excellente qualité ; c'est un aliment très important – la base est le pain *markouk* – et représente une part notable de la nourriture.

Pour 8 personnes :

- 1 kg de tomates bien rouges et fermes, coupées en cubes,
- 1 gros concombre préparé *(voir p. 67)* et coupé en demi-rondelles,
- 3 bouquets de persil plat effeuillés,
- 1 bouquet de menthe effeuillée,
- 1 bouquet de mâche équeutée,
- 4 oignons doux, finement hachés,
- 6 gousses d'ail écrasées,
- 3 cuillerées à soupe de thym émietté,
- le jus de 2 citrons,
- 1 dl d'huile d'olive,
- 1 cuillerée à café de sel fin, 1 pincée de poivre blanc,
- 400 g de petits croûtons de pain de mie grillés.

Mélanger tous les ingrédients dans un grand saladier. Ajouter les croûtons en dernier et servir très frais.

Nota : À l'origine, on utilisait du pain sec, c'était donc un plat d'utilisation de restes de pain de blé, comme on en trouve tout autour de la Méditerranée, par exemple la *freselle*, salade de pain, tomates et anchois, au sud de l'Italie. Il est à constater que sur le pourtour méditerranéen, la « culture » du pain, la pauvreté et l'utilisation des restes ont donné lieu à toute une série de plats, notamment des salades et des soupes, avec cet aliment symbolique.

SALADE PIQUANTE ET FALAFELS

Cette salade colorée et pimentée sert de support aux délicieuses croquettes libanaises qui sont peut-être une de leurs préparations les plus connues.

Pour 4 personnes :

- salade :
  - 2 tomates mûres mais fermes, émondées et coupées en dés,
  - 1/2 concombre du Liban préparé *(voir p. 67)* et coupé en dés,

- 1 petit poivron vert émincé,
- 1 cuillerée à café de sucre fin,
- 2 cuillerées à café de sauce chili,
- 4 ou 5 tours de moulin à poivre,
- le jus d'un citron vert et son zeste râpé très fin,
- 2 cuillerées à soupe de persil plat haché ;

– croquettes (falafels) :
- 1 bocal de pois chiches cuits au naturel (700 à 800 g),
- 1 oignon doux moyen, finement haché,
- 4 gousses d'ail pilées,
- 1 cuillerée à café de cumin moulu,
- 1 cuillerée à café de coriandre hachée,
- 2 cuillerées à café de persil plat haché,
- 10 g de levure de boulanger,
- 1 cuillerée à soupe d'eau tiède,
- 1 bassine à friture avec 1,5 l d'huile d'arachide.

Cuisson : 4 à 5 min.

Les croquettes : rincer et égoutter les pois chiches. Les mixer. Délayer la levure, l'incorporer à la purée de pois chiches avec l'oignon, l'ail, le cumin, la coriandre et le persil. Laisser lever cette pâte 20 à 30 min au tiède.

La salade : dans un saladier, mélanger tous les ingrédients et les répartir dans de petites coupelles individuelles en porcelaine.

Avec la pâte, faire des boulettes bien serrées de la grosseur d'une noix et les dorer régulièrement dans le bain de friture.

Les égoutter, les déposer sur du papier absorbant et les répartir dans les coupelles. On peut y ajouter des pitas nature *(voir p. 298)*.

FALAFELS

Autre formule, pour ces croquettes, cette fois avec des fèves, mais toujours accompagnées de quelques crudités.

Pour 8 personnes :

– 600 g de fèves cuites,
– 300 g de pois chiches cuits,
– 500 g d'oignons doux finement hachés,
– 60 g de farine,
– 2 bouquets de persil plat finement haché,
– 6 gousses d'ail écrasées,
– 1 botte de radis taillés en rondelles,

- 4 tomates moyennes rondes, coupées en dés,
- 1 botte de menthe ciselée,
- 1 pincée de piment,
- 1/2 cuillerée à café de sel fin,
- 1/2 dl d'huile d'olive,
- 1 friture.

Passer les fèves et les pois chiches au presse-purée. Mélanger à cette purée : la farine, le persil, l'ail, l'oignon et l'assaisonnement.

Faire 16 boulettes avec cette pâte, les aplatir et les faire dorer à l'huile. Les mettre sur papier absorbant.

Les disposer en dôme sur un joli plat en orfèvrerie et mettre tout autour : les tomates, la menthe et les radis arrosés d'huile d'olive.

SALADE DE BLÉ À LA TURQUE

Entre des murailles ocre, des portes peintes, des cuivres ciselés, un parfum sucré indéfinissable, des serveurs affables, une atmosphère feutrée, des tapis moelleux, comment ne pas évoquer les contes des *Mille et Une Nuits*. Personnellement, je suis très sensible à ce contexte oriental et tout m'enchante et me ravit.

Pour 4 personnes :

- 100 g de grains de blé achetés dans une épicerie spécialisée,
- 12 pruneaux dénoyautés,
- 12 olives noires dénoyautées,
- 1 poivron rouge grillé *(voir p. 67)*, découpé en dés,
- 1 oignon doux émincé,
- 1 sauce vinaigrette au citron *(voir p. 50)*.

Cuisson : 20 min. *Réfrigération* : 1 h.

Cuire les grains de blé 20 min à la vapeur et les verser dans un saladier.

Y ajouter les pruneaux, les olives, les poivrons et l'oignon. Arroser de vinaigrette et bien mélanger. Mettre au frais 1 h au minimum.

TABOULÉ DU LIBAN

Sa fraîcheur acidulée a conquis tous les Méridionaux, pour les repas d'été au jardin.

Pointu et pêcheurs aux filets. 1992, huile sur toile, 46 x 27 cm. Coll. privée.

Pour 4 personnes :

– 250 g de boulgour,
– 1/2 l d'eau,
– 6 cuillerées à soupe de persil plat ciselé,
– 6 cuillerées à soupe de menthe,
– 4 oignons tendres effilés, en saison, ou 1 oignon doux haché moyennement,
– 2 ou 3 tomates mûres très fermes et charnues, taillées en dés,
– le jus d'un citron,
– 1 cuillerée à café de poivre blanc moulu,
– cannelle (facultative)
– 4 cuillerées à soupe d'huile d'olive vierge.

Trempage : 15 min. *Réfrigération* : 30 min.

Verser le boulgour dans un saladier. Verser l'eau et le faire tremper environ 15 min. L'égoutter et le presser légèrement dans un chinois.

Essuyer le saladier et y remettre le boulgour avec tous les ingrédients énumérés. Bien mélanger et mettre au réfrigérateur 30 min avant de servir.

Nota : Le boulgour est constitué de grains de blés précuits à la vapeur et concassés. Il faut toujours le faire gonfler dans l'eau avant utilisation, dont la plus connue en Occident est précisément le taboulé. Celui-ci peut être servi soit en entrée, soit en guise de salade, soit en plat complet avec des kebabs (brochettes) de poisson ou des keftas (boulettes) de bœuf. Le boulgour peut être lui-même intégré à des croquettes ou à des boulettes de bœuf ou de mouton, avec oignon, ail, épices et pignons.

LE TABOULÉ EN TURQUIE

Autre formule, saveur différente, mais résultat toujours aussi gourmand.

Pour 4 personnes :

- 500 g de boulgour fin,
- 1 oignon jaune, haché fin,
- le jus de 2 beaux citrons,
- 1 concombre long et lisse préparé *(voir p. 67)* et coupé en dés,
- 2 à 3 tomates craquantes, coupées en dés,
- 500 g de raisins secs sans pépins,
- 1/2 dl d'huile d'olive,
- 1 belle poignée de menthe ciselée,
- du persil plat,
- 1/2 cuillerée à café de sel fin et 2 pincées de poivre blanc.

Trempage : 1 h. *Réfrigération* : 30 min.

Faire tremper la graine 1 h à l'eau froide et bien l'égoutter.

Dans un beau saladier en poterie, mettre la graine et y mélanger délicatement tous les autres ingrédients. Mettre au frais 30 min environ avant de servir.

SAFSOUF

Pour 4 personnes :

- 200 g de boulgour moyen,
- 200 g de pois chiches cuits,
- le jus d'1 citron,
- 1/2 cuillerée de sel fin, 1 pincée de poivre blanc,
- 1 dl d'huile d'olive,
- 1 bouquet de menthe fraîche finement hachée,
- 1 belle romaine ou des feuilles de vigne très tendres, pour la présentation.

Faire tremper le boulgour 30 min à l'eau froide. Bien l'égoutter. Le mélanger à tous les ingrédients. Vérifier l'assaisonnement.

Présenter ce mélange roulé dans des feuilles de romaine ou, à la saison, dans des feuilles de vigne fraîches et tendres. On peut aussi, tout simplement, le servir dans un joli saladier.

Hommos

Purée crémeuse de pois chiches, absolument indispensable au *mezzé*, ou buffet oriental.

Pour 8 personnes :

- 500 g de pois chiches cuits,
- 8 cuillerées à soupe de *tahiné (voir p. 86)*,
- le jus d'un beau citron,
- 6 gousses d'ail écrasées,
- 1/2 dl d'huile d'olive,
- 1/2 cuillerée à café de sel,
- 1 botte de radis ronds taillés en rondelles,
- 1 douzaine de cornichons taillés en rondelles,
- 1 douzaine de petits oignons au vinaigre.

Passer les pois chiches au presse-purée. Y mélanger le *tahiné*, le jus de citron, l'ail et le sel.

Tasser cette purée dans une jolie jatte ovale et la napper d'huile.

Entourer la purée de radis, cornichons et oignons. Servir très frais.

Salade de riz en Israël

Mélange appétissant et nutritif, un plat presque complet pour l'été, accompagné peut-être d'un peu de jambon cru ou de poisson grillé.

J'ai déjà fait allusion aux mélanges de techniques que présente la cuisine d'Israël. Il faut tenir compte de ce mélange de douze tribus, de toutes langues, de tous horizons, mais ayant conservé les mêmes pratiques millénaires, qui se réunit autour des mêmes tables lors des fêtes de Rash Hachama, Yom Kippour, Pessal ou les soirs de shabbat…

À la cuisine traditionnelle, s'associent donc le couscous algérien, le tajine marocain, le pied de veau à la polonaise, le gâteau aux pommes de Hongrie, le poulet au miel et le rôti à la juive, etc.

Pour 4 personnes :

- 1 riz cuit au court-bouillon *(voir p. 70)*,
- 1 concombre préparé *(voir p. 67)*, taillé en fines tranches,
- 2 cuillerées à soupe de raisins secs (sans pépins), mis à gonfler dans l'eau tiède,
- 1 petit poivron rouge, très finement émincé,
- 2 cuillerées à soupe d'amandes émondées, très légèrement grillées,

– 1 belle orange ferme non traitée,
– 2 avocats,
– 1 sauce :
  • 1 dl d'huile d'olive,
  • le jus d'un petit citron,
  • 1 cuillerée à soupe de miel toutes fleurs liquide,
  • 1 poignée de coriandre ciselée,
  • 1 pincée de sel et de poivre blanc,
  • la moitié du zeste de l'orange.

Réfrigération : 1 h.

Égoutter et laisser refroidir le riz.

Préparer le poivron *(voir p. 67)* et le découper en fines lanières. Décortiquer les avocats, enlever le noyau et les débiter en dés.

Refendre les amandes en deux. Lever le zeste de l'orange, les peler et les tailler en dés. Égoutter les raisins, essorer le concombre.

Dans un grand saladier, émulsionner la sauce au batteur électrique. Y verser tous les ingrédients préparés et le riz froid. Mélanger délicatement et mettre au frais avant de servir.

FÈVES À LA TURQUE

Nourriture fruste, certes, mais peu importe : on est tellement subjugué par le parcours de la journée avec le site spectaculaire de la chaîne du Taurus et Antalya au sommet des falaises plongeant à pic dans la mer, et captivé par le vieux quartier et ses minarets, dont le fameux « minaret carvilé »...

Pour 4 personnes :

– 320 g de fèves sèches,
– 4 gousses d'ail écrasées,
– 1 cuillerée à café de cumin,
– 1 cuillerée à café de paprika,
– 1/2 dl d'huile d'olive,
– 2 cuillerées à soupe de vinaigre de vin,
– 1 court-bouillon *(voir p. 74)*.

Cuisson : 1 h environ. *Réfrigération* : 30 min.

Mettre les fèves à cuire dans le court-bouillon froid. Lorsqu'elles sont bien moelleuses, les égoutter.

Dans une « cassole » en terre vernissée, mettre l'huile, l'ail et les épices. Chauffer doucement, bien mélanger et ajouter les fèves. Remuer délicatement durant 10 à 15 min. Vérifier l'assaisonnement.

Retirer du feu, arroser de vinaigre et laisser macérer 1/2 heure au frais avant de servir dans le même récipient.

Pamplemousses d'Israël

Pamplemousses et avocats, récoltés en abondance dans le pays, sont largement utilisés en cuisine et, selon les cas, considérés comme fruits ou légumes, seuls ou mélangés à d'autres. D'autre part, ils sont présents toute l'année sur les marchés et d'un prix accessible. C'est toutefois dans les hors-d'œuvre et entrées que nous les trouverons essentiellement, car ils se consomment crus.

Pour 4 personnes :

- 2 avocats,
- 2 pamplemousses roses,
- 1 cuillerée à soupe d'alcool à votre goût : eau de vie de marc, cognac, whisky,
- 1 sauce mayonnaise *(voir p. 50)* avec 1 filet de vinaigre de bon vin rancio.

Réfrigération : 1 h 30.

Décortiquer les avocats, enlever le noyau et découper en dés. Peler à vif les pamplemousses et les découper en dés.

Verser le tout dans un saladier. Arroser avec l'alcool et mettre au réfrigérateur 1 h environ.

Égoutter le mélange (vous pouvez boire le jus rendu), lui incorporer délicatement la mayonnaise. Remettre 30 min au frais et servir en entrée.

Petits merlans en escabèche

Servis à l'apéritif dans un petit bar, en Turquie, au bord de la mer.

Pour 4 personnes :

- 12 merluches cuites à la vapeur ou grillées « tourne-retourne »,
- 1 carotte émincée,
- 1 oignon émincé,
- 3 gousses d'ail hachées,
- 1 dl de très bon vinaigre de vin blanc + 1 dl d'eau,
- 1 douzaine de grains de poivre noir,

– 2 clous de girofle,
– 1 pincée de piment de Cayenne.

Réfrigération : 30 min.

Ranger les poissons tête-bêche dans un plat ovale et creux ou dans une terrine.

Dans une casserole, mettre tous les ingrédients à cuire 15 à 20 min.

Verser ce mélange bouillant sur les poissons et mettre au frais. Retirer tous les aromates au moment de servir.

Thon aux cornichons

Dégusté en Égypte, chez des particuliers.

Pour 4 personnes :

– 1 tranche de thon rouge épaisse, d'1 kg environ,
– 1/2 dl d'huile d'olive,
– 8 échalotes hachées,
– 4 gousses d'ail écrasées,
– 1 cuillerée à café de gingembre frais râpé,
– 1 petit piment rouge frais allongé, confit au vinaigre,
– 8 cornichons moyens fendus en quatre, ou douze tout petits,
– 1 cuillerée à soupe de vinaigre de vin,
– 1 court-bouillon *(voir p. 74)*.

Cuisson : 15 à 18 min + 10 min + 10 min. *Réfrigération* : 24 h.

Ôter la peau épaisse du thon et mettre la tranche à cuire dans le court-bouillon 15 à 18 min. Laisser refroidir dans le court-bouillon. Enlever les arêtes et débiter en cubes.

Étuver doucement les échalotes avec l'ail, le piment, le vinaigre et l'huile dans une casserole à couvert. Lorsque les échalotes sont tendres, y ajouter le thon, le gingembre et les cornichons. Laisser mijoter le tout à couvert encore 10 min.

À refroidissement, mettre au réfrigérateur 24 h et servir très frais.

Nota : On pourrait qualifier cette préparation d'escabèche de thon. À l'encontre de nos escabèches méridionales, celle-ci est tout particulièrement parfumée.

Thon en escabèche

Préparation plus gourmande que la formule catalane.

Pour 4 personnes :

– 1 belle tranche de thon rouge d'1 kg environ,

– 3 à 4 cuillerées à soupe d'huile d'olive,
– 6 à 8 petites échalotes épluchées et entières,
– 3 à 4 gousses d'ail émincées,
– 1 petit piment de Cayenne frais haché,
– 1 cuillerée à café de gingembre frais râpé,
– 12 tout petits cornichons entiers,
– 1/2 dl d'un bon vinaigre de vin rouge,
– des feuilles fraîches de laurier pour tapisser le thon.

Macération : 4 à 6 h. *Cuisson* : 18 à 20 min + 5 min. *Réfrigération* : 10 à 12 h.

Retirer la peau qui entoure la tranche de thon. Placer cette tranche dans un plat creux, la recouvrir d'huile, de feuilles de laurier et la laisser macérer 4 à 6 heures au frais.

Retirer le laurier, égoutter le thon et le faire griller des deux côtés sur de bonnes braises. Le tailler en cubes réguliers.

Dans une sauteuse, faire fondre les échalotes dans l'huile de macération du thon. Y ajouter l'ail, le piment, le gingembre et le vinaigre. Bien mélanger sur feu doux.

Ajouter le thon ainsi que les cornichons. Mélanger délicatement et laisser mijoter à couvert 5 min.

Verser la préparation dans un plat creux en céramique. Couvrir d'un film alimentaire et mettre au frais 10 à 12 h.

Retirer le film et servir très frais.

Nota : Vous pouvez l'entourer d'un riz au court-bouillon *(voir p. 70)* froid ou servir en même temps des pommes de terre sandwich *(voir p. 255)*. Ce qui n'exclut pas un saladier de crudités et un ravier de légumes au vinaigre du Maroc *(voir p. 66)*.

Poisson masqué

Entrée nourrissante et de belle présentation, servie en Israël mais aussi en Tunisie.

Pour 4 personnes :

– 1 boîte de 250 g de thon blanc au naturel,
– 1 kg de pommes de terre à chair blanche,
– 2 poivrons grillés *(voir p. 67)*, 1 rouge et 1 vert,
– 1 sauce mayonnaise *(voir p. 50)*,
– 2 tomates fermes,
– 1 petite laitue,
– 1 olive noire à l'huile.

Cuisson : 15 min. *Réfrigération* : 1 h.

Cuire les pommes de terre à la vapeur, les peler et les passer toutes chaudes à la moulinette.

Égoutter et presser le thon, l'émietter et le mélanger aux pommes de terre ainsi que la moitié de la sauce mayonnaise.

Tailler les poivrons en fines lanières. Ciseler la salade et couper les tomates en fines rondelles.

Prendre un plat ovale et plat. Y façonner un gros poisson avec le mélange de purée.

Le recouvrir entièrement de la mayonnaise restante. Simuler les écailles avec les lanières de poivron et faire un œil avec l'olive noire. Entourer de salade et de tomates. Mettre au réfrigérateur 1 h et servir très frais.

Nota : Je vous conseille de préparer cette salade le mercredi avec les enfants, cela les amuse beaucoup de modeler chacun un poisson, qu'ils mangent ensuite avec grand appétit.

POISSON FROID À LA TOMATE
Babicar palaki

Entrée turque colorée et rafraîchissante.

Mersin m'a fait rêver : c'est le port d'où partent toutes les richesses turques vers Chypre et les marchés de la Méditerranée orientale... Et le village d'Olba, outre le beau panorama qu'offre la route, a cet indéfinissable parfum d'Orient...

Pour 4 personnes :

- 4 merlans moyens (faire lever les filets par le poissonnier),
- 2 dl d'huile d'olive + 2 cuillerées à soupe,
- 2 beaux oignons doux émincés,
- 4 gousses d'ail écrasées,
- 1 belle carotte émincée,
- 1 kg de tomates mûres, épépinées, hachées et pelées,
- 2 cuillerées à soupe de coulis de tomates *(voir p. 56)*,
- 1 cuillerée à café de paprika,
- 1/2 cuillerée à café de sel fin,
- 10 tours de moulin à poivre blanc.

Cuisson : 45 min. *Réfrigération* : 2 à 3 heures.

Saler et poivrer les filets de poisson.

Étuver oignons et carottes dans l'huile d'olive et 4 cuillerées à soupe d'eau jusqu'à ce que le mélange soit tendre et blond. Verser alors dans ce mélange : l'ail, les tomates, le coulis et le paprika. Laisser mijoter à couvert 30 min.

Poser les filets de poisson sur ce mélange. Couvrir et laisser mijoter à couvert encore 15 min.

Disposer cette préparation dans un joli plat de service. Arroser avec l'huile d'olive restante et mettre au réfrigérateur. Servir très frais.

SALADE DE MOULES

Au cours de nos pérégrinations, nous avons mangé cette salade de moules, en Crète, à Chypre, en Syrie, avec ou sans persil, mais toujours tiède et bien citronnée. Toutefois, nous l'avons découverte à Marseille, chez une famille d'Arméniens, médecins qui avaient fait leurs études à Montpellier, restés très respectueux de leur cuisine traditionnelle.

Pour 4 personnes :

- 1,500 kg de grosses moules,
- le jus d'1 citron,
- 3 cuillerées à soupe d'huile d'olive très fruitée,
- 1 poignée de persil plat finement ciselé.

Faire ouvrir les moules à la vapeur. Les décoquiller complètement et les mettre dans un saladier maintenu au tiède.

Fouetter ensemble 1 verre de leur eau filtrée, l'huile d'olive et le citron et arroser les moules de ce mélange. Saupoudrer de persil et servir tiède.

Nota : Lorsqu'il y avait la vieille mère arménienne, la sauce était plus raffinée : au mélange : eau des moules, huile et jus de citron, elle ajoutait 2 œufs battus au dernier moment, lorsque tout le monde attendait le plat encore tiède. « La bonne cuisine se fait attendre », nous disait-elle avec un bon sourire malicieux.

MOULES FARCIES À LA TURQUE
Midya dolmasi

À Istanbul, chez Pandeli, nous avons longuement admiré le décor, puis, en attendant le mouton, encore cuit dans le four en terre, nous avons goûté à une demi-douzaine de ces amuse-bouches délicats, dont celui- ci, que je me suis empressé de réaliser à notre retour. Non loin de ce restaurant, nous avons découvert un marché à épices fabuleux et très animé, et à quelques pas, un luxueux restaurant de poissons et crustacés qui donnait aussitôt envie de s'attabler… Couleurs, saveurs, odeurs, les narines frémissent, les papilles vous titillent, on voudrait tout goûter…

Pour 4 personnes :

- 24 grosses moules,
- 120 g de riz à grain long,
- 200 g d'oignons jaunes finement hachés,
- 60 g de pignons,
- 60 g de raisins secs sans pépins,
- 1 pincée de cannelle moulue,
- 1 pincée de piment rouge doux en poudre,
- 1 pincée de piment de Cayenne,
- 1 pincée de poivre noir,
- 1 pincée de sel,
- 1 cuillerée à soupe de ciboulette ciselée,
- 2 dl d'huile d'olive + 2 cuillerées à soupe.

Cuissons : riz, 18 min ; moules vapeur, 5 min ; moules farcies, 10 min.

Nettoyer les moules sous l'eau courante, sans les faire tremper, et les réserver.

Dans une cocotte en fonte de préférence, faire blondir doucement les oignons et les raisins dans 1/2 dl d'huile. Y ajouter le riz, les pignons et remuer jusqu'à ce que le riz soit translucide. Saler et épicer, mouiller avec 2,5 dl d'eau bouillante.

Couvrir et à ébullition, laisser mijoter le riz 18 min à feu doux : il doit absorber toute l'eau. Hors du feu, y mêler délicatement la ciboulette et vérifier l'assaisonnement.

Faire ouvrir les moules à la vapeur et filtrer l'eau rendue.

Remplir chaque moule avec une bonne cuillerée à café de riz, bien tasser puis ficeler la moule avec du fil à coudre, en faisant plusieurs tours.

Essuyer la cocotte avec un papier absorbant et y ranger soigneusement les moules, arroser avec l'huile restante et 1 dl d'eau des moules. Fermer la cocotte, mettre de l'eau dans les rainures du couvercle (les femmes turques mettent un linge mouillé et tordu en turban autour des bords). Laisser mijoter 10 min et laisser refroidir dans la cocotte.

Déficeler les moules, les disposer sur un lit de salade verte, arroser avec le jus.

Nota : Cette préparation s'ajoute aux nombreux amuse-bouches ou *mézzés*.

ASSIETTE FROIDE DE POULET
Bârida

Les médecins arabes, dont al-Râzî, pensaient que le vinaigre, les jus de fruits aigres tempèrent « l'humeur ». Arnaud de Villleneuve, donne aussi cette indication dans son *Regimen de sanitat*, il parle *dels colèrics* qui doivent mettre un peu de vin dans l'eau ou l'inverse et un peu de *vinagre* pour « rafraîchir le ventre et les membres ». On attribue encore ce plat de poulet froid à Ibrâhim al-Mahdî, le gourmet poète. Dans le texte original, on parle de *guththâ* et de *faqqous* qui sont des variétés de concombre (cf. David Waines, *In a caliph's kitchen*, Riad El Rayyes Books Ltd, 1989).

Pour 4 personnes :

- 1 petit poulet de grain, découpé en morceaux moyens et réguliers,
- 50 g d'amandes moulues,
- 25 g d'amandes grillées entières,
- 25 g de sucre roux,
- 1 dl de vinaigre de vin blanc,
- 2 cuillerées à soupe d'huile d'olive vierge,
- 1 cuillerée à café de moutarde avec ses graines,
- 1 pincée de filaments de safran pilés,
- sel,
- les graines d'une grenade mi-mûre,
- 1 concombre de Turquie, épluché et coupé en rondelles fines,
- 1 poignée d'olives noires à l'huile,
- 1 court-bouillon (*voir p. 74*).

Cuisson : 35 min.

Cuire les morceaux de poulet à la vapeur au-dessus du court-bouillon. Bien égoutter et désosser complètement les morceaux.

Les disposer au fond d'une jatte un peu creuse.

Mixer ensemble : les amandes moulues, le sucre, le vinaigre, la moutarde, le safran et une pincée de sel fin jusqu'à obtention d'une pâte très fine que l'on délaie avec une tasse, environ, de bouillon.

Napper largement le poulet de cette sauce. Entourer tout le plat de rondelles de concombre. Parsemer le plat de graines de grenade mélangées aux olives et aux 1/2 amandes grillées. Mettre le plat au frais 30 min environ avant de servir.

Nota : Cette sauce aux amandes nous rappelle de façon très précise la *picada* catalane, et ne laisse plus de doute sur les origines médiévales de la cuisine catalane de haut niveau gastronomique.

Bustaniyya

Les Turcs ont le don de pratiquer l'hospitalité et un art de vivre généreux. En remontant le Bosphore d'un embarcadère à l'autre, en flânant dans les petites rues derrière Sultalhanameit, on peut se contenter d'une de ces assiettes froides et si on veut faire de la gastronomie, dans le raffinement de plats en faïences d'Iznik, on va chez Metin (Meto) Fadilioglu, au restaurant Vlus.

Pour 4 personnes :

– 1 petit poulet de grain, d'1 kg environ,
– 300 g de gigot d'agneau taillé en cubes (ou plus si on préfère),
– 2 poires fermes un peu acides, type louise-bonne, pelées et taillées en quartiers,
– 2 pêches jaunes type duras, émondées, dénoyautées et partagées en deux,
– 1 cuillerée à café de gingembre frais râpé,
– 1 cuillerée à café de cannelle moulue,
– 25 g d'amandes moulues,
– poivre blanc au moulin au goût de chacun,
– 1 cuillerée à soupe de sucre roux,
– 2 dl de vinaigre de vin blanc,
– 2 cuillerées à soupe d'huile d'olive,
– 1 court-bouillon *(voir p. 74)*.

Cuisson : 25 min + 10 à 12 min.

Cuire le poulet et l'agneau dans le court-bouillon. Égoutter le tout, lever les blancs de poulet et les découper en fines lanières dans le sens de la longueur.

Prendre une cocotte en fonte y mettre les blancs, l'agneau, les poires, les pêches. Poivrer suivant son goût, ajouter tous les autres ingrédients. Mettre l'eau sur le couvercle et cuire à feu très doux 12 min environ. L'ensemble doit être fondant.

Disposer le tout dans un joli plat ou faire des assiettes individuelles. Mettre le tout au frais 30 min environ.

Nota : Ce plat aurait été créé par un chef cuisinier, Abou Samin, qui utilisait les fruits du verger de son maître, le calife al-Wâthiq. En reconstituant ce plat, empreint de poésie et si raffiné, je pensais au récit du chevalier Tirant lo Blanc lorsqu'il offrait une collation à l'empereur de Constantinople et à sa belle princesse. Dans un tel contexte, tous les rêves sur la vie dans les palais orientaux sont possibles.

Salade de poulet à l'israélienne

Une salade qui peut permettre d'utiliser des restes de volaille, à défaut des blancs très tendres. Ces salades quasi complètes quant à leur composition, appellent simplement un laitage frais ou des sorbets de fruits en fin de repas.

Pour 4 personnes :

– 2 blancs de poulet (ou d'autres morceaux) découpés en bâtonnets,

- 1 pomme verte type granny-smith,
- 1 à 2 avocats,
- 1 jus de citron,
- 1 cœur tendre de céleri,
- 12 cerneaux de noix hachés + 6 à 8 entiers pour l'ornement.
- 1 mayonnaise *(voir p. 50)* préparée en demi-quantité, + 1 cuillerée à café de moutarde,
- 1 petite laitue,
- 1 citron découpé en fines rondelles,
- 1 court-bouillon *(voir p. 74)*.

Cuisson : poulet, 20 min.

Cuire les blancs à la vapeur du court-bouillon.

Découper pomme et avocats en petits cubes et les arroser de jus de citron. Tailler finement le céleri. Préparer un plat rond et le tapisser de feuilles de laitue. Essorer pomme et avocats.

Dans un saladier, mélanger délicatement : les blancs refroidis, le céleri, les noix, la pomme, les avocats et la sauce mayonnaise.

Dresser ce mélange en dôme au centre du plat et mettre 1 h au réfrigérateur avant de servir. Décorer avec noix et citron.

SALADE DE FROMAGE AUX POIRES

Recette reconstituée par mes soins en revenant de Turquie. Je l'avais goûtée lors d'une excursion à Alanya. Ce mur forme une dentelle autour de l'énorme forteresse. Un peu plus loin, on découvre le repaire des pirates que fut Sidé. Tout porte aux rêves dans ces excursions à travers le monde de la Méditerranée…

Pour 4 personnes :

- 400 g de tilsit (fromage de chèvre) taillé en petits cubes,
- 4 poires type louise-bonne, légèrement acidulées,
- la quatrième sauce d'Éliane *(voir p. 61)*, sans le fromage,
- 1 douzaine de feuilles de laitue bien lavées.

Réfrigération : 30 à 40 min.

Peler les poires. Les couper en quatre, retirer cœur et pépins et émincer.

Tapisser un joli plat carré de feuilles de laitue. Disposer au-dessus les poires en rosace. Parsemer de cubes de fromage et arroser largement de sauce. Servir très frais.

RECETTES DE TUNISIE, D'ALGÉRIE ET DU MAROC

La route des casbahs. 1996, huile sur toile, 46 x 38 cm. Coll. privée.

La salade d'herbes à Marrakech

Véritable bol de vitamines et de sels minéraux, que ce bol d'herbes, soigneusement préparé par des mains féminines, car selon les dires de la propriétaire de l'établissement, la cuisine marocaine est une cuisine de femmes. Aussi ai-je eu la permission de rentrer dans ce laboratoire d'odeurs et de saveurs, et de voir s'affairer en riant quatre ou cinq femmes en grandes blouses, les cheveux bien enserrés dans leur foulard. Il faut les voir ciseler vivement toutes ces bottes de menthe, de coriandre, c'est vraiment fascinant.

Pour ce bol d'herbes, je ne saurais vous donner, comme il est dans mes habitudes, un dosage précis : la proportion de menthe, tomate et oignon doit être approximativement la moitié du mélange coriandre/persil.

- coriandre,
- persil plat,
- menthe,
- tomate en petits dés,
- oignon finement haché.

Dans un bol, mélanger tous les ingrédients. Arroser d'un filet d'huile d'olive, d'un peu de citron, saler légèrement et consommer aussitôt.

Salade de bekkoula

La *bekkoula* est une plante de printemps à larges feuilles vertes, très voisines de celles des épinards. Un peu longue et minutieuse à préparer, mais le résultat est très rafraîchissant et intéressant sur le plan intestinal.

Pour 4 personnes, très approximativement :

- 1 saladier de *bekkoula,*
- 1/2 saladier de persil,
- 1/3 de saladier de coriandre,
- 1/3 de saladier de feuilles tendres de céleri,
- 4 gousses d'ail épluchées,
- 1 pincée de piment de Cayenne,
- 1 cuillerée à café de piment doux,
- 3 cuillerées à soupe d'huile d'olive,
- 1 petit citron confit *(voir p. 66)* taillé en quartiers + 1 ou 2 pour la garniture,
- 1 poignée d'olives vertes + quelques-unes pour décorer,
- 1/2 jus de citron.

Cuisson : 20 à 25 min. *Réfrigération* : 1 h.

Laver soigneusement toutes les herbes, les équeuter et les essorer. Les hacher minutieusement. Les mettre dans une sauteuse avec les gousses d'ail et faire fondre à tout petit feu, sans adjonction d'eau, jusqu'à ce que les gousses d'ail s'écrasent sous la fourchette.

Ajouter tout l'assaisonnement et l'huile. Remuer régulièrement jusqu'à évaporation complète de l'eau rendue par les herbes.

Ajouter alors le jus de citron, les olives et le citron. Remuer encore quelques minutes sur le feu. Vérifier l'assaisonnement. Retirer du feu.

Verser la préparation sur un plat rond et décorer le tout avec les olives et des quartiers de citron confit. Mettre au réfrigérateur 1 h et servir très frais.

SALADE DE FENOUILS

Pour 4 personnes :

- 2 bulbes de fenouil,
- 1 sauce vinaigrette au citron *(voir p. 50)*.

Émincer finement les fenouils dans le sens de la longueur. Laver et essorer. Les étaler sur un plat rond et les assaisonner de sauce vinaigrette.

SALADE D'OLIVES
Salatat al-zaytoûn

Servie au cours d'un repas sous la tente, chez des Touaregs (de service, je pense ! mais tout était si inattendu), après une promenade à dos de dromadaire, derrière un bel « homme bleu »...

Pour 8 personnes :

- 400 g d'olives vertes ou noires, dénoyautées,
- 1 dl d'huile d'olive,
- 1 gros oignon jaune émincé,
- le jus de 3 citrons,
- 5 g de poivre noir,
- 1/2 cuillerée à café de sel.

Mettre tous les éléments dans un saladier. Remuer et servir très frais

Nota : On peut y ajouter des gousses d'ail épluchées et grossièrement hachées, du persil et de la coriandre.

Hachis d'oranges et d'olives noires

On le tartine sur canapés ou mieux, on le mange à la cuiller, à l'apéritif, à Tétouan, à Laroche ou à Tanger. C'est une véritable gourmandise, à condition d'avoir des olives noires très douces et des oranges fermes et fruitées, qualités obtenues grâce à la terre et à l'eau de cette région. Le mariage est délicieux, j'avoue que je n'ai pas obtenu tout à fait le même résultat de retour chez moi, à Perpignan.

Pour 3 belles oranges très fermes :

– 200 g d'olives noires très mûres, déjà « plissées », dénoyautées,
– quelques cuillerées de *sahka*.

Peler les oranges à vif et les épépiner. Hacher oranges et olives. Mélanger le hachis à la *sahka*.

Servir sur canapé ou dans de petits raviers.

Nota : La *sahka* est une sauce piquante marocaine, au paprika.

Salade au yaourt
Râya bi-labane

Appréciée de tous, dans différents secteurs du Maroc.

Pour 4 personnes :

– 1 joli concombre préparé *(voir p. 67)* ou 2 moyens pelés et coupés en rondelles,
– 1 poignée de petites feuilles de menthe fraîche,
– 1 pincée de sel,
– 500 g de yaourt,
– 1 verre à eau de glace pilée.

Battre le yaourt avec le sel, la menthe et la glace. Ajouter le concombre et servir immédiatement.

Nota : Très rafraîchissant lors de grandes chaleurs. Certains suppriment le concombre, mettent davantage d'eau glacée et le boivent le long du repas, avec toute préparation.

Salade de tomates à la marocaine
Salatat altamâtim'ala hâlihim

Servie en entrée, sous la tente, en attendant une « fantasia ».

Pour 4 personnes :

- – 400 g de tomates mûres,
- – 1 poivron rouge,
- – 1 concombre préparé *(voir p. 67)*,
- – 1 oignon doux,
- – 1/2 dl d'huile d'olive,
- – 3 cuillerées à soupe de vinaigre de vin,
- – 2 cuillerées à soupe de persil plat haché,
- – 1/2 cuillerée à café de sel,
- – 1 pincée de piment de Cayenne.

Réfrigération : 30 min.

Couper tomates, concombres et oignons en tranches fines. Couper le poivron en petits carrés.

Mettre le tout dans un saladier ainsi que le persil. Saler et bien remuer. Arroser d'huile et de vinaigre.

Mettre au frais 30 min. Bien remuer encore une fois et servir.

Nota : On peut y ajouter des feuilles de menthe, d'estragon ou de cerfeuil, selon les dires du serveur. Toutefois, à Marrakech, nous avons eu l'occasion de goûter une autre formule, plus élaborée : les tomates sont émondées, épépinées et taillées en menus morceaux. Le poivron est grillé et pelé avant d'être émincé. On ajoute à l'assaisonnement 1 citron confit émincé et 1 petit piment piquant haché. Et pour l'huile, il m'a été précisé qu'il était souhaitable d'utiliser de l'huile d'argan, à laquelle on attribue tant de vertus. Ni concombre, ni vinaigre n'y figurent. Autre détail : on nous l'a servie avec une galette de pain azyme, et j'ai beaucoup apprécié la fraîcheur et la légèreté de ce plat.

Salade de tomates et poivrons à la tunisienne

À Sousse nous trouvons une variante de l'*escalivada* catalane, raffinée dans sa réalisation : il ne s'agit plus ici d'une préparation rurale de confection rapide.

Pour 4 personnes :

- – 4 jolies tomates bien rondes et mûres, partagées en deux et rôties au four,
- – 2 beaux poivrons rouges bien charnus, grillés *(voir p. 67)*,
- – 1/2 dl d'huile d'olive,
- – 1 cuillerée à soupe de vinaigre de vin,
- – 4 gousses d'ail hachées,

- 1 poignée de coriandre ciselée,
- des olives noires à l'huile,
- 1 bonne pincée de sel fin.

Macération au frais : 1 h.

Peler et égrener poivrons et tomates et les tailler en petits dés. Verser le tout dans un joli plat creux et ovale.

Arroser le tout de sauce vinaigrette. Saupoudrer d'ail et de coriandre. Orner d'olives noires et mettre au frais.

Nota : Il existe également une variante au Maroc *(voir ci-dessous).*

Salade de tomates et poivrons à la marocaine

Il s'agit ici d'une préparation courante, très simple, mais qui au final s'avère raffinée.

Pour 4 personnes :

- 2 poivrons rouges, 1 vert et 1 jaune, bien charnus et grillés *(voir p. 67)*,
- 2 gousses d'ail, finement pilées,
- 1 belle tomate mûre à point mais ferme, pelée et épépinée,
- 1/2 dl d'huile d'olive,
- sel, poivre,
- 1 pincée de cumin.

Une fois les poivrons préparés selon la recette traditionnelle, les découper en petits dés. Couper la tomate en petits cubes.

Mélanger délicatement tomate, ail, poivrons, sel, poivre et cumin.

Étaler ce mélange sur un plat rond et creux et l'arroser d'huile d'olive.

Nota : Toutes ces petites salades fraîches et parfumées : poivrons grillés, carottes au cumin *(voir p. 237)*, petites aubergines et autres, sont indispensables au vrai repas marocain et servent d'introduction aux mille saveurs du pays.

Courgettes au yaourt
Kôussa maquli bi-zayit

Pour 4 personnes :

- 1 kg de très jeunes courgettes,
- 1 l de yaourt,
- 4 gousses d'ail finement pilées,

– sel fin,
– 1 dl d'huile d'arachide, environ.

Cuisson : 2 à 3 min.

Peler et couper les courgettes en tranches longues et fines et les essorer.
Les cuire dans une poêle avec l'huile chaude, sur une seule couche. Les retourner et les disposer sur du papier absorbant.
Les disposer toutes tièdes dans le plat de service. Saler, mélanger l'ail au yaourt et napper les courgettes. Servir très frais.

SALADE DE COURGETTES SLAOUIA

Préparation marocaine.

Pour 4 personnes :

– 1 kg de courgettes *slaouia*, longues et sans nervures, épluchées,
– 1 cuillerée à café de piment doux,
– 4 cuillerées à soupe d'huile d'olive,
– 2 gousses d'ail pilées,
– 1/2 cuillerée à café de cumin,
– 2 cuillerées à soupe de vinaigre blanc,
– 1 pincée de sel.

Cuisson : 20 à 25 min.

Couper les courgettes en petits dés. Les verser dans une sauteuse avec l'huile, le sel, le piment, l'ail et un verre d'eau. Porter à ébullition.
Laisser mijoter jusqu'à ce que les courgettes soient tendres. Ajouter le vinaigre et le cumin et faire évaporer tout le jus de cuisson.
Retirer du feu, laisser refroidir.
Nota : On peut les présenter avec un cordon d'olives noires confites *(voir p. 65)*.

PETITES AUBERGINES À LA CHERMOULA

Goûtées dans une ruelle fraîche de Marrakech, pendant que des amis marchandaient un tapis dans la boutique voisine.

Pour 4 personnes :

– 4 petites aubergines bien fermes et lisses,
– la sauce chermoula :
  • 1/2 dl d'huile d'olive,

- le jus de 2 citrons,
- 1 cuillerée à café de cumin,
- 1 pincée de piment fort,
- 12 brins de coriandre,
- 4 gousses d'ail pilées,
- 1 pincée de sel.

Macération : 1 h. *Cuisson* : 15 min, th 8.

Cuire les aubergines entières au four chaud. Oter la queue et les peler délicatement. Les disposer dans un plat creux et les inciser.

Préparer la chermoula : fouetter ensemble tous les ingrédients et verser la sauce sur les aubergines encore chaudes. Les retourner afin qu'elles soient bien imbibées et les laisser macérer 1 h avant de servir.

AUBERGINES À LA TUNISIENNE

Une formule proche de la *samfaina* catalane, plus fine, plus parfumée.

Pour 4 personnes :

- 2 aubergines découpées en dés et préparées *(voir p. 68)* en laissant la peau,
- 2 oignons coupés en rondelles minces,
- 2 gousses d'ail hachées,
- 4 tomates mûres, pelées, épépinées et hachées,
- 1/2 dl d'huile d'olive,
- sel et poivre noir au moulin,
- 1 cuillerée à café du mélange :
  - piment de Cayenne,
  - cumin en poudre,
  - clous de girofle écrasés,
- 1 cuillerée à soupe de coriandre fraîche, ciselée,
- 1 cuillerée à soupe de menthe fraîche, ciselée,
- 60 g de raisins secs de Smyrne,
- 2 cuillerées à soupe de persil plat, haché.

Cuisson : 1 h.

Mettre l'oignon, l'ail et le 1/2 verre d'eau dans l'huile, dans une poêle de taille moyenne. Chauffer et remuer jusqu'à ce que l'oignon soit tendre mais sans coloration. Ajoutez alors le mélange de piment de Cayenne, cumin et clous de girofle, et laisser mijoter 2 à 3 min.

Incorporer alors à ce mélange, les dés d'aubergines pressés et essorés. Bien remuer et les faire blondir.

Harmonie bleu-vert. 1996, huile sur toile, 35 x 27 cm. Coll. privée.

Saupoudrer de coriandre et de menthe, ajouter les raisins, poivrer, saler légèrement. Verser la tomate et laisser cuire à tout petit feu, jusqu'à ce que le liquide soit complètement évaporé et l'aubergine bien moelleuse. Retirer du feu, verser dans un joli plat en céramique et saupoudrer de persil.

On peut manger ce plat chaud, mais il se présente le plus souvent froid, ce qui en fait une agréable entrée en été.

TCHOUKTCHOUKA

Autre compote de légumes méditerranéens préparée en Algérie.

Pour 4 personnes :

- 2 beaux poivrons rouges et 2 verts bien charnus, grillés *(voir p. 67)*,
- 2 grosses tomates bien mûres,
- 6 à 8 belles gousses d'ail pilées,
- 1/2 dl d'huile d'olive,
- 1/2 cuillerée à café de sel fin,
- 1 pincée de piment de Cayenne.

Cuisson : 15 à 18 min.

Peler les poivrons, les épépiner et les couper en petits carrés. Peler les tomates, les épépiner et les couper en petits morceaux.

Dans une poêle moyenne, faire à peine blondir l'ail dans l'huile chaude. Y verser les tomates, les assaisonner et les faire fondre à petit feu en remuant régulièrement avec la spatule en bois. Elles doivent réduire de moitié.

Ajouter alors les poivrons, mélanger et remuer jusqu'à consistance de marmelade en veillant à ce que cela n'attache pas. Servir froid, en hors-d'œuvre.

Nota : Chaude ou froide, la *tchouktchouka* peut accompagner poisson, volailles ou boulettes de viande. En Tunisie, on prépare la *méchouïa*, où les poivrons sont toujours grillés et pelés, mais où les tomates pelées sont crues et le tout haché menu avec piment fort de Cayenne, bien aillé et citronné, avant d'être arrosé d'huile d'olive et garni d'olives noires.

Barigoule d'artichauts à l'algérienne

Le nom de barigoule viendrait du provençal *barigoulo,* c'est-à-dire « agaric », l'artichaut évidé ayant la forme de ce champignon.

Pour 4 personnes :

- 4 à 8 artichauts primeurs très tendres, préparés *(voir p. 69)*,
- 4 à 5 gousses d'ail émincées,
- 1 beau citron + 1/2,
- 1/2 dl d'huile d'olive,
- 1 feuille fraîche de laurier,
- sel et poivre blanc, une bonne pincée de chaque.

Cuisson : 20 à 25 min.

Citronner les cœurs d'artichauts avec le 1/2 citron et les couper en quatre.

Peler le citron à vif, l'émincer et l'épépiner.

Dans une cocotte, faire délicatement blondir l'ail dans l'huile chaude. Ajouter : les artichauts, le laurier, assaisonner et mouiller avec 1 dl d'eau froide. Couvrir, amener doucement à ébullition. Au bout de 10 min ajouter le citron. Laisser mijoter et réduire de moitié.

Verser la préparation dans un joli plat creux et laisser refroidir, servir très frais.

Salade de fèves algérienne

La plus simple des préparations de fèves fraîches rencontrées dans nos voyages.

Pour 4 personnes :

- 1,500 kg de jeunes fèves fraîches écossées,
- 5 à 6 oignons tendres effilés,
- 1/2 dl d'huile d'olive,
- 1 beau citron bien mûr pelé à vif,
- 1 pincée de sel.

Cuisson : 15 à 18 min.

Cuire les fèves à la vapeur et les verser dans un joli saladier. Couvrir avec un film alimentaire.

Tailler le citron en petits cubes. Les répartir sur les fèves, ainsi que les oignons tendres. Saler légèrement, arroser avec l'huile et mélanger.

Replacer le film et mettre au réfrigérateur jusqu'au moment de servir.

CÉLERI-RAVE AU CURRY

Nous l'avons mangé à Alger, mais cela ne signifie point une quelconque authenticité avec la cuisine traditionnelle. Je n'ai pu obtenir une explication précise. C'est néanmoins très craquant et goûteux.

Pour 4 personnes :

- 1 céleri-rave épluché,
- le jus d'1 citron,
- 1 sauce :
  - 2 dl de vin blanc moelleux,
  - 2 jolies échalotes,
  - 2 cuillerées à soupe de curry en poudre,
  - 1/2 cuillerée à café de sel,
  - 1 sauce mayonnaise *(voir p. 50)*,
  - 1 cuillerée à soupe de persil plat haché,
- décoration :
  - 1 cœur de céleri branche émincé,
  - des noisettes grillées concassées.

Râper le céleri avec un disque moyen et l'arroser d'un jus de citron.

Mettre la sauce dans une casserole et laisser réduire jusqu'à ce qu'il ne reste plus qu'une cuillerée à soupe de liquide.

À refroidissement complet, mélanger cette sauce à la mayonnaise et en assaisonner le céleri. Ajouter le persil. Bien mélanger.

Décorer avec noisettes grillées et cœur de céleri branche effilé.

Carottes fanes primeurs

Servies au Maroc, dans une restauration rapide. Rien d'original, direz-vous ! Mais ces carottes étaient craquantes et savoureuses à l'encontre de ces carottes râpées provenant de conserves, servies dans de nombreux hôtels-restaurants, molles, insipides, acides, que l'on mange par contrainte. La préparation est enfantine et rapide, mais encore faut-il trouver de bonnes carottes toutes fraîches.

Pour 4 personnes :

- 8 jeunes carottes,
- 1 boîte de 125 g de miettes de thon à l'huile,
- le jus d'un citron,
- 2 œufs durs : blancs et jaunes hachés séparément,
- persil haché à volonté.

Râper les carottes. Les mettre dans un saladier, y mélanger le thon et son huile, ainsi que le jus de citron.

Décorer le dessus de la salade avec les jaunes, les blancs et le persil haché. Servir aussitôt.

Nota : Plus loin vers le nord, nous avons trouvé encore plus rafraîchissant et plus typique : les carottes à l'orange *(voir ci-dessous)*.

Carottes à l'orange

C'était durant une excursion, dans le nord du Maroc, lors d'une petite halte dans un de ces villages ocre et pleins de mystères.

Pour 4 personnes :

- 500 g de carottes environ,
- 2 belles oranges pelées à vif,
- 1 cuillerée à soupe d'eau de fleur d'oranger,
- 1 cuillerée à soupe de sucre fin,
- le jus d'un citron,
- 1 pincée de sel.

Gratter les carottes, les tailler dans le sens de la longueur et enlever le cœur. Les laver, les essorer. Râper les carottes avec la grosse grille (faire des copeaux). Tailler les oranges en petits dés.

Dans un saladier, bien fouetter le mélange : sel, sucre, eau de fleur d'oranger et citron. Y verser les oranges et les carottes, bien remuer et servir très frais.

Salade de carottes

C'est assez haut en saveurs et parfums, mais quand on aime les surprises culinaires, on est comblé.

Pour 4 personnes :

- 250 g de carottes,
- 1 tête d'ail,
- 1/2 dl d'huile d'olive,
- 1/2 dl de vinaigre,
- 2 cuillerées à soupe de persil haché,
- 2 cuillerées à soupe de coriandre ciselée,
- 1 pincée de poivre,
- 1 pincée de piment rouge,
- 5 g de cumin en poudre,
- 5 g de sel.

Cuisson : 40 min.

Cuire les carottes et l'ail entiers. Les émincer après cuisson.

Les mettre dans un saladier. Saupoudrer avec tous les ingrédients, verser l'huile et le vinaigre. Remuer et servir très frais.

Nota : La préparation algérienne est beaucoup plus élaborée, et de ce fait, plus « goûteuse » : carottes au cumin *(voir ci-dessous).*

Carottes au cumin

En hors-d'œuvre, nous avons coutume, sur le littoral méditerranéen français, de manger les carottes crues et râpées ; dans les cuisines arabes, on a souvent tendance à les émincer en rondelles et à les cuire.

Pour 4 personnes :

- 500 à 600 g de jeunes carottes,
- 1 dl d'huile d'olive,
- 6 gousses d'ail écrasées,
- 1 cuillerée à café de paprika,
- 1/2 cuillerée à café de cumin,
- 2 cuillerées à soupe de vinaigre de vin,
- 1 pincée de sel fin.

Cuisson : 1 h environ. *Réfrigération* : 40 min.

Gratter les carottes et les tailler en rondelles un peu épaisses. Les mettre dans une « cassole » en terre vernissée, répartir l'ail, recouvrir d'eau froide et verser l'huile.

Cuire à couvert et sur un feu doux en secouant de temps en temps la « cassole ». En principe, lorsque toute l'eau a été absorbée, les carottes sont tendres.

Assaisonner : paprika, cumin, sel. Remuer délicatement sans briser les carottes, arroser de vinaigre et laisser mijoter encore 8 à 10 min. Vérifier l'assaisonnement et mettre au frais. Servir froid dans le même récipient.

Betteraves à l'oignon au Maroc

Salade souvent servie le vendredi soir.

Pour 4 personnes :

- 500 g de betteraves rouges bien cuites et épluchées,
- 1 gros oignon blanc émincé,
- 1 cuillerée à soupe de persil plat haché,
- 1/2 cuillerée à café de cumin,
- sel et poivre noir,
- 1 cuillerée à soupe de sucre fin,
- le jus de 2 citrons,
- 1/2 dl d'huile d'olive.

Couper les betteraves en fines rondelles.

Dans un saladier, mélanger huile, citron, sel, poivre, sucre, cumin, et fouetter ce mélange. Y verser les betteraves, l'oignon, et le persil. Bien remuer et servir frais.

Nota : Une autre formule m'a été communiquée, à Casablanca, chez des particuliers. Lors du mélange, il n'est pas question d'huile, mais aux ingrédients déjà mentionnés on ajoute 1/2 cuillerée à café de piment doux, 1 pincée de cannelle en poudre, 2 cuillerées à soupe d'eau de fleur d'oranger et le jus d'un demi-citron seulement.

Salade de patates douces

Toujours au Maroc, cette salade très spéciale, que nous appellerions plutôt crème froide.

Pour 4 personnes :

- 500 g de patates douces, coupées en quatre,
- 1 gros oignon haché,
- 1 pincée de pistils de safran pilés,
- 1 pincée de gingembre râpé,
- 1 pincée de cumin,

– 1 cuillerée à café de piment doux,
– le jus d'un petit citron,
– 4 cuillerées à soupe d'huile d'olive,
– 1 bonne cuillerée à soupe de coriandre et persil hachés ensemble,
– l'écorce d'un citron confit *(voir p. 66)*, taillée en petits morceaux,
– 1 douzaine d'olives confites *(voir p. 64-65)*,
– 1 pincée de sel.

Cuisson : 20 à 25 min.

Mettre dans une casserole l'oignon avec l'huile, 4 cuillerées à soupe d'eau, le sel, le safran et le gingembre. À évaporation de l'eau, faire légèrement blondir l'oignon.

Ajouter alors les patates et mettre de l'eau à mi-hauteur. Porter vivement à ébullition. Ajouter alors, le cumin, le piment, le persil et la coriandre, le jus de citron, l'écorce de citron confit et les olives.

Cuire jusqu'à ce que les patates soient parfaitement fondantes. La sauce doit être très courte et onctueuse. Retirer du feu.

Laisser refroidir et servir très frais.

La russe à l'algérienne

Curieusement, en Algérie comme au Maroc, cette salade composée de nombreux légumes frais, coupés de taille égale et dont l'attrait consiste à un assemblage de couleurs vives, s'appelle « la russe », à rapprocher, sans doute, de notre propre salade russe.

Pour 4 personnes :

– 3 à 4 pommes de terre cuites et épluchées,
– 3 à 4 jolies carottes cuites,
– 200 g de haricots verts fins, cuits à la vapeur,
– 1 tasse de petits pois écossés, cuits à la vapeur,
– 1 betterave cuite et épluchée,
– 8 petits cornichons,
– 1 cuillerée à soupe de câpres,
– 1 belle tomate émincée,
– quelques feuilles de romaine et des olives noires pour décorer,
– 1 sauce vinaigrette,
– 1 sauce mayonnaise à la moutarde.

Tailler tous les ingrédients en petits cubes. Y ajouter les sauces.
Dresser en macédoine, moulée, décorée d'olives noires et de feuilles de salade.

La russe à la marocaine

Notamment à Essaouira, elle prend de nom de *jnanates* (jardins), tous les éléments étant rangés par couleur, en une véritable œuvre d'art.

Pour 4 personnes :

- 3 jolies pommes de terre bouillies et épluchées,
- 2 belles betteraves cuites, épluchées,
- 2 ou 3 tomates bien mûres, pelées et égrenées,
- 3 œufs durs,
- 500 g d'olives vertes dénoyautées,
- 1 cuillerée à soupe de persil plat, haché,
- 1 sauce vinaigrette *(voir p. 50)*.

Couper séparément tous les ingrédients.

Prendre un grand plat rond et disposer en cercles concentriques les pommes de terre, les betteraves, les tomates, les œufs et les olives au centre.

Arroser de sauce vinaigrette, saupoudrer de persil et servir très frais.

Lentilles en salade
Salatat al'-adas

Préparation du nord du Maroc.

Pour 4 personnes :

- 250 g de lentilles vertes cuites au court-bouillon *(voir p. 74)*,
- 1 sauce vinaigrette *(voir p. 50)*,
- 1 belle poignée de coriandre ciselée.

Cuisson : 1 h.

Égoutter les lentilles encore tièdes et les assaisonner aussitôt. Parsemer de coriandre au moment de servir.

Nota : À Malaga, on fait aussi une délicieuse salade de lentilles : *sesos de cordero con lentejas.*

Salade de couscous

Se rencontre en Algérie et en Tunisie. Plat complet, à mon avis suivi de préférence d'un laitage pour dessert, sans oublier le délicieux jus de fraise tunisien.

Pour 4 personnes :

- 250 g de semoule à couscous,
- 1 boîte de 125 g de miettes de thon à l'huile,
- 3 tomates mûres épépinées et taillées en cubes,
- 3 œufs durs coupées en quartiers,
- 1 douzaine d'olives vertes dénoyautées,
- 1 sauce :
  - 1 jus de citron,
  - 1 dl d'huile d'olive,
  - 1/2 cuillerée à café de sel,
  - 1 pincée de poivre blanc,
  - 2 cuillerées à soupe de persil et de menthe fraîche ciselés.

Faire gonfler la semoule dans 1 litre d'eau durant 30 min. L'égoutter soigneusement et bien détacher les grains.

La mettre dans un saladier avec le thon et son huile, puis les tomates et les olives. Arroser avec la sauce et bien mélanger.

Décorer avec les quartiers d'œufs durs et servir très frais.

TABOULÉ
Tabbôula

Chez l'habitant, aux portes de Marrakech, tout était parfait : conversations, fleurs, parfums, fruits, en même temps que les plats offerts...

Pour 4 personnes :

- 300 g de boulgour,
- le jus de 3 citrons,
- 500 g de cœurs de laitue bien craquante, taillés en julienne,
- 150 g d'oignons blancs émincés,
- 4 belles tomates mûres et fermes, égrenées,
- 1 joli concombre préparé et taillé en petits dés *(voir p. 67)*,
- 1 dl d'huile d'olive environ,
- 1 cuillerée à soupe de menthe sèche, en poudre,
- du sel fin,
- de petites feuilles de vigne très fraîches et bien lavées.

Faire tremper le boulgour durant 10 à 15 min et l'égoutter. Le mettre dans un grand saladier, avec, la laitue et les oignons, mélanger. Saupoudrer de menthe, mélanger.

Tailler les tomates en petits dés et les verser sur le tout ainsi que les concombres. Saler, mélanger.

Arroser d'huile et de jus de citron. Bien mélanger et servir très frais.

Nota : Se mange à la cuillère ou avec les feuilles de vigne si l'on est habile.

Petits pains tunisiens

Pour 1 petit pain rond :

- 2 cuillerées à soupe de thon blanc à l'huile d'olive, bien émietté,
- 1/2 poivron grillé *(voir p. 67)* et taillé en fines lanières,
- 1 œuf dur haché grossièrement,
- 3 ou 4 olives noires à l'huile, dénoyautées et partagées en deux,
- 1 petite cuillerée à café de câpres,
- 1 petite cuillerée à café de harissa,
- 1 cuillerée à soupe d'une sauce vinaigrette au citron *(voir p. 50)*.

Partager les petits pains en deux horizontalement, retirer une partie de la mie.

Faire le mélange de tous les ingrédients dans un saladier. Vérifier l'assaisonnement et remplir les 2 moitiés de pain. Reconstituer le pain et servir 15 à 20 min après afin que le pain soit bien imprégné.

Salade arabe aux œufs durs
Salatat bayd mas loûq

Mangée à Marrakech, en septembre 1996, dans un petit restaurant tout simple et accueillant.

Pour 4 personnes :

- 4 œufs durs,
- le jus de 3 citrons,
- 3 gousses d'ail pilées,
- 2 cuillerées à soupe de persil plat haché très fin,
- 1 dl d'huile d'olive,
- 1/2 cuillerée à café de sel.

Couper les œufs, une fois refroidis, en rondelles. Les saler, les citronner et ajouter l'ail.

Arroser d'huile, saupoudrer de persil et bien remuer.

Nota : On peut y ajouter des oignons (2 ou 3 oignons blancs) hachés très fin, des olives noires et des pommes de terre bouillies. Nous retrouvons cette salade au Portugal : *ovos de cebolada (voir p. 124)*, pommes de terre et olives en moins, mais aussi au Maroc, sous le nom de *azadkéghov havguit* (œufs au persil), où les œufs sont émiettés dans un plat et, au centre, on dispose le mélange persil-oignons. Chacun consomme en mélangeant œufs et persil-oignons. Toutefois, il n'est pas question d'huile.

Salade de cervelles marocaine
Salatat al-noukhaate

Goûtée un soir, à Casablanca. Certains n'ont pas aimé. C'est pourtant très fin, à mon avis.

Pour 4 personnes :

– 2 à 3 cervelles d'agneau,
– 1 court-bouillon *(voir p. 74)*,
– 1 cœur de laitue ciselé finement,
– 1/2 dl d'huile d'olive,
– le jus de 2 citrons,
– 5 g de poivre blanc,
– 1 cuillerée à café de sel.

Cuisson : 8 à 10 min.

Pocher les cervelles 8 à 10 min au court-bouillon.

Les rincer une fois bien refroidies. Les disposer dans un saladier avec les feuilles de laitue. Assaisonner, remuer délicatement et servir.

Nota : Quelques années plus tard, nous découvrions la même salade… de l'autre côté de la Méditerranée, un peu plus élaborée.

Blancs de poulet en salade

Salade rafraîchissante, mangée sous la tente, lors d'une excursion à Ouarzazate, au Maroc. Avec un thé à la menthe, cela m'a suffi.

Pour 4 personnes :

– 250 g de blancs de poulet rôti froids, taillés en dés réguliers,
– 1 bol de riz cuit au court-bouillon *(voir p. 70)*,
– 2 pommes granny-smith, pelées et taillées en dés,
– 1 poignée de raisins secs sans pépins,
– 1 poivron vert, bien craquant et taillé en tout petits dés,
– 1 sauce mayonnaise *(voir p. 50)*,
– 2 citrons verts taillés en rondelles,
– 1 poignée de coriandre ciselée,
– 18 olives vertes,
– 2 ou 3 petites tomates fermes émincées,
– 2 à 3 cuillerées à soupe d'huile d'olive,
– sel, poivre.

Mélanger les blancs, les pommes, le riz, les raisins, le poivron, la coriandre et la mayonnaise. Disposer le tout en dôme dans un joli plat en poterie locale. Tapisser le dôme de rondelles de citron.

Entourer ce dôme d'un cordon de tomates salées et poivrées. Les arroser d'huile d'olive, parsemer d'olives et servir très frais.

LES SALADES D'ÉLIANE

Les sensations alimentaires sont visuelles, olfactives, tactiles (par les lèvres et le palais), gustatives, digestives et générales. De plus, la mémoire intègre les expériences passées dans nos états d'âme, si bien que notre alimentation prend un sens éthique.

JEAN TRÉMOLIÈRES,
Le Comportement alimentaire de l'homme.

Citrons et clémentines. 1991, huile sur toile, 55 x 46 cm. Coll. privée.

En composant les salades qui suivent, j'ai essayé de respecter l'unité du monde méditerranéen en rassemblant : la mer, les couleurs, les odeurs, les saveurs.

La mer, avec sa faune méditerranéenne : ses coquillages, ses crustacés forts en saveurs et tous ses poissons qu'il est préférable d'aller chercher à la criée ; pour nous, Perpignanais, c'est vers 17 h, à Port-Vendres ou à Saint-Cyprien. Les casiers sont pleins, les poissons frétillent encore, leurs écailles scintillent sous le soleil qui commence à descendre sur les Albères violettes. Les maquereaux sont bleu turquoise et les rougets rose corail, les dorades argentées et la baudroie est toujours aussi horrible avec son immense mâchoire… Mais les pêcheurs ne rêvent pas, il faut se décider très vite et bien connaître son budget…

En musardant sur la route du retour, vous pourrez trouver du fenouil, du thym, du romarin, de la marjolaine, qui vont embaumer les cuissons mais aussi toute la maison…

« Certains parfums sont destinés à épanouir les visages sombres, dissipant la mélancolie tout en excitant l'appétit », selon René Khawam qui, mieux que quiconque, sait parler de la cuisine de l'autre côté de la Méditerranée.

Quant aux saveurs, outre les produits utilisés, elles résultent le plus souvent de savants amalgames soigneusement dosés, véritable alchimie des aromates et des épices, prête à flatter les palais les plus difficiles, les plus délicats, alchimie dont les Méditerranéens ont le secret hérité de l'Orient enchanteur.

Compte tenu de mes travaux sur l'alimentation des habitants des pays catalans au Moyen Âge[1], je ne puis m'empêcher de commencer, avant mes propres créations, par quatre salades mettant en pratique les conseils du grand médecin européen que fut le Catalan Arnau de Vilanova, connu en France sous le nom d'Arnaud de Villeneuve. Ces exemples très concrets, aisément réalisables de nos jours, mettent en évidence l'intérêt que ce médecin portait à la consommation de crudités en début de repas, à l'utilisation de la pomme et de laits caillés ou de fromages frais. Ces données nutritionnelles empiriques sont confirmées aujourd'hui scientifiquement, avec la mise en évidence de substances indispensables à l'organisme, comme les vitamines et les oligo-éléments.

❖

1. *La cuina medieval a l'abast*, La Magrana, Barcelone, 1986 ; *La Table médiévale des Catalans*, Les Presses du Languedoc, Montpellier, 2e éd. 2001 ; *Aspectes de l'Edat Mitjana a Catalunya Nord*, Perpignan, éd. du CEDACC, 1996.

Radis et navets en sauce médiévale
Raves i naps en salsa verda

Une préparation qui, selon Arnaud de Villeneuve, « libère la vessie et est favorable à la vue ». Sauce médiévale selon le manuel culinaire catalan dit « de Sent Soví ».

Pour 4 personnes :

- 1 douzaine de radis longs,
- 300 g de navets blancs,
- 1 sauce :
  - 20 g d'amandes émondées et pilées,
  - 1 mayonnaise *(voir p. 50)*,
  - 1 cuillerée à soupe de vinaigre de vin,
  - des aromates :

1 cuillerée à café d'estragon,
1 cuillerée à café de cerfeuil,
1 cuillerée à café de persil,
le tout finement haché et mélangé à
1/2 cuillerée à café de sel,
1 cuillerée à café d'eau-de-vie de marc,

  - des épices :

1 pincée de gingembre râpé,
1 pincée de poivre blanc,
1 pincée de safran,
1 pincée de cannelle en poudre.

Réfrigération : 1 h.

Gratter légèrement les radis et les partager en deux ou en quatre sur leur longueur, en laissant le début des feuilles, qui sont tendres et comestibles. Éplucher et râper les navets. Les disposer dans des raviers. Les mettre au frais.

Hacher finement les herbes aromatiques, les mélanger à l'eau-de-vie, au sel et aux épices. Mêler délicatement le tout à la sauce mayonnaise, ainsi que les amandes pilées.

Étaler cette sauce sur les crudités. Laisser au frais une petite heure avant de servir.

Nota : On peut aussi laisser la sauce en saucière et la faire circuler.

Salade de céleri-rave et de carottes au miel et aux aromates
Amanida d'api, de pastanagues amb mel i aromats

Deuxième préparation d'origine médiévale.

Pour 4 personnes :

- 4 carottes moyennes, très tendres, avec fanes,
- 1 céleri rave,

- 1 sauce :
  - 100 g de fromage blanc frais (de chèvre de préférence),
  - 2 cuillerées à soupe de miel d'acacia liquide,
  - 1 cuillerée à soupe d'huile d'olive,
  - 2 cuillerées à soupe de basilic frais et de ciboulette finement ciselés,
  - 1 pincée de sel fin.

Réfrigération : 4 à 5 h.

Éplucher et râper finement les légumes. Passer les éléments de la sauce au mixeur, jusqu'à obtention d'une crème.

Présenter sur des raviers céleri rave et carotte, en intercalant les couleurs. Mettre la sauce en saucière.

Laisser le tout 4 à 5 h au réfrigérateur, avant de servir, salade et sauce séparément.

Nota : On peut aussi mélanger le tout avant réfrigération ; en ce cas, les carottes et le céleri perdent un peu de leur craquant.

SALADE DE FROMAGES À L'ESTRAGON
Amanida de formatges amb estragó

Préparation médiévale avec du caillé.

Pour 4 personnes :

- 30 g de tome de vache,
- 30 g de tome de brebis,
- 50 g d'olives vertes dénoyautées,
- 50 g d'olives noires à l'huile, dénoyautées et hachées grossièrement,
- 2 pommes vertes (granny-smith) découpées en petits cubes,
- 1 sauce :
  - 2 cuillerées à soupe de caillé frais (de chèvre de préférence),
  - 1 cuillerée à soupe d'huile d'olive,
  - 1 jus de citron,
  - 2 cuillerées à soupe de crème liquide,
  - 1 cuillerée à soupe d'estragon effeuillé,
  - sel, poivre.

Réfrigération : 2 h.

Tailler les tomes en tous petits dés ou en lamelles.

Dans un grand saladier, verser la sauce et fouetter vivement, afin d'obtenir une émulsion stable. Verser tous les éléments de la salade dans cette sauce et mélanger.

Laisser au frais 2 h et servir très frais, en entrée, avec du pain de seigle ou du pain complet ou bien des canapés au jambon et au céleri *(voir p. 306)*.

Salade de poulet aux fines herbes
Amanida de pollastre amb aromats

Quatrième recette médiévale. Elle peut se faire avec des pigeons, des cailles ou des perdreaux, en utilisant toute leur chair.

Pour 4 personnes :

– les blancs d'1 poulet rôti, taillés en julienne,
– le blanc d'1 cœur de céleri,
– les feuilles blanches d'1 laitue,
– 2 douzaines d'olives noires à l'huile dénoyautées,
– 1 bol de pois chiches cuits bien égouttés,
– 1 sauce vinaigrette *(voir p. 50)*,
– 3 à 4 cuillerées à soupe d'aromates finement ciselés : ciboulette, persil, fenouil, cerfeuil.

Réfrigération : 2 h.

Fouetter vivement la sauce vinaigrette.

Dans un saladier, mettre : une couche de pois chiches, une couche de poulet, une couche de fines herbes, arroser de sauce, une couche de salades (laitue et céleri taillés en julienne), une couche de fines herbes, une couche de poulet, une couche de pois chiches, arroser de sauce.

Décorer le dessus avec les olives et mettre en réfrigération. Remuer délicatement cette salade avant de servir.

Nota : En été, elle peut constituer le plat principal, que vous compléterez avec des fruits crus et du laitage.

Salade au melon et au jambon

Une façon plus pratique de manger le traditionnel melon et jambon (*meló i pernil*).

Pour 6 personnes :

– 1 belle salade romaine,
– 1 melon d'Espagne,
– 2 belles tranches de jambon cru serrano ou de montagne, découennées,
– 1 sauce :
  • 3 cuillerées à soupe d'huile d'olive,
  • 1 cuillerée à soupe de vinaigre de vin,
  • 1 jaune d'œuf dur écrasé,
  • 1 cuillerée à café de moutarde,

- 2 cuillerées à soupe de pignons légèrement grillés,
- sel, poivre moulu.

Réfrigération : 1 h.

Laver et essorer soigneusement la romaine, feuille par feuille, et découper celles-ci en tronçons de 3 cm environ.

Couper le melon en deux, retirer les graines, le peler et le découper en petits cubes. Le mélanger à la salade et mettre le mélange au frais 1 h.

Découper le jambon cru en très fines lanières.

Dans une saucière, faire le mélange des ingrédients de la sauce. Au moment de passer à table, fouetter cette sauce vinaigrette. Assaisonner la salade, bien mélanger et servir aussitôt avec le jambon dessus.

Nota : On peut servir en même temps du *pa amb tomàquet* *(voir p. 298)*.

POIVRONS GRILLÉS AU BASILIC

À la recette classique catalane, j'ai ajouté la note couleurs et saveurs : basilic et olives noires.

Pour 4 personnes :

- 3 beaux poivrons grillés : 1 rouge, 1 vert et 1 jaune *(voir p. 67)*,
- 1/2 dl d'huile d'olive,
- 4 gousses d'ail,
- 12 olives noires à l'huile dénoyautées,
- 12 feuilles de basilic ciselées.

Réfrigération : 6 h.

Peler les poivrons, les épépiner et les découper en fines lanières. Les disposer sur un plat de service, les parsemer d'ail émincé et les napper d'huile.

Parsemer de basilic. Filmer et laisser reposer 6 à 8 heures au réfrigérateur. Au moment de servir, décorer avec les olives.

FONDUE CATALANE

Pour l'été, une entrée amusante en attendant une bonne grillade.

Pour 4 personnes :

- 1 poivron rouge et 1 poivron vert grillés *(voir p. 67)*,
- 1/2 bulbe de fenouil,

– 1 cœur blanc de céleri,
– 1 douzaine de toutes petites pommes de terre nouvelles entières et de même taille,
– 2 tomates très craquantes,
– 1 sauce crémeuse :
  • 200 g d'anchois dessalés *(voir p. 72)*,
  • 6 gousses d'ail rose,
  • 1,5 dl d'huile d'olive,
  • 100 g de beurre,
  • 1 pincée de poivre noir,
  • 2 à 3 cuillerées à café de vinaigre de vin de Banyuls.

Gratter et cuire les pommes de terre à la vapeur. Peler, épépiner et tailler les poivrons en lanières. Éplucher les premières côtes du fenouil. Tailler les tomates en quartiers et les deux sortes de céleris en petits bâtonnets.

Mixer tous les éléments de la sauce, jusqu'à obtention d'une crème.

Mettre la sauce dans un récipient, au centre d'un grand plat, et disposer les six légumes séparément tout autour.

Servir très frais et procéder comme pour une fondue.

Nota : Prévoir un accompagnement de canapés au jambon et au céleri *(voir p. 306)* ou de paninis au fromage *(voir p. 305)*.

Terrine de cresson de Millas

Recette créée aux Ateliers de cuisine catalane traditionnelle, à Ille-sur-Têt (Pyrénées-Orientales), pour mettre en valeur le cresson en culture « bio » de madame Pascal, de Millas (village proche de Perpignan).

Pour 6 personnes :

– 1 kg de cresson de Millas, soigneusement équeuté, lavé et essoré,
– 12 petits cœurs d'artichauts du Roussillon préparés *(voir p. 69)*,
– 1 petit chou-fleur de la Salanque,
– 4 belles tranches de jambon serrano découennées et mixées en purée,
– 1/2 dl d'huile d'olive,
– 60 g de pignons,
– 30 g de raisins secs sans pépins, ébouillantés,
– 100 g de fromage de brebis sec émincé,
– 3 œufs crus,
– 3 œufs durs,
– 6 gousses d'ail pilées,
– 1 touffe de persil haché,

- 50 g de ventrèche découennée et taillée en carrés,
- 1 sauce béchamel épaisse :
  - 1/4 l de lait,
  - 30 g de beurre,
  - 30 g de farine,
  - sel, poivre, muscade,
  - 1 noix de beurre.

Cuisson : 45 min au four et au bain-marie. *Réfrigération* : 12 h au moins.

Cuire séparément les fonds d'artichauts et le chou-fleur en bouquets, 10 à 15 min à la vapeur.

Dans une sauteuse, faire suer le cresson avec l'huile d'olive 8 à 10 min.

Pendant ce temps, faire la sauce béchamel. Hors du feu, y mêler 2 œufs entiers et assaisonner.

Égoutter soigneusement les artichauts, le chou-fleur, le cresson. Hors du feu, mélanger au cresson : le jambon, les œufs durs hachés, les pignons, les raisins secs, le fromage. Vérifier l'assaisonnement.

Dans une petite poêle, faire griller la ventrèche : y verser les artichauts émincés, l'ail, le persil et l'œuf battu, faire des œufs brouillés. Retirer du feu.

Mélanger soigneusement le chou-fleur à la sauce béchamel. Vérifier l'assaisonnement.

Beurrer largement une terrine à froid : y tasser la moitié du cresson, la moitié du chou-fleur, les artichauts, le reste du chou-fleur et le reste du cresson. Fermer la terrine et la mettre à cuire au bain-marie dans le four à 170°.

Servir la terrine froide le lendemain.

Terrine aux trois légumes

À réaliser avec des légumes primeurs.

Pour 6 personnes :

- 300 g de haricots verts très fins,
- 300 g de carottes fanes,
- 300 g de petits pois écossés,
- 300 g de navets fanes,
- 300 g de jambon cuit découenné (jambon cuit à l'os),
- le jus d'un demi-citron,
- 3 jaunes d'œufs durs,
- 60 g de beurre + 20 g,
- sel, poivre blanc moulu,
- 3 cuillerées à café de persil haché,

Les maisons de Roussillon. 1991, huile sur toile, 65 x 54 cm. Coll. privée.

– 1 sauce :
- 1 cuillerée à soupe de moutarde douce,
- 1 cuillerée à soupe de vinaigre,
- 1/2 dl d'huile d'olive,
- 2 échalotes hachées finement.

Réfrigération : 10 à 12 heures.

Faire cuire tous les légumes à la vapeur. Découper les carottes et les navets en lanières, dans le sens de la longueur.

Passer le jambon au mixer afin d'obtenir une purée fine. Lui ajouter les jaunes d'œufs, le beurre ramolli, le jus de citron, le poivre moulu, le persil. Saler très légèrement à cause du jambon.

Beurrer largement un moule à cake et le remplir, en alternant de couches de farce au jambon et des différents légumes. Commencer et terminer la composition par une couche de farce au jambon. Bien lisser toute la surface.

Mettre cette terrine au réfrigérateur durant une nuit ou bien le matin de bonne heure pour le repas du soir.

Démouler la terrine sur un plat à cake après l'avoir plongée quelques secondes dans l'eau bouillante. Découper des tranches de 2 à 3 cm d'épaisseur. Mélanger dans un bol, moutarde, vinaigre, huile, échalotes et servir la terrine avec la sauce en saucière.

Salade d'hiver en Roussillon

Une recette que j'ai conçue pour mettre en évidence la pomme de terre béa du Roussillon. Récoltée dans la région d'Elne (Pyrénées-Orientales), cette variété a une très bonne tenue après cuisson, tout en restant savoureuse. Elle bénéficiera bientôt d'une appellation d'origine contrôlée (AOC).

Pour 4 personnes :

– 4 pommes de terre béa,
– 2 petites endives tendres partagées en deux longitudinalement,
– 2 pommes granny-smith émincées finement,
– 1 betterave des jardins du Roussillon cuite, épluchée et taillée en dés,
– 1 douzaine de cerneaux de noix,
– 1 douzaine de gros grains de raisin noir,
– la quatrième sauce d'Éliane *(voir p. 61)*.

Cuire les pommes de terre à la vapeur dans leur peau. Les garder au tiède.

Dans un plat de service ovale, disposer endives, pommes, betteraves à votre goût. Laisser une place pour les pommes de terre.

Faire la sauce et y mélanger noix et raisins.

Peler et partager les pommes de terre longitudinalement et les ranger toutes tièdes au dernier moment. Garnir avec la sauce et servir aussitôt.

Nota : J'aime bien les plats complets, cela évite du travail à la maîtresse de maison. Cette salade et une belle entrecôte grillée devraient faire votre bonheur culinaire.

Pommes de terre et radis roses

Une autre façon de célébrer les productions d'Elne, gros village du département des Pyrénées-Orientales, évêché du Moyen Âge, célèbre pour son cloître, mais important aussi pour ses riches jardins maraîchers.

Pour 4 personnes :

– 600 g de pommes de terre béa,
– 4 belles échalotes finement hachées,

- 1 cuillerée à soupe de persil plat haché,
- 1 cuillerée à café de sel fin + 1 pincée,
- 1/2 cuillerée à café de poivre blanc,
- 1 dl d'huile d'olive,
- 1 dl de vin blanc sec,
- 1 botte de radis roses longs,
- 1 jaune d'œuf dur,
- 1/2 jus de citron.

Cuisson : en autocuiseur, 10 min.

Cuire, en autocuiseur, les pommes de terre dans leur peau, recouvertes d'eau légèrement salée.

Mettre dans une casserole : persil, échalotes, sel, poivre, la moitié de l'huile et le vin blanc. Porter à ébullition 5 à 6 min.

Peler les pommes de terre, les couper en rondelles épaisses et les disposer en dôme dans un saladier, les arroser avec la sauce brûlante.

Battre une sauce faite avec le jaune d'œuf écrasé, l'huile restante, le jus de citron et 1 pincée de sel.

Éplucher les radis et réserver quelques belles feuilles. Couper les radis en rondelles fines, les assaisonner avec la sauce au citron.

Entourer le dôme de pommes de terre de la salade de radis. Décorer avec les feuilles réservées. Laisser macérer 1 h avant de servir, au frais, mais pas au réfrigérateur, les pommes de terre durciraient.

LA BÉA SANDWICH

Pour changer du pain comme support du sandwich.

Pour 1 personne :

- 1 belle pomme de terre béa, longue et régulière, cuite à la vapeur dans sa peau,
- 2 filets d'anchois au sel, bien préparés à l'huile d'olive *(voir p. 72)*,
- 1 jaune d'œuf dur,
- 1 cuillerée à café d'ailloli aux œufs *(voir p. 54)*,
- 2 brins de persil hachés.

Partager la pomme de terre encore tiède en deux, longitudinalement, avec soin. Creuser les deux moitiés à l'aide d'une cuiller à café, en laissant une paroi d'1,5 cm environ.

Dans un petit mixeur, mettre cette pulpe ainsi que tous les ingrédients énumérés. Obtenir une purée fine et la goûter pour vérifier l'assaisonnement. Remplir les deux barquettes de pomme de terre avec cette purée. Reformer la pomme de terre et la serrer dans un film alimentaire. Mettre au frais. À consommer comme un sandwich.

Nota : Je pense qu'on pourrait essayer avec de la tapenade, avec de la *sobrassada* fraîche de Majorque… À vous maintenant de faire d'autres découvertes.

SALADE DE BÉAS AUX MOULES

Pour réunir la terre et la mer.

Pour 4 personnes :

- 4 belles pommes de terre béa, coupées et cuites à la vapeur,
- 1 kg de grosses moules d'Espagne ou de grosses palourdes,
- sel, poivre,
- huile d'olive,
- vinaigre de vin,
- 1 mélange de fines herbes, hachées menu (ciboulette, estragon, marjolaine, fenouil),
- 250 g de champignons de couche très frais,
- 1 verre de muscat sec,
- 1 jus de citron.

Cuisson : pommes de terre, 20 min. *Macération* : 1 h. *Réfrigération* : 2 h.

Cuire les pommes de terre en tranches épaisses. Mettre les moules à ouvrir à la vapeur et les décoquiller entièrement.

Dans un saladier, mettre les champignons de couche émincés et arrosés d'une cuillerée et demie d'huile et du jus de citron. Saler, poivrer et mettre au frais.

Dans un plat creux, mettre les moules, saler, poivrer et arroser avec le muscat. Laisser macérer 1 h. Les égoutter.

Dans un grand plat ovale, mélanger délicatement les pommes de terre et les moules. Les assaisonner d'une vinaigrette aux fines herbes. Recouvrir complètement la salade avec les champignons et laisser le tout en réfrigération au moins 2 h avant de servir.

Nota : Servir en même temps du *pa amb tomàquet* *(voir p. 298)* ou des tartines de tapenade *(voir p. 303)*.

CÈPES À LA TOME DE SAINT-MICHEL-DE-CUXA

En septembre, de Vernet-les-Bains, nous allons à pied à Marialles, étape sur le sentier du Canigou et là, chacun grimpe ou descend dans la forêt, en explorateur, à la recherche des champignons. Tout le monde connaît la célèbre abbaye de Saint-Michel, où, dans les dépendances, un élevage de brebis nous assure d'une tome incomparable…

Pour 4 personnes :

- 400 g environ de tout petits cèpes très jeunes (bouchons-de-champagne),
- 1 cœur de laitue ou de sucrine, taillé en julienne,
- 1 dl d'huile d'olive,
- 1 jus de citron,
- 12 olives noires à l'huile, dénoyautées et hachées,
- 100 g de tome de brebis,
- sel, poivre noir.

Réfrigération : 30 min.

Nettoyer les cèpes et les émincer finement. Les étaler sur un lit de julienne de laitue. Arroser avec la moitié du jus de citron.

Battre ensemble l'huile, le reste du jus de citron, les olives noires, assaisonner et arroser la salade. Décorer avec la tome émincée en copeaux.

Laisser 30 minutes au réfrigérateur avant de servir.

Salade de truffes du Fenouillèdes

Dans le petit département des Pyrénées-Orientales a eu lieu, pour la première fois dans le Fenouillèdes, un marché aux truffes. Belles truffes noires particulièrement odorantes et moelleuses. La gourmandise aidant, j'ai voulu régaler mes amis d'une salade de saison, un peu coûteuse certes, mais une fois l'an…

Pour 4 à 6 personnes :

- 500 g de haricots verts très fins cuits à la vapeur,
- 300 g de truffes épluchées cuites au muscat sec de Rivesaltes,
- 300 g de pointes d'asperges vertes de la Salanque cuites à la vapeur,
- 1 douzaine de noix nouvelles grossièrement hachées,
- 4 fonds de petits artichauts violets crus,
- la quatrième sauce d'Éliane *(voir p. 61)*,
- 1 citron.

Mettre un saladier en cristal au réfrigérateur.

Rincer les haricots verts à l'eau froide. Refroidir les truffes et les émincer. Rincer délicatement les pointes d'asperges à l'eau froide.

Préparer les fonds d'artichaut *(voir p. 69)*, les émincés et les citronner.
Mettre tous les éléments dans le saladier. Saupoudrer avec les noix hachées. Verser la sauce dessus et remuer délicatement.
Servir sur glace pilée avec des canapés au jambon et au céleri *(voir p. 306)*.

Le rouge et le noir en Roussillon

J'avais invité des amis peintres, j'ai donc réalisé une harmonie de couleurs avec les ingrédients les plus évidents.

Pour 4 personnes :

- 2 belles truffes noires du Fenouillèdes, toutes fraîches,
- 2 belles tomates mûres, pelées et épépinées,
- 1 petit chou-fleur primeur bien ferme et très blanc,
- la quatrième sauce d'Éliane *(voir p. 69)*,
- 1/4 l de vin de Maury.

Cuisson : 18 à 20 min environ. *Réfrigération* : 1 h.

Cuire les truffes au vin de Maury jusqu'à évaporation complète, les faire refroidir, les peler (réserver les pelures pour un pâté) et les tailler en petits cubes.
Tailler les tomates en petits cubes.Cuire le chou-fleur à la vapeur, le refroidir.
Prendre un joli plat carré. Faire un cordon avec de petits bouquets de chou-fleur et au centre faire 2 pavés égaux : 1 noir et 1 rouge. Mettre au frais durant 1 h.
Servir avec la sauce en saucière.
Nota : À préparer en février/mars en Roussillon. On peut aussi le faire avec de très bonnes olives noires à l'huile… évidemment, ce n'est plus tout à fait pareil. Vous pouvez aussi remplacer les tomates par une jolie betterave cuite.

La salade de truffes et d'ananas

La salade de truffes fraîches était encore une entrée très banale dans la première moitié de ce siècle en Vallespir (département des Pyrénées-Orientales). Comme j'avais peu de truffes, j'ai essayé ce mélange et mes invités ont apprécié. Et je crois que, de votre côté, vous étonnerez vos convives.

Pour 4 personnes :

- 1 ananas moyen non parvenu à maturité, pelé et découpé en gros cubes (le choisir avec une belle couronne de feuilles qu'il faudra conserver),

– 300 g de truffes noires fraîches brossées, épluchées et taillées en lamelle très fines,
– 2 cœurs de laitue partagés en quatre,
– 1 dl de vin blanc moelleux,
– 1 mayonnaise *(voir p. 50)*.

Réfrigération : 1 h environ.

Dans un saladier, mêler truffes et ananas. Arroser de vin blanc et mettre au réfrigérateur une bonne heure.

Prendre un joli plat rond et un peu creux. Garnir le centre avec la couronne de l'ananas bien lavée. Enduire les feuilles d'eau sucrée afin qu'elles brillent.

Disposer tout autour les quarts de cœurs de laitue perpendiculairement au feuillage. Couler sur chacun un trait de mayonnaise.

Égoutter le mélange de truffes et d'ananas. L'assaisonner délicatement avec la mayonnaise et remplir copieusement les intervalles. Servir très frais.

Nota : Le jus recueilli après égouttage du mélange vous permet de faire un délicieux sorbet que je vous conseille de servir après le rôti... ou en même temps.

Plus classique, en février-mars, on utilise les petits cœurs d'artichauts violets crus. En ce cas, il vaut mieux faire une mayonnaise citronnée.

SALADE DE RIZ À LA POMME

Pour 4 personnes :

– 250 g de riz (pesé cru), cuit au court-bouillon *(voir p. 70)*,
– 1 blanc de scarole,
– 16 olives noires à l'huile dénoyautées,
– 12 cerneaux de noix,
– 1 pomme granny-smith taillée en dés,
– 1 sauce mayonnaise *(voir p. 50)* + 1 pincée de piment de Cayenne,
– 1 pincée de piment de Cayenne,
– 1 douzaine de petites crevettes roses décortiquées.

Réfrigération : 30 min.

Laisser refroidir le riz à couvert. Tailler le blanc de scarole en julienne.

Procéder au mélange riz froid, pommes, olives, noix et sauce, délicatement, à la fourchette. Disposer le mélange sur la scarole ciselée, décorer avec les crevettes.

Laisser au frais 30 min avant de servir.

Salade de riz aux artichauts de Saint-Laurent-de-la-Salanque

Quand la Salanque produit ses petits artichauts violets que l'on achète par bouquets très décoratifs, on a envie d'en manger tous les jours, crus, cuits, rissolés, en beignets, en blanquette, farcis, en croustade, toujours mariés à l'huile d'olive : c'est une vraie gourmandise. Et pour voir les plus beaux artichauts de la terre, il faut aller à la fête de l'Artichaut, au mois de mai, dans un des petits villages ensoleillés et accueillants de cette partie de la plaine du Roussillon.

Pour 4 personnes :

- un riz au court-bouillon *(voir p. 70)*,
- 1 beau poivron rouge bien charnu, grillé *(voir p. 67)*, pelé, épépiné,
- 8 petits artichauts violets bien préparés *(voir p. 69)*,
- la troisième sauce d'Éliane *(voir p. 61)*,
- 1 sauce vinaigrette *(voir p. 50)*.

Réfrigération : 1 h.

Cuire les fonds d'artichauts 5 min à la vapeur ; les essorer.

Tailler le poivron en fines lanières.

Choisir un joli saladier : mettre au centre le poivron, l'entourer de riz et arroser le tout de sauce vinaigrette.

Partager les fonds d'artichauts en deux et les mettre en cordon autour du riz. Les napper de l'autre sauce.

Mettre au réfrigérateur 1 heure avant de servir.

Pain de seigle aux asperges vertes du Roussillon

Une création pour la promotion des asperges vertes de la plaine de la Salanque, les premières asperges de l'année.

Pour 3 petits pains, soit pour 6 personnes :

- 3 petits pains de seigle aux noix, ronds individuels, partagés transversalement,
- 1 sauce aux noix :
  - 1 œuf,
  - 1 dl d'huile de noix,
  - sel, poivre blanc,
  - 6 cerneaux de noix, hachés,

  • 1 cuillerée à café de vinaigre à l'estragon,
- 48 à 60 asperges vertes,
- 3 jaunes d'œufs durs passés à la moulinette,
- 36 petites gambas de même taille, grillées et décortiquées,
- 18 tranches d'oranges sanguines taillées à vif, partagées en deux et épépinées.

Cuisson : 3 min.

Cuire à la vapeur les asperges taillées à 3,5 cm de longueur.

Évider les 6 moitiés de pain. Mettre une bonne cuillerée à soupe de mayonnaise dans chacun et une cuillerée d'œufs durs.

Répartir les asperges sur tout le pourtour des pains, en les piquant dans la sauce.

Faire une rosace centrale dans le pain en alternant gambas et tranches d'oranges.

Mettre au frais 30 min avant de servir.

Salade de juillet en Roussillon

En juillet, à Toulouges, près de Perpignan, on récolte un oignon doux, d'un somptueux violet épiscopal, majestueux dans sa forme ronde légèrement aplatie. Il est doux, craquant, et nous en mettons dans toutes les salades, de juillet à octobre. On le suspend dans un endroit frais en superbes tresses amoureusement confectionnées par les agricultrices du cru. Il faut aller à la fête de l'Oignon (*ceba*, en catalan) à Toulouges, fin juillet : cela vaut le détour !

Pour 4 personnes :

- le cœur blanc d'une laitue, lavé et effeuillé,
- 2 oranges pelées à vif et taillées en rondelles,
- 1 vingtaine d'olives noires à l'huile dénoyautées,
- 1 bel oignon doux de Toulouges émincé,
- 1 cœur blanc de céleri émincé,
- 1 grosse tomate mûre mais craquante, pelée, épépinée et taillée en dés,
- 1 sauce :
  • 1 dl d'huile d'olive,
  • 1 jus de citron,
  • 1/2 cuillerée à café de sel fin,
  • poivre blanc,
  • 1 poignée de cerfeuil ciselé.

Préparer la sauce. Assaisonner séparément chaque ingrédient.

Prendre un beau plat en terre vernissée et y disposer joliment les ingrédients assaisonnés.

Salade aux fruits et crevettes

Ce jour-là, des amis sont arrivés à l'improviste et j'ai collecté mes ressources. Manquant de légumes, j'ai opté pour des fruits, et les crevettes, prévues avec un petit riz pour moi seule, ne pouvaient servir que de garniture.

Pour 4 personnes :

- 3 bananes très fermes,
- 2 pommes granny-smith,
- 300 g de grosses crevettes roses,
- 1 cuillerée d'huile d'olive,
- 200 g d'olives noires à l'huile dénoyautées,
- le blanc d'une belle chicorée,
- le jus d'un citron,
- une sauce :
  - 4 gousses d'ail grillées à la poële, pelées et pilées,
  - quelques grains de cumin écrasés,
  - 1 pointe de piment de Cayenne,
  - 1 tomate très mûre pelée, épépinée et taillée en dés,
  - 5 cuillerées à soupe d'une excellente huile d'olive vierge,
  - 2 cuillerées à soupe de vinaigre de Banyuls,
  - 1/2 cuillerée à café de sel.

Réfrigération : 30 min.

Éplucher et couper les bananes en rondelles assez épaisses et les arroser de jus de citron. Peler et couper les pommes en petits dés, et faire de même.

Partager les olives en quatre. Laver la salade et la ciseler.

Faire revenir les crevettes à l'huile d'olive dans une poêle très chaude. Les décortiquer.

Préparer la sauce en mélangeant tous les éléments, au mixeur de préférence.

Étaler la chicorée dans un plat un peu creux, puis les bananes et les pommes égouttées, les crevettes, les olives et arroser copieusement de sauce. Mettre au frais 1/2 heure et servir très frais.

Nota : On peut présenter une corbeille de petits pains au jambon serrano *(voir p. 305)* ou de *rajoles (voir p. 307)* ainsi on aura un plat assez complet que l'on peut faire suivre d'une coupe de *mel i mató* (caillé frais additionné de miel).

Salade de choux et de pommes

La pomme, fruit acidulé, se marie parfaitement avec tout type d'ingrédients : salades diverses, poissons, viandes blanches, crustacés… Le mélan-

Fruits d'octobre. 1993, huile sur toile, 65 x 54 cm. Coll. privée.

ge est craquant, rafraîchissant… prêt à chatouiller nos papilles. J'avais créé quelques compositions lors de la première fête de la pomme, à Sahorre dans les Pyrénées-Orientales, afin de démontrer que ce fruit pouvait s'intégrer à toutes les étapes d'un repas.

Pour 4 personnes :

- 2 pommes granny-smith taillées en dés,
- un bol de chou rouge taillé en fine julienne,
- un bol de cœur (blanc) de chou vert taillé en fine julienne,
- 12 grains de raisin noir, bien essuyés,
- 1 belle tranche de jambon serrano, découenné et taillé en fines lanières,
- 1 sauce au basilic :
  - 1 poignée de petites feuilles de basilic fraîches,
  - 3 gousses d'ail pilées,
  - 50 g de tome de brebis taillée en lamelles très fines,
  - 1 dl d'huile d'olive première pression à froid.
  - 2 cuillerées à soupe de vinaigre de vin,
  - sel, poivre blanc au moulin.

Réfrigération : 1 h.

Faire la sauce : mixer finement l'ail et le basilic, y mélanger le fromage. Assaisonner, ajouter le vinaigre et incorporer lentement l'huile.

Mettre tous les ingrédients dans un grand saladier, mélangés ou classés par couleur et le placer au réfrigérateur durant 1 h au moins.

Au moment de servir, verser la sauce sur la salade ou la servir en saucière.

Salade à l'orange

Orange, noir, blanc et vert, l'œil est attiré, le goût vient ensuite. Cette salade colorée a été réalisée par les « grands » élèves (5-6 ans) de l'école maternelle Reig, d'Elne dans les Pyrénées-Orientales, à l'occasion d'une séance sur le goût de l'orange. La dégustation de ce mélange salé/sucré a connu un beau succès.

Pour 6 personnes :

- les cœurs de 2 laitues,
- 1 cœur blanc de céleri,
- 4 œufs durs,
- 2 belles oranges très fermes (sanguines de préférence),
- 100 g d'olives noires à l'huile bien onctueuses, dénoyautées,
- la première sauce d'Éliane *(voir p. 60)*.

Réfrigération : 15 min au minimum.

Ciseler la salade et le cœur de céleri, après les avoir soigneusement lavés et essorés. Peler les oranges à vif, les tailler en cubes et ôter les pépins.

Dans un grand plat creux, disposer à votre goût : la salade, les œufs durs coupés en rondelles, les olives et les cubes d'orange. Arroser avec la sauce.

Mettre le plat au frais 1/4 d'heure au moins avant de le servir, afin que toute la salade soit bien parfumée.

Petites coupes de pommes

Je vous propose une petite entrée pas chère, craquante et gourmande. J'ai choisi sciemment des petites goldens, de préférence aux granny-smith, trop grosses et qu'il faudrait préparer par moitiés.

Pour 4 personnes :

- 4 jolies petites goldens du Conflent,

– 1 citron,
– 200 g de crevettes décortiquées et sautées à l'huile d'olive,
– 2 cuillerées à soupe de riz au court-bouillon *(voir p. 70)*,
– 1 sauce mayonnaise *(voir p. 50)* + de la ciboulette hachée.

Réfrigération : 1 h.

Peler les goldens. Enlever le cœur. Creuser les pommes en gardant une épaisseur de 2 cm environ et réserver la chair. Bien citronner les coupes ainsi formées, intérieur et extérieur.

Tailler la chair des pommes en menus morceaux, ainsi que les crevettes, en réserver quelques-unes.

Dans un grand saladier, faire le mélange : riz, pomme, crevettes, mayonnaise. Vérifier l'assaisonnement.

Remplir les coupes de pomme du mélange. Garnir chacune avec une ou deux crevettes et mettre au réfrigérateur, 1 h environ.

Les pamplemousses du jardin

C'était un petit pamplemoussier offert par une amie d'Ille-sur-Têt. Je l'ai planté près des orangers et du citronnier. En cinq ans, il est devenu immense malgré des tailles sévères et donne des fruits toute l'année. Tous les essais gustatifs ont été faits : nature, au sucre, en confiture et en préparations salées. Mes amis affichent une préférence pour cette salade apéritive.

Pour 4 personnes :

– 1 sauce mayonnaise au citron *(voir p. 50)* assez relevée,
– 2 cœurs blancs de laitue effeuillés,
– 2 pommes granny-smith taillées en dés,
– 3 beaux pamplemousses pelés, chaque quartier pelé et épépiné,
– 24 grosses crevettes enduites d'huile d'olive,
– 1/2 l de muscat sec de Rivesaltes,
– 3 cuillerées à soupe d'huile d'olive,
– des branches fraîches de romarin.

Macération : 4 à 5 h. *Réfrigération* : 4 à 5 h.

Griller les crevettes recouvertes de romarin, à la *planxa* (pierre spéciale ou tôle épaisse chauffée sur des braises incandescentes, pratique pour les denrées fragiles), 4 min de chaque côté. Les décortiquer et les disposer dans un grand plat creux ; les arroser avec le vin et l'huile émulsionnés ensemble. Les laisser macérer 5 h au frais.

Égoutter les crevettes, en réserver 8. Les verser dans un saladier, y ajouter les pommes, les pamplemousses et la mayonnaise. Bien mélanger et mettre au réfrigérateur 5 h environ.

Au moment de servir, choisir un beau plat ovale en céramique catalane. Faire un lit de feuilles de laitue, y verser la salade, décorer avec les crevettes et servir aussitôt avec le même muscat sec, bien frais.

Le rouge et le vert

Avec notre association Arts et gastronomie en Catalogne, nous faisons de temps en temps des repas insolites avec un thème précis. En l'occurrence, je devais jouer avec des couleurs automnales. J'avais donc posé une coupelle contenant cette salade à la gauche d'une belle assiette en grosse céramique vert foncé, garnie d'un civet de chevreuil brun sombre accompagné d'un magnifique coing rôti au four et à moitié caramélisé…

Pour 1 personne :

- 1/2 kiwi, épluché et émincé finement,
- 1/2 petite betterave de jardin cuite, épluchée et émincée finement,
- 1/4 de pomme granny-smith, épluchée et émincée finement,
- 1 sauce vinaigrette au citron *(voir p. 50)* + 1 cuillerée à café de moutarde.

Faire pour chaque convive une petite soucoupe ou mieux, un ravier ovale en étalant les 3 éléments de façon esthétique. Au dernier moment, les arroser de sauce.

Salade d'été

Plat unique à manger dans son jardin, à l'ombre et au frais, en bonne compagnie de préférence.

Pour 4 personnes :

- 2 pommes vertes granny-smith bien craquantes,
- 1 cœur de scarole ou de laitue,
- 2 belles oranges bien fermes,
- 1 bocal d'excellents pois chiches au naturel,
- 100 g environ d'un manchego (tome de vache de la Mancha) mi-sec, ou de tome de brebis de Saint-Michel-de-Cuxa,
- 2 douzaines de belles olives noires à l'huile,
- 1 boîte de thon blanc à l'huile d'olive (80 g),
- 8 filets d'anchois à l'huile *(voir p. 72)*, coupés en morceaux,

– 1 sauce vinaigrette :
- 1 dl d'huile d'olive vierge extra,
- 3 cuillerées à soupe de vinaigre de vin de Banyuls ou de Maury,
- 1 grosse touffe de basilic frais effeuillée,
- 1 œuf dur,
- 1 cuillerée à café rase de sel fin,
- 1 pincée de poivre blanc,
- 3 gousses d'ail,

– 8 tranches de *pa amb tomàquet* *(voir p. 298)* frottées à l'ail de préférence.

Réfrigération : 1 h minimum.

Peler et tailler les pommes en dés. Laver et tailler la salade en fine julienne. Peler les oranges à vif et les tailler en dés. Rincer les pois chiches à l'eau bouillante et bien les égoutter. Couper le fromage en petits dés, après avoir enlevé la croûte. Égoutter le thon et l'émietter. Garder les noyaux aux olives, elles donnent un meilleur goût. Disposer tous les ingrédients, par couches successives, dans un grand saladier. Mettre au frais, jusqu'au moment du repas.

Dans le bol mixeur, mettre tous les éléments de la sauce et mixer jusqu'à ce que le mélange soit homogène. Vérifier son assaisonnement et mettre cette sauce au frais.

Préparer le *pa amb tomàquet* (il n'est pas interdit d'y poser une fine tranche de jambon serrano) et le disposer dans un joli *cistell* (panier) tapissé de papier absorbant.

Au moment de servir, sortir la salade du réfrigérateur. Y verser la sauce et bien remuer le tout.

Nota : Pour la joie de tous, mettre un joli couvert d'été avec les nappes et les serviettes en « Toiles du soleil », un côtes-du-roussillon jeune au frais, des verres amusants, des assiettes en céramique catalane, un pichet d'eau fraîche pour ces dames, et un peu de musique traditionnelle… et à table. C'est facile et vite fait, c'est rafraîchissant et équilibré… en un mot, c'est bon !…

C'est suffisant pour le repas de midi, accompagné d'une grande corbeille de fruits du Roussillon, ou mieux d'une salade de fruits bien fraîche (abricots, fraises, melon, menthe fraîche…).

Terrine de soles aux haricots verts

J'aime les formules de plat complet en été, il ne reste plus qu'à trouver un dessert de complément.

Pour 4 personnes :

– 1 kg de haricots verts très fins cuits 20 min à la vapeur et bien égouttés,

– 600 g de filets de sole préparés par le poissonnier,

– 48 jolies crevettes roses,
– 1 sauce vinaigrette *(voir p. 50)*,
– 6 œufs,
– 1 cuillerée à soupe d'huile d'olive,
– 1 cuillerée à café de piment doux,
– sel, poivre blanc,
– 1 coulis de tomate *(voir p. 56)* additionné de basilic frais ciselé,
– 20 g de beurre environ pour beurrer les ramequins.

Cuisson : 5 min + 40 min au four.

Cuire les filets de soles 5 min à la vapeur et les émietter.

Poêler rapidement les crevettes avec l'huile d'olive et les décortiquer. En réserver 12 et couper les autres en tronçons.

Battre les œufs en omelette, y mélanger les soles, les crevettes, assaisonner de sel, de poivre et de piment doux.

Répartir cet appareil dans 4 ramequins largement beurrés et les mettre à cuire à four chaud (180° C) et au bain-marie.

Assaisonner les haricots verts avec la sauce vinaigrette alors qu'ils sont encore tièdes. Les répartir dans 4 assiettes creuses. Démouler les ramequins sur les haricots. Décorer avec les crevettes réservées et servir aussitôt.

Faire circuler une saucière de coulis de tomates au basilic très frais.

Nota : On peut aussi mettre 500 g de haricots verts et 500 g de haricots à égrener, à la saison.

Je conseille, pour la suite, une bonne crème catalane *cremada* (brûlée), la mienne, bien sûr (cf. *La Cuisine catalane*, éd. Lanore, 1995, vol. 1, p. 197), accompagnée de croquants aux amandes et de rousquilles fondantes.

Certains gros appétits feront peut-être grise mine : prévoir un saladier de ravioles au basilic, à peine pochées et arrosées d'un filet d'huile d'olive, servies tièdes.

Salade de thon frais

Juin, juillet, août : le poisson bleu abonde sur la côte Vermeille. Il est magnifique, et de plus, son prix est très intéressant. Anchois, sardines, maquereaux et thons se prêtent à de nombreuses préparations estivales. C'est le moment d'en faire une cure et de trouver divers accommodements.

Pour 4 personnes :

– 8 petites tomates rondes, mûres mais fermes,
– 1 tranche de thon frais de 3 cm d'épaisseur (400 g environ),

– 4 œufs durs,
– 1 vinaigrette *(voir p. 50)*,
– du basilic frais à grandes feuilles,
– 3 gousses d'ail pilées,
– 1 marinade *(voir p. 73)*.

Marinade : 3 à 4 h. *Grillade* : 12 à 15 min.

Enlever la peau qui entoure la tranche de thon. Mettre la tranche dans un plat creux à sa dimension. La saler, la poivrer, la tapisser de larges feuilles de basilic frais et recouvrir généreusement de marinade. Laisser au frais 4 h environ.

Enlever queue et fond des tomates avec la pointe du couteau et les émincer finement ainsi que les œufs durs. Mettre au frais.

Faire chauffer fortement le gril, l'huiler, y déposer le thon sans l'égoutter et le faire dorer de chaque côté. On peut l'humecter avec la marinade, de temps en temps.

Effeuiller le thon, y mélanger les tomates dans un joli plat rond.

Saler et poivrer légèrement. Entourer cette salade d'une couronne d'œufs. Arroser avec une sauce vinaigrette additionnée de basilic, de l'ail, et servir aussitôt.

THON FRAIS SUR COMPOTE DE LÉGUMES
Tonyina fresca amb samfaina

J'ai déjà fait un commentaire sur l'utilisation des poissons bleus ; j'ajouterai simplement que cette compote de légumes que nous retrouvons sur tout le littoral méditerranéen, convient parfaitement comme support de grillades et escabèches.

Pour 4 personnes :

– 1 *samfaina (voir p. 68)*,
– 12 filets d'anchois à l'huile *(voir p. 72)*,
– 1 belle tranche de thon rouge de 500 à 600 g,
– 1 joli bouquet de pourpier,
– 1 sauce vinaigrette *(voir p. 50)*,
– 60 g de beurre fin,
– 1 poignée de thym émietté,
– 1 gousse d'ail écrasée,
– 1 poignée de basilic ciselé.

Grillade : 3 à 5 min de chaque côté.

Badigeonner le thon d'huile d'olive, enlever la peau, et faire griller la tranche des deux côtés sur de bonnes braises, de sarments si possible. La saupoudrer de thym.

Étaler la *samfaina* froide sur un joli plat ovale. Y déposer la tranche de thon grillée à point. Disposer sur celle-ci des croisillons d'anchois à l'huile. Répartir le pourpier tout autour et arroser cette salade de sauce vinaigrette au basilic.

À consommer tiède ou froid.

Filets de merlans safranés

Ce jour-là, de petits merlans, tout frétillants encore, arrivaient à la criée de Port-Vendres, sur la côte catalane, et mes petits enfants adorent le poisson, mais… sans arêtes, d'autre part la cuisine haute en saveur n'est pas pour leur déplaire.

Pour 4 personnes :

- 4 jolis merlans dont on lève les filets (votre poissonnier le fera certainement),
- 1 pincée de pistils de safran,
- le jus d'1 beau citron,
- 1 cœur de salade romaine, bien craquant,
- 1 sauce vinaigrette *(voir p. 50)* au citron,
- persil plat.

Cuisson : 5 min.

Cuire les filets 5 min à la vapeur safranée et les laisser refroidir dans le récipient de cuisson.

Tapisser le plat de service avec la salade. Y disposer les filets de merlan et arroser le tout avec la sauce citronnée. Décorer le merlan avec quelques feuilles de persil plat.

Fettucines au saumon fumé

Je suis très gourmande de saumon fumé mais le servir sur toast beurré devient lassant. Avec cette formule, on peut réaliser un plat unique.

Pour 4 personnes :

- 200 g de saumon fumé taillé en lanières fines,
- 250 g de fettucines (petites pâtes torsadées),
- 1 sauce :
  - 1 dl de crème liquide,
  - 1,5 dl d'huile d'olive,
  - 2 cuillerées à soupe de jus de citron,
  - poivre blanc.

Pêcheurs à Pérols. 1994, huile sur toile, 61 x 50 cm. Coll. Région.

Cuisson : 10 min. *Réfrigération* : 30 min.

Cuire les pâtes à l'eau bouillante salée, 10 min environ.

Pendant ce temps préparer la sauce en passant au batteur : la crème, l'huile, le jus de citron, le poivre.

Égoutter les pâtes et les assaisonner toutes chaudes avec la sauce.

Mêler le saumon à la préparation et mettre au frais 30 min avant de servir.

Nota : Je suggère de servir de petites tartines de tapenade *(voir p. 303)* en même temps.

Salade de loup aux huîtres

Manger du poisson cru est très à la mode, personnellement, je suis assez réticente, mais lorsqu'il s'agit de petits loups de la Méditerranée de la criée de Port-Vendres et d'huîtres de Leucate, et que l'on habite à quelques kilomètres, on peut se le permettre.

Pour 4 personnes :

- 1 kg de loup environ,
- 1 douzaine et demie d'huîtres,
- le jus d'un citron,
- 1 dl d'huile d'olive,
- 2 cuillerées à soupe d'un très bon vinaigre de vin,
- sel, poivre,
- plantes aromatiques : ciboulette, menthe, basilic, estragon, aneth.

Réfrigération : 24 heures. *Macération* : 8 à 10 heures.

Une fois le loup vidé et débarrassé de sa peau et de ses arêtes, l'envelopper dans du papier aluminium et le placer au réfrigérateur à froid intense durant 24 heures, de façon à pouvoir le couper en tranches très fines.

Faire macérer ces tranches dans le jus de citron avec l'huile d'olive, le vinaigre, du sel et du poivre. Saupoudrer complètement d'herbes aromatiques. Mettre au frais 8 à 10 h.

Au moment de servir, retirer le loup de la marinade et le disposer dans un joli plat rond et creux. Ouvrir les huîtres, les retirer de leurs coquilles et les disposer sur les filets de loup. Arroser le tout de la marinade filtrée. La dégustation recommande de savourer conjointement l'huître et le loup.

SALADE DE CARÊME

La cuisine de carême peut être délicieuse, le tout est d'aimer le poisson…

Pour 4 personnes :

- 2 douzaines d'huîtres de Leucate (Aude),
- 4 œufs durs,
- 2 filets de sole,
- 1 sauce vinaigrette *(voir p. 50)* légèrement moutardée,
- 1 petit homard,
- 1 court-bouillon *(voir p. 74)*,
- 1 jolie tomate mûre, pelée, épépinée et émincée.

Cuissons : filets de sole, 10 min ; homard, 20 à 25 min ; huîtres, 3 min.

Pocher les filets de sole dans le court-bouillon. Les retirer et les laisser refroidir. Cuire le homard dans le même court-bouillon. Le décortiquer et le laisser refroidir.

Ouvrir les huîtres et les pocher dans leur eau, les laisser refroidir et les placer dans un saladier.

Y mélanger les œufs durs en rondelles et les filets de sole émincés en julienne. Lier le tout avec un tiers de sauce vinaigrette.

Tout autour de cette salade, émincer la chair du homard, intercaler de fines tranches de tomates et arroser ce cordon de garniture avec la sauce restante.
Servir cette salade sur glace pilée.

Salade de moules d'Espagne

Quand on vient manger chez moi, on s'attend à retrouver un plat très traditionnel ou un mélange nouveau. Il ne faut jamais décevoir les amis, quant au sortilège d'une bonne table, on ne le dira jamais assez.

Pour 4 personnes :

- 4 douzaines de grosses moules d'Espagne ou plus,
- 16 grosses crevettes roses ou plus,
- 6 jaunes d'œufs durs hachés,
- 1 sauce vinaigrette *(voir p. 50)*, aillée si possible.
- 1 sauce mayonnaise *(voir p. 50)* au citron,
- 24 griottes au vinaigre, bien égouttées,
- 1 bol de persil plat ciselé.

Laver, brosser et ouvrir de très grosses moules. Ne garder que le côté plein dans sa coquille. Pendant ce temps un convive prépare de belles braises de ceps de vigne.
Disposer les moules sur une *planxa* (pierre spéciale ou tôle épaisse) huilée et chauffée. Verser dans chacune un peu de sauce vinaigrette.
Laisser grésiller quelques minutes et retirer du feu. Verser les moules dans un grand plat creux en terre vernissée de La Bisbal d'Empordà.
Étaler les crevettes sur la même *planxa* après les avoir badigeonnées d'huile d'olive, et les griller de chaque côté.
Pendant ce temps, saupoudrer les moules de la moitié du mélange jaunes d'œuf durs/persil.
Retirer les crevettes et les décortiquer en essayant de garder la tête. Les ranger au-dessus des jaunes d'œufs, en réserver quelques-unes pour la décoration. Saupoudrer avec le reste du mélange œufs durs/persil.
Napper le tout avec la sauce mayonnaise. Remuer très délicatement avec des couverts en bois. Décorer avec un cordon de cerises et quelques crevettes.

Petits scipions pour l'apéritif

Il ne faut jamais aller au marché aux poissons avec une idée très arrêtée. Cette fois, c'était un samedi matin, au plan Cabanes à Montpellier, chez Adrienne, qui vendait la pêche du jour de son mari, pêcheur à Sète. Elle avait des scipions : il s'agit de tout petits poulpes de 2 à 4 cm, selon une appellation ayant cours de Collioure à Sète ; elle n'a sans doute pas de rapport avec l'illustre famille romaine, mais pourquoi pas avec le scipion, ou bâton de centurion, symbole d'autorité destiné à punir les soldats fautifs, fait d'un rameau de vigne autour duquel on enroulait les rameaux secondaires (et qui pourrait faire penser à l'animal avec ses tentacules…) ? Je me suis hasardée dans cette préparation, et, avec un vieux banyuls mi-sec, ce n'était pas mal, je crois…

Pour 4 personnes :

- 500 g de tout petits scipions de 3 à 4 cm,
- thym frais,
- feuilles fraîches de laurier,
- sel fin, poivre blanc,
- 1 dl d'huile d'olive première pression à froid,
- le jus d'1 citron.

Macération au frais : 3 jours, au minimum.

Ouvrir et nettoyer les scipions longuement sous un jet d'eau froide. Les essorer et les aplanir avec le plat d'un couperet. Les saler et les poivrer.

Dans une terrine, faire un lit de thym émietté et de feuilles de laurier déchirées, mettre une couche de scipions et continuer par couches jusqu'à épuisement.

Battre ensemble huile et citron et recouvrir les scipions. Laisser macérer 3 à 4 jours au réfrigérateur. Les servir égouttés dans de petites coupelles individuelles, piqués avec un cure-dent.

Gambas au poivron

Tout le monde aime les gambas « à la *planxa* » en pays catalan. Ce mode de présentation changera un peu les habitudes.

Pour 4 personnes :

- 2 poivrons verts, bien craquants, taillés en julienne,
- 16 gambas de taille moyenne, grillées et décortiquées,
- 1 sauce :
  - 1/2 dl d'huile d'olive,
  - 1 jus de citron,
  - sel fin,
  - 1 pointe de piment de Cayenne.

Réfrigération : 1 h.

Répartir le poivron dans des coupes individuelles. Poser au-dessus 4 gambas.

Battre la sauce et arroser chaque coupe. Les mettre au frais 1 h avant de servir.

Nota : Les servir avec des galettes de pita *(voir p. 298)*.

Gambas à la crème d'avocat

Avocats, ananas, kiwis, noix de coco, autant de fruits exotiques bien adoptés par les Méridionaux durant le XXe siècle. Leur saveur, parfois sucrée, se marie bien avec des éléments salés de début de repas.

Pour 4 personnes :

- 4 avocats à point, pelés et dénoyautés,
- 1/2 dl d'huile d'olive vierge,
- 1 citron,
- 2 cuillerées à soupe de ciboulette ciselée,
- 1 cuillerée à soupe d'anis vert,
- 1 cuillerée à soupe de liqueur d'anis,
- sel, poivre blanc,
- 12 belles gambas ou 24 petites, pêchées de la veille ou du matin.

Mixer la chair des avocats avec le jus de citron, l'huile d'olive, le sel et le poivre. On obtient une crème onctueuse que l'on répartit dans quatre coupes en verre. Les ranger au frais, après les avoir saupoudrées de ciboulette.

Après les avoir badigeonnées d'huile d'olive et enrobées de grains d'anis, griller les gambas à la *planxa* (pierre spéciale ou tôle épaisse chauffée sur des braises incandescentes). Les décortiquer et les flamber à l'anis. Les laisser refroidir dans leur jus. En réserver quatre et tronçonner les autres.

Mélanger les tronçons de gambas à la crème d'avocats, ainsi que leur jus. Vérifier l'assaisonnement.

Orner chaque coupe d'une gamba, 1/2 rondelle de citron et servir aussitôt.

Coquilles Saint-Jacques
aux oranges et aux pamplemousses

Comme je l'ai déjà dit, j'ai beaucoup de pamplemousses dans mon jardin et je trouve que leur chair se marie bien avec celle des crustacés et des coquillages.

Pour 4 personnes :

- 6 belles noix de coquille Saint-Jacques finement escalopées,
- 1 marinade *(voir p. 73)*,
- 2 oranges,
- 2 pamplemousses,
- 1 salade rouge de Trévise,
- 1 sauce vinaigrette *(voir p. 50)*.

Marinade : 8 à 10 h.

Faire mariner les coquilles Saint-Jacques.

Éplucher à vif oranges et pamplemousses, les tailler en rondelles, ou mieux, séparer les grils et enlever membranes fines et pépins.

Ciseler la trévise, la disposer dans un joli plat ovale et creux. L'assaisonner de vinaigrette. Y déposer les coquilles Saint-Jacques bien essorées, en intercalant tranches d'oranges et de pamplemousses. Arroser de vinaigrette et servir très frais.

La salade de Lucrèce Borgia

Évidemment, cette salade est pure imagination de ma part. J'ai toujours été fascinée par la famille des « Borges » (en catalan) : découverte de l'ignoble, de l'indécence, de la beauté, de la volupté et de l'intelligence politique de cette famille originaire d'un village proche de València. Aux couleurs violentes des ingrédients utilisés, j'ai allié la douceur et la saveur de leur accompagnement…

Pour 4 personnes :

- 1 riz noir *(voir p. 71)*,
- 1 douzaine de dattes fraîches dénoyautées,
- 1 douzaine de tout petits scipions préparés selon la recette « petits scipions pour l'apéritif » *(voir p. 273)*,
- 1 douzaine d'oursins partagés en deux,
- 1 poignée de noisettes grillées, grossièrement hachées,
- 3 oranges sanguines taillées en cubes à vif,
- des feuilles de laitue feuille-de-chêne bien craquantes,
- des olives noires farcies aux piments forts,
- 1 belle tranche de *sobrassada* (ou soubressade) bien piquante,
- 60 g de beurre fin,
- 1 sauce romesco *(voir p. 58)*.

Mettre le riz noir à refroidir.

Mouettes à Pérols. 1995, huile sur toile, 81 x 65 cm.

Faire un beurre d'oursins avec la chair des oursins et le beurre, et en remplir les demi-oursins. Travailler la *sobrassada* à la fourchette et en farcir les dattes.

Mélanger les noisettes au riz.

Choisir un beau plat de service en céramique de Manises assez grand. Y étaler les feuilles de salade. Disposer le riz en dôme au centre. L'entourer des dattes, puis des scipions, puis des olives noires. Terminer par les oursins et les cubes d'orange. Servir avec la romesco en saucière.

Nota : La *sobrassada* est une spécialité charcutière de l'île de Majorque, à base de filet de porc finement pilé avec des poivrons rouges (ou piment rouge doux) et des épices. Fraîche, c'est une pâte très moelleuse. Elle peut être douce ou piquante.

SALADE AU HOMARD

Mets festif, d'un prix de revient un peu élevé, mais plat complet en été J'aime ces grands mélanges, de couleurs, de saveurs, de consistances. Lorsque je dispose d'assez de temps, je réalise ce type de palette gustative.

Pour 12 personnes :

- 1 homard de 1 kg ou 2 homards,
- 500 g de crevettes grises,
- 24 écrevisses,
- 300 g de filets de poularde rôtie escalopés,
- 250 g de jambon d'York taillé en lanières,
- 2 truffes fraîches de taille moyenne épluchées et émincées,
- 4 cœurs de laitue coupés en quatre,
- 2 douzaines de pointes d'asperges vertes cuites à la vapeur,
- 30 g de câpres,
- 1 douzaine de feuilles de menthe fraîche ciselées,
- 1 pomme granny-smith coupée en dés,
- 1 bol de croûtons frits à l'huile d'olive,
- 1 dl de banyuls mi-sec,
- 1/2 l de lait entier,
- 1 sauce vinaigrette :
  - 4 cuillerées à soupe d'huile d'olive,
  - 1 cuillerée à soupe de vinaigre de vin de Banyuls,
  - 1 cuillerée à café de sel fin et quelques tours de moulin à poivre blanc,
- 1 sauce mayonnaise :
  - 2 jaunes d'œufs,
  - 4 cuillerées à café de moutarde,
  - 3 cuillerées à café de citron,
  - 1 cuillerée à café de sel fin et 10 à 12 tours de moulin à poivre blanc,
  - 2,5 dl d'huile de tournesol,
- 1 court-bouillon *(voir p. 74)*.

Cuissons : homard, 25 min ; écrevisses, 10 mn ; crevettes, 3 min.
Réfrigération : 1 h.

Faire cuire le homard dans le court-bouillon 25 min et le laisser refroidir dedans. Le décortiquer et l'escaloper.

Mettre à dégorger les écrevisses pendant une heure dans du lait, leur arracher le boyau et les faire cuire dans un court-bouillon pendant 10 min. Les décortiquer.

Si vous avez des crevettes vivantes, les faire cuire après les écrevisses dans le même court-bouillon, pendant 3 min. Les égoutter, les laisser un peu refroidir. Les décortiquer.

Dans un plat ovale, disposer le homard au centre en dôme et l'entourer d'un cordon de truffe.

Faire ensuite un cordon de poularde et jambon parsemé de câpres et de cornichons.

L'entourer de crevettes et d'écrevisses en intercalant les pointes d'asperges. Arroser tous ces éléments de sauce vinaigrette. Mettre au frais 1 heure environ.

Au moment de servir, disposer les cœurs de laitue, intercaler pomme et croûtons frits. Décorer à la poche à douille avec la sauce mayonnaise, mais en réserver pour la servir en saucière.

UN HOMARD POUR QUATRE

Je m'étais offert un petit homard, pensant être seule en ce jour de fête des grands-mères. Mais voilà trois amis qui viennent me saluer au passage, en partance pour la Catalogne côté mer... J'avais un joli foie gras de canard sous vide au congélateur, mais le temps était trop court pour se mettre en cuisine. J'envoie donc mes amis chercher des tortellinis tout frais chez un excellent artisan de la *pasta*, et j'improvise une préparation rapide.

Pour 4 personnes :

- 1 homard cuit au court-bouillon *(voir p. 74)*,
- 400 g de foie gras de canard cru du Vallespir,
- la quatrième sauce d'Éliane *(voir p. 61)*,
- 500 g de tortellinis frais,
- du sel de Guérande.

Cuissons : homard, 20 min ; pâtes, 8 min.

Décortiquer le homard et le tailler en dés. Le mettre au réfrigérateur dans un grand saladier.

Prendre un beau lobe du foie gras et le saupoudrer de sel de Guérande des deux côtés. Le mettre au réfrigérateur.

Cuire les pâtes dans le court-bouillon du homard. Les égoutter. Les mettre, encore tièdes, dans le saladier contenant le homard. Arroser de sauce, bien mélanger en soulevant les pâtes. Remettre le saladier au réfrigérateur.

Essuyer le foie gras et tailler de belles escalopes. Les disposer sur la salade.

Présenter le saladier sur de la glace pilée.

Nota : Je pense que si vous avez une belle truffe noire en conserve, quelques émincés de celle-ci devraient améliorer cette salade. Je l'ai servie avec de belles tranches de pain de campagne cuit au feu de bois et encore chaud. Et j'ai ensuite servi ma fameuse compote de fruits secs au banyuls (Cf. *La Table médiévale des Catalans*, ouvr. cité, p. 161). Quant au vin, j'ai un faible pour le muscat sec, et Dieu sait si l'on en fait de fameux en Roussillon !

Salade de poulet aux raisins secs

Vraisemblablement réminiscence de mon séjour au Maroc... mais assurément dans la tradition culinaire catalane. Et quand je parle de poulet, il s'agit de poulet fermier ou mieux encore de poulet « bio » : on a alors une chair fondante mais ferme à la découpe et un goût discret, mais un goût... Joseph Delteil, évidemment, a su mieux que quiconque en parler : « Existe-t-il encore de par le monde un honnête poulet de grain, j'entends vraiment nourri au grain toute sa vie (et non comme les meilleurs font, 15 jours avant le sacrifice), d'âge adolescent (trois mois maximum), de race charnelle et non pondeuse, saigné de main de maître et non coupé, plumé à doigt de fée et non à l'eau bouillante (laisse la mouille-molle au pedzouille !). Si oui, donnez-moi l'adresse ! » (*La Cuisine paléolithique*, ouvr. cité, p. 52).

Pour 6 personnes :

- les blancs d'un poulet rôti taillés en dés,
- 3 œufs durs coupés en quartiers,
- 150 g de tome de vache du Roussillon taillée en dés,
- 2 ou 3 endives (selon grosseur),
- 1 bol de pois chiches cuits,
- 2 oignons tendres émincés finement,
- 12 cerneaux de noix,
- 1 pomme granny-smith taillée en dés,
- 80 g de raisins secs (sans pépins) macérés dans du vin rancio,
- 1 sauce mayonnaise *(voir p. 50)*,
- 1 cuillerée à café de persil plat haché.

Dans un grand saladier, faire le mélange : sauce, blancs de poulet, fromage, noix, pomme, persil, pois chiches, oignons tendres, endives effilées.

Décorer avec les œufs durs et les raisins bien égouttés.

Œufs farcis sur lit de cresson

Le cresson a toujours eu une préférence dans les choix de salades en Catalogne. On le trouve déjà mentionné dans le manuel culinaire de *Sent Soví*, à la fin du XIIIe siècle. À Millas, en Roussillon, il y a une excellente cressonnière et nous en avons chaque année la primeur, aux Ateliers de cuisine catalane traditionnelle.

Pour 4 personnes :

- 1 botte de cresson bien triée et lavée,
- 4 œufs durs partagés longitudinalement,
- 100 g de très bonnes sardines à l'huile sans arête,
- 100 g de beurre fin,
- 1 cuillerée à soupe de sauce mayonnaise *(voir p. 50)*,
- 1 sauce vinaigrette *(voir p. 50)*,
- 1 jus de citron.

Dans un saladier, écraser de façon homogène les jaunes des œufs durs, les sardines, la mayonnaise et le jus de citron.

Remplissez les blancs d'œufs avec cette pâte.

Sur un joli plat rond de La Bisbal (capitale de la céramique en Catalogne Sud), faire un lit de cresson et l'arroser de sauce vinaigrette.

Y disposer les œufs farcis et servir immédiatement (les feuilles de cresson se flétrissent très vite).

ŒUFS FARCIS AU FORMATGET

Les *formatgets* sont de petits fromages frais de vache ou de chèvre que nos fromagers catalans apportent sur les marchés des chefs-lieux de « pays » : Céret, Thuir, Prades…

Pour 4 personnes :

- 8 œufs durs écalés et partagés longitudinalement,
- 100 g de *formatget,*
- 250 g de thon au naturel bien égoutté,
- le jus d'1 citron,
- 2 cornichons,
- 2 cuillerées à soupe d'huile d'olive,
- 1 cuillerée à soupe de cerfeuil,
- sel et poivre blanc.

Réfrigération : 3 h au minimum.

Faire une pâte consistante, en passant au mixer : les jaunes des œufs durs, le fromage, le thon, le jus de citron, les cornichons, l'huile, le cerfeuil et l'assaisonnement.

Remplir les blancs à l'aide d'une douille cannelée. Mettre au frais 3 à 4 heures avant de servir.

Nota : À servir sur une salade de haricots verts très tendres, ou de pois chiches, ou de roquette *(voir p. 156)*, accompagnés de petits pains aux raisins.

Omelette en salade

Le premier essai était pour utiliser un reste d'omelette et le second, une petite création assez appréciée en famille.

Pour 4 personnes :

- 4 œufs,
- 1 tasse à thé de mie de pain,
- lait bouillant + sel + poivre blanc,
- 1 sauce mayonnaise *(voir p. 50)*,
- 1 tasse à thé de coulis de tomate *(voir p. 56)*,
- 1 poignée de basilic frais ciselé,
- 60 g de beurre.

Faire la sauce mayonnaise, la détendre avec le coulis de tomate et la mettre au réfrigérateur (elle doit être semi-liquide).

Verser le lait bouillant salé et poivré sur le pain, jusqu'à ce que la tasse soit pleine.

Dans un grand saladier, mettre les jaunes d'œufs et les travailler avec la mie de pain trempée.

Monter les blancs en neige très ferme et les incorporer au mélange précédent.

Dans une poêle ronde, faire fondre le beurre, y verser le mélange. Lorsque les bords se décollent, retourner avec une spatule et faire légèrement dorer de l'autre côté. Glisser l'omelette dans un plat rond et la diviser en 8 triangles.

Arroser de sauce glacée, saupoudrer de basilic et manger aussitôt.

Carpaccio de bœuf à la tome de Nohèdes

Une promenade à faire en haut Conflent. À Ria Sirach, berceau de la catalanité, on prend la petite route de Nohèdes et, après ce tout petit village, on continue encore sur une piste escarpée. La halte à la fromagerie est indispensable.

Pour 4 personnes :

- 250 g de filet de bœuf ou de veau « Rosée des Pyrénées »,
- le jus de 4 citrons,
- 100 g de tome de vache très ferme, débitée en copeaux,
- sel fin et poivre blanc,
- 1 cuillerée à soupe de ciboulette,
- 1 dl d'huile d'olive.

Réfrigération : 1 h.

Mettre le filet 2 h au congélateur, serré dans un film alimentaire.
Le détailler ensuite en très fines tranches. Les disposer sur un grand plat sans les superposer. Les assaisonner : sel, poivre, jus de citron et huile d'olive.
Mettre au réfrigérateur 1 heure. Égoutter la marinade.
Décorer avec le fromage et la ciboulette. Présenter la marinade pour les amateurs.
Nota : On peut servir en même temps une salade de haricots blancs *(voir p. 96)*.

SALADE DE PINTADE À L'AVOCAT

Salade rafraîchissante pour les chaudes journées du mois d'août, où les éléments traditionnels sont respectés, à côté de l'avocat, largement utilisé depuis un demi-siècle maintenant, par les cuisiniers catalans.

Pour 4 personnes :

- 1 petite pintade d'1 kg (avec foie et gésier),
- 1 blanc de céleri,
- 1 cœur de laitue,
- 2 avocats,
- 1 dl d'huile d'olive,
- 1 citron,
- 1 cuillerée à soupe de ciboulette et de basilic hachés finement,
- 20 g de noisettes grillées et grossièrement hachées,
- sel, poivre blanc.

Rôtir régulièrement la pintade. Lorsqu'elle est froide, enlever les blancs et les escaloper très finement (vous pouvez garnir un plat de riz avec le reste).
Ne prendre que le blanc du céleri et le couper très finement en bâtonnets de 7 cm de longueur environ. Émincer le cœur de laitue en fine julienne. Peler les avocats et les tailler en larges tranches.
Dans un grand saladier, faire une sauce avec le foie haché, l'huile, le jus de citron, les noisettes, les fines herbes, le sel et le poivre. Bien fouetter et y mettre les salades. Bien remuer. Égoutter ce mélange. Le disposer dans un grand plat de service et décorer tout le tour avec les escalopes de pintade et les tranches d'avocats.
Pour les gourmands, on peut préparer une saucière de mayonnaise à faire circuler.

MAGRETS À L'ORANGE

Il s'agit de magrets de canard gras, élevés en Vallespir ou en Conflent, répondant ici à une des caractéristiques de la cuisine catalane : l'association salé/sucré. Lorsque le dosage est bien équilibré, cette association est une réussite pour les gourmets. Personnellement, outre les saveurs de ces préparations, j'apprécie l'attrait visuel, très évocateur ; j'ai l'impression d'être transportée à l'époque des califats avec des tapis encombrés de plateaux d'agrumes, de grenades, de figues…

Pour 4 personnes :

- 1 sachet de magrets de canard séchés, non fumés,
- le blanc d'une belle chicorée frisée, effeuillé,
- 1 cuillerée à soupe d'huile d'olive,
- 1 sauce vinaigrette *(voir p. 50)*,
- 10 g de sucre,
- les zestes de 2 oranges non traitées, prélevés au couteau zesteur.

Cuisson : 30 min environ.

Dans une petite casserole en acier inoxydable, mettre le sucre avec 1 dl d'eau et faire cuire jusqu'au « filé ». Découper les zestes d'oranges en morceaux de 5 à 6 cm. Les blanchir 10 min à l'eau bouillante et les égoutter. Les plonger alors dans le sirop et les laisser confire 20 min environ, à petit feu. Les égoutter dans un chinois.

Tapisser un beau plat rond de feuilles de chicorée et les arroser de sauce vinaigrette.

Au moment de servir, poêler très rapidement les magrets dans l'huile chaude. Les répartir sur la salade. Saupoudrer les magrets avec les zestes et servir aussitôt.

Salade de poulet

Plat complet utilisant les aliments les plus courants en pays catalan, en une association intéressante : légumes crus, fruits crus, fruits secs, légumineuses, œufs, blanc de poulet.

Pour 6 personnes :

- 6 blancs de poulet rôtis et bien moelleux,
- 3 œufs durs,
- 150 g de tome de brebis taillée en cubes (ou à défaut de gruyère frais),
- 12 cerneaux de noix,
- 80 g de raisins secs très tendres, sans pépins,
- 1 pomme granny-smith taillée en petits cubes,
- 1 sauce mayonnaise *(voir p. 50)*,
- 1 cuillerée à café de persil plat haché,
- 3 ou 4 endives (selon grosseur),
- 1 bol de pois chiches cuits,
- 2 oignons tendres, émincés.

Barque au phare. 1992, huile sur toile, 35 x 27 cm. Coll. privée.

Fendre les endives longitudinalement en 6 ou 8 tronçons, les mettre dans un grand saladier avec les blancs de poulet coupés en dés, la pomme et le fromage.

Y ajouter les cerneaux de noix, les blancs d'œufs passés à la moulinette, les oignons émincés, les pois chiches et les raisins.

Mélanger à la sauce mayonnaise, le persil et les jaunes d'œufs durs écrasés.

Verser cette sauce sur la salade et mélanger le tout. Laisser au frais ou servir aussitôt.

Salade de blancs de volaille

Recette de ma grand-tante Marie Falguères, originaire de Vernet. Catalane de souche, elle avait appris les bonnes manières chez mademoiselle Eugénie, gouvernante de la famille du comte de Burnay, au temps de la splendeur des thermes de Vernet. Aux rudiments de cuisine française, elle ajoutait la note catalane, et, les jours de fête, elle nous faisait de véritables festins.

Pour 4 personnes :

- 4 blancs de jeune poulet ou mieux, de faisan,
- 2 cuillerées à soupe d'huile d'olive très fruitée,
- quelques feuilles d'estragon très fraîches,
- 500 g de haricots verts très fins épluchés,
- 1 sauce vinaigrette *(voir p. 50)*.

Cuissons : haricots verts, 20 min (10 min en autocuiseur) ; blancs de poulet, 10 à 15 min. *Réfrigération* : 1 h.

Faire cuire les haricots verts à la vapeur.

Dans une poêle, répartir les blancs de poulet, humecter d'huile d'olive, couvrir et les laisser ainsi étuver 10 à 15 min, en ayant soin de les retourner plusieurs fois.

Laisser refroidir, assaisonner les haricots verts avec la vinaigrette.

Les disposer au centre du plat de service. Émincer très finement les blancs de volaille et en faire une couronne tout autour des haricots verts ; parsemer de quelques feuilles d'estragon ciselées. Joindre le jus de cuisson des blancs de poulet.

Mettre le tout au réfrigérateur et servir très frais.

Salade aux pointes d'asperges du Roussillon

En Salanque, plaine fertile du Roussillon, outre les artichauts, il y a aussi les asperges vertes, très tendres, que l'on peut consommer presque entièrement. Tièdes en vinaigrette, en potage velouté, en omelette, leur douceur est appréciée à tout âge.

Pour 4 personnes :

- 2 jolis blancs de volaille rôtis et émincés en julienne,
- 4 pommes de terre cuites à la vapeur émondées et taillées en fines tranches,
- 2 douzaines de pointes d'asperges vertes cuites à la vapeur,
- 1 sauce mayonnaise assez relevée *(voir p. 50)*,
- 8 œufs durs de vanneaux écalés.

Cuissons : blancs, 8 à 10 min ; pommes de terre, 25 min ; asperges, 18 min.

Mettre dans un saladier les blancs de volaille et les pommes de terre. Lier le tout avec les 2/3 de la sauce mayonnaise.

Dresser cette salade en pyramide dans un saladier posé sur de la glace pilée. Disposer tout autour les œufs de vanneaux en couronne. Ranger au-dessus les pointes d'asperges dirigées vers le sommet de la pyramide. Finir la garniture avec un cordon de mayonnaise.

Râble de lapin aux douze parfums

Sur le plan diététique, on ne recommande pas suffisamment de consommer du lapin, et de ce fait, on pense surtout à l'accommoder de sauces assez chargées. Si vous aimez les parfums de nos garrigues et les grillades de plein air, essayez cette recette très méridionale.

Pour 4 personnes :

- 1 beau râble et les cuisses d'un lapin domestique, nourri aux herbes des champs,
- 2 ou 3 belles tranches de ventrèche (poitrine de porc) fraîche bien entrelardée,
- 12 gousses d'ail rose,
- 1 dl d'huile d'olive environ, première pression à froid,
- 1/2 dl de muscat sec des vignobles catalans,
- 1 branche de céleri taillé en julienne,
- 1 oignon jaune taillé en julienne,
- 4 belles feuilles fraîches de laurier,
- 1 branche fraîche de romarin, 1 de sauge et 1 de marjolaine,
- 4 brins frais de thym,
- 12 brins de ciboulette,
- 1 tige de fenouil,
- du gros sel gris de Guérande.

Cuisson : 25 à 30 min. *Marinade* : 10 à 12 h.

Truffer le râble de gousses d'ail et l'envelopper complètement avec la ventrèche, maintenue par une ficelle. Faire griller sur des braises de sarments de vigne.

Dans une casserole en cuivre, porter à ébullition le mélange pour la marinade : vin, huile, sel et les plantes aromatiques (y compris le fenouil), taillées finement aux ciseaux. Donner un bouillon et retirer du feu.

Dégager le râble grillé de la ventrèche et l'escaloper tout chaud rapidement.

Étaler les morceaux sur un plat rond, creux, en terre vernissée. Y verser la marinade bouillante et laisser mariner au frais, au minimum 10 h.

Servir avec une bonne salade mélangée. On peut garder la marinade ou éponger les morceaux pour les esprits chagrins.

Râbles de lapin à l'ailloli de coings

Après avoir essayé la recette de lapin du *Dictionnaire de cuisine* d'Alexandre Dumas, j'ai fait une tentative personnelle avec des râbles : c'est plus rapide à désosser et à découper.

Pour 4 personnes :

- – 2 râbles de jeunes lapins désossés,
- – 1 l de blanc de Fernand Vaqué, cotes-du-roussillon-village 1986,
- – la partie blanche d'un chou frisé blanchie 10 min,
- – 200 g de ventrèche (poitrine de porc) découennée et hachée,
- – 1 cuillerée à soupe d'huile d'olive,
- – 1 grosse poignée de ciboulette hachée,
- – 1 ailloli de coings *(voir p. 54)*,
- – sel, poivre blanc.

Marinade : 48 h. *Cuissons* : chou, 1 h ; râbles, 8 à 10 min.

Faire mariner les râbles recouverts du vin et saupoudrés de ciboulette durant 48 heures.

Dans une cocotte, cuire à feu très doux le chou haché et mélangé à la ventrèche. L'assaisonner de sel et de poivre. On doit obtenir une compote. On peut ajouter du vin de la marinade pendant la cuisson.

Essorer les râbles et les dorer à l'huile chaude de chaque côté, dans une sauteuse.

Au moment de servir, mettre la compote de chou dans un plat creux. Escaloper les râbles et les disposer sur le chou encore tiède. Napper le tout d'ailloli et servir aussitôt avec le même vin.

SALADE DE LAPIN AUX CHAMPIGNONS DE COUCHE

Une salade très vite faite, avec des éléments trouvés en grande surface et d'un prix de revient très raisonnable.

Pour 4 personnes :

- – le râble d'un jeune lapin,
- – 1 sauce vinaigrette additionnée de jaunes d'œufs durs pilés,
- – 150 g de champignons de Paris très frais, équeutés et lavés à grande eau froide,
- – le jus d'un beau citron,
- – quelques brins de ciboulette ciselés.

Cuisson : 30 min. *Refroidissement et macération* : 8 à 10 h.

Cuire le râble de lapin 30 min au court-bouillon *(voir p. 74)* et le laisser 8 à 10 h dans ce court-bouillon.

Bien l'essorer, l'émincer très finement, le mettre dans un saladier, ajouter les champignons crus émincés et copieusement citronnés, et mélanger.

Lier le tout avec la sauce vinaigrette. Saupoudrer cette salade de ciboulette et laisser macérer au frais quelques heures. Servie très frais avec du pain de campagne.

Salade d'avocats au foie gras

Depuis que notre département des Pyrénées-Orientales produit d'excellents foies gras, nous en sommes devenus très gourmands… On s'écarte un peu du « régime méditerranéen » ? Mais nous mangeons tellement de fruits et de légumes que notre conscience est en paix…

Pour 6 personnes :

- 1 foie gras de canard mi-cuit de 300 à 350 g escalopé et maintenu au frais,
- 3 avocats taillés en tranches minces,
- 3 pommes granny-smith épluchées et taillées en tranches minces,
- 1 salade de mâche équeutée,
- sel, poivre blanc au moulin,
- 1/2 dl de vinaigre de vin de Banyuls,
- 1/2 dl d'huile de noisette, environ,
- quelques feuilles de laitue feuille-de-chêne pour ornement.

Laver la mâche à grande eau et l'égoutter soigneusement. En tapisser le fond d'un plat de service rond. Déposer sur ce lit, les feuilles de laitue feuille-de-chêne et les tranches d'avocats ; disposer, au centre, les tranches de granny-smith.

Donner un tour de moulin à poivre, arroser avec l'huile de noisette. Saler légèrement.

Chauffer le vinaigre, sans l'amener à ébullition ; le répartir sur tout le plat.

Disposer les tranches de foie gras sur cette salade au moment de servir.

Salade riche en Roussillon

Pour profiter pleinement des canards gras.

Pour 4 personnes :

- 1 petit foie gras de canard cru de 400 g environ, dégorgé et dénervé,
- 300 de salade de roquettes soigneusement lavées et essorées, ou de cresson de Millas,
- 200 g de gésiers de canard confits émincés,
- 4 manchons de canard confits partagés en deux et grillés,
- 1 petite truffe noire fraîche du Vallespir émincée (truffes sauvages de ce secteur des Pyrénées-Orientales),
- 1 sauce vinaigrette *(voir p. 50)*,
- 20 g de pignons légèrement rôtis à l'huile d'olive,
- 1/2 kg de petites pommes de terre béa d'Elne, cuites à la vapeur avec leur peau et épluchées.

Réfrigération : foie gras, 1 h au freezer. *Macération* : 10 min.

Placer le foie gras 1 h au freezer avant de le découper en tranches.

Dans un grand plat rond et creux, disposer en couronne les pommes de terre partagées en deux, puis les gésiers confits. Mettre au centre la salade.

Disposer les manchons de canard, une fois refroidis. Parsemer d'émincés de truffe et recouvrir de foie gras de canard cru escalopé. Arroser le tout avec la sauce vinaigrette.

Laisser macérer 8 à 10 min dans un lieu frais mais pas en réfrigérateur, avant de servir avec du pain de seigle ou du pain de campagne.

Le chèvre au poivron rouge

Des petits chèvres mi-secs, achetés au fabuleux marché fermier de Thuir (capitale des Aspres), dans les Pyrénées-Orientales, et de l'huile d'olive très fruitée, peuvent donner lieu à une entrée très simple, haute en couleur et en saveur. Mais attention ! Il faut que le poivron rouge soit rôti à point et bien charnu, pas de poivron de conserve, surtout pas !

Pour 4 personnes :

- 1 beau poivron rouge bien charnu grillé *(voir p. 67)*,
- 2 petits chèvres bien tendres,
- 4 gousses d'ail,
- 7 à 8 brins de persil plat,
- poivre noir au moulin
- 1 dl d'huile d'olive vierge extra.

Macération : 3 jours.

Hacher très finement l'ail et le persil, pour faire une persillade. Fendre les fromages en deux, transversalement.

Mettre la persillade et le poivre sur une planche, y rouler les bords des tranches de fromage. Partager en quatre le poivron pelé et égrené. Entourer chaque tranche de fromage d'un quart de poivron encore tiède.

Les serrer côte à côte dans une « cassole » en terre à leur dimension et les recouvrir d'huile d'olive. Mettre au réfrigérateur.

Servir au bout de 3 jours sur une salade de mâche ou de cresson ou de *mesclum*.

Jeunes épinards au fromage frais de brebis

Il faut évidemment des épinards primeurs, avec des petites feuilles très tendres et une excellente tome de brebis.

Pour 4 personnes :

- 300 g de très jeunes feuilles d'épinards,
- 300 g de tome de brebis fraîche,
- 1/2 dl de lait frais,
- 1 dl de crème fraîche liquide,
- sel et poivre blanc.

Réfrigération : 1 h.

Laver les épinards à grande eau, les égoutter, les essorer, supprimer les queues et les ciseler. Les mettre dans un grand saladier. Maintenir au frais.

Mixer finement le fromage. Y ajouter lait et crème, assaisonner. Mixer à nouveau jusqu'à obtention d'une crème onctueuse. La mettre 1 h au réfrigérateur.

Au moment de servir, verser la crème sur les épinards et bien mélanger. Servir aussitôt.

Nota : On peut y ajouter quelques pignons grillés et quelques lanières de jambon serrano.

TOMATES AU CHÈVRE DES ASPRES

La gastronomie est la meilleure façon d'apprendre la géographie. Près de Millas, au mas Saragosse, vous trouverez des légumes « bio », cueillis à votre demande et, en continuant sur une petite route ombragée, vous arriverez à Thuir et de là à Nyls, où vous pourrez rencontrer un fromager très avisé et disert. Vous êtes dans les Aspres, terres de transition entre les Albères et la plaine fertile du Roussillon.

Pour 4 personnes :

- 4 jolies tomates bien craquantes émincées,
- 200 g de petits chèvres secs,
- 1/2 dl d'huile d'olive, première pression à froid,
- 1 douzaine de larges feuilles de basilic ciselées,
- 1 douzaine de feuilles fraîches d'origan hachées,
- 1 cuillerée à soupe de câpres,
- sel et poivre blanc.

Réfrigération : 30 min.

Émincer les fromages en fines tranches. Fouetter ensemble l'huile, les câpres, les herbes et l'assaisonnement.

Disposer tomate et fromage sur un plat rond en les alternant. Arroser avec la sauce.

Réfrigérer 30 minutes avant de servir.

Terrine de fromage blanc

Création des Ateliers de cuisine catalane traditionnelle, à Ille-sur-Têt (Pyrénées-Orientales).

Pour 6 personnes :

– 300 g de fromage frais de chèvre (ou de brebis ou de vache) soigneusement égoutté,
– 80 g d'œufs de lump rouges,
– le zeste râpé très finement d'un citron vert,
– 4 gousses d'ail pilées très finement,
– 3 cuillerées à soupe d'huile d'olive très fruitée,
– 4 jaunes d'œufs durs,
– 1 cuillerée à soupe de ciboulette fraîche hachée,
– 1 cuillerée à soupe de basilic frais haché,
– sel et poivre blanc,
– 1 blanc d'œuf cru,
– 6 feuilles de gélatine mises à tremper à l'eau froide,
– quelques feuilles de laitue feuille-de-chêne pour la décoration,
– la quatrième sauce d'Éliane *(voir p. 61)*.

Réfrigération : 24 h.

Mixer ensemble tous les éléments, sauf le blanc d'œuf et la gélatine. Lorsque la crème est bien lisse, y incorporer la gélatine après l'avoir égouttée et fait dissoudre dans 2 à 3 cuillerées d'eau bouillante. Mixer à nouveau.

Monter le blanc d'œuf en neige très ferme. Verser le mélange mixé dans un grand saladier et y incorporer le blanc battu en soulevant la pâte.

Rafraîchir un moule, type moule à cake, avec des glaçons et verser cette mousse dans le moule. Bien lisser. Placer ce pain de fromage au réfrigérateur 24 heures environ.

Au moment de servir, démouler sur un plat long, décorer avec les feuilles de salade et servir avec la sauce en saucière.

PAINS GARNIS, TARTINES ET CANAPÉS

Le pain, doit toujours être levé correctement, peu salé et pas trop enfariné.
Afin d'éviter la constipation, il serait intéressant que la septième part de la pâte soit du son.

ARNAUD DE VILLENEUVE.

Grenade et cafetière. 1996, huile sur toile, 30 x 30 cm. Coll. privée.

Malgré sa baisse de consommation, le pain reste un aliment traditionnel primordial.

Le pain de consommation courante ou pain blanc ou pain ordinaire est constitué de farine de froment dite de type 55, d'eau, de sel, de levure et d'améliorants autorisés par la loi, mais non indispensables (acide ascorbique, malt, lécithine de soja, farine de fèves avec un maximum de 1 %). Le pain blanc est avant tout un aliment énergétique (255 caloris pour 100 g). Il peut être considéré comme une source intéressante de vitamines du groupe B dans l'alimentation du monde méditerranéen. Le pain blanc est pauvre en lipides (0,8 %), le germe étant éliminé lors de la fabrication de la farine. La farine blanche contient 25 à 30 % des éléments minéraux du blé.

Le pain complet est réalisé à partir de farine complète, d'eau, de sel et de levure. Mais beaucoup sont fabriqués avec de la farine à laquelle ont été ajoutées des issues de mouture. Il convient d'être prudent quant au choix éventuel du pain complet « biologique » : les pesticides se retrouvent en effet surtout dans l'écorce du blé. Sa valeur énergétique est moins élevée que celle du pain blanc (230 calories pour 100 g), mais sa teneur en vitamines et surtout en sels minéraux est plus importante. Sa consommation entraîne une certaine diminution de l'utilisation digestive des aliments qui lui sont associés dans la ration. C'est un aliment acidifiant, la teneur en cellulose explique son action laxative et son effet irritant chez le sujet colitique qui le tolère mal. En conclusion, s'il est indiqué dans les régimes riches en fibres, il est contre-indiqué dans les régimes sans gluten, sans résidus, pauvres en fibres, dyspeptiques et hyposodés.

Le pain frais et chaud est moins digeste que le pain rassis, sa mie étant plus difficile à imprégner par les sucs digestifs. Le coefficient d'utilisation digestive du pain blanc est de 95 %, celui du pain complet est de 68 %.

Les différentes sortes de pains du commerce

Pain bis : ce pain est préparé avec 80 % de farine bise additionnée de 15 % de farine de seigle. Sa composition proche de celle du pain complet le fait déconseiller dans les régimes pauvres en fibres, hyposodés, sans gluten, sans résidus et contrôlés en glucides.

Pain au son : comme le pain complet, fabriqué à partir de farine complète avec une certaine quantité de son (de 15 à 30 g pour 100 g). Sa composition ainsi que ses propriétés et valeur nutritionnelle sont très proches de celles du pain complet. Ce pain est déconseillé aux jeunes enfants.

Pain de mie : pain cuit dans un moule, ce qui assure un minimum de croûte. Composition : farine très blanche, lait, matières grasses, sucre. À éviter dans les régimes hypocaloriques. Support de nombreuses préparations culinaires, confection de toasts pour apéritifs et lunchs.

Pain longue conservation : pain de mie additionné de 0,5 % de propionate de calcium et conditionné sous emballage traité.

Pain brioché : pain de mie enrichi d'œufs et de sucre (53 g de glucides). À déconseiller dans les régimes hypocaloriques et pauvres en glucides. Utilisé aux petits-déjeuners et aux goûters. Tenir compte de sa composition dans la ration journalière.

Pain azyme : farine de froment + eau. Absence de sucre, sel, matières grasses, levures, ingrédients chimiques.

Pain de seigle : 2/3 de farine de seigle et 1/3 de farine de blé au maximum + sel + levure + eau. Il possède des propriétés laxatives et est moins digeste que le pain blanc, compte tenu de sa richesse en cellulose. Il est contre-indiqué aux régimes pauvres en fibres et aux dyspeptiques. Son goût particulier en réserve l'usage comme accompagnement de certains plats : fruits de mer en particulier.

Pains « aux céréales » : ils peuvent être fabriqués à partir de farine complète avec adjonction de moutures d'orge, de riz, d'avoine, de maïs, de sarrasin… + sel + eau. Ils sont, de par la composition des céréales, riches en éléments minéraux et en vitamines du groupe B. Toutefois, ils seront contre-indiqués aux régimes sans résidus et pauvres en fibres. Leur consommation doit être occasionnelle.

Pains « fantaisie » :

- *Pain de campagne* : c'est le plus souvent un pain ordinaire largement fariné et façonné différemment. Il est fait à partir de levain et non de levure. Se conserve plus longtemps.
- *Pain de gruau* : obtenu à l'aide d'une farine enrichie en gruau (partie du grain la plus riche en gluten) + lait. Pain très blanc, très riche en protides.
- *Pain viennois* : pain de gruau plus matières grasses, sucre ou malt.
- *Pain grillé* : farine de froment + sel, matières grasses, malt, sucre, levure, émulsifiants. Valeur calorique : celle du pain frais grillé compte tenu de ses constituants (en tenir compte s'il est introduit au petit-déjeuner). Bonne digestibilité (faible teneur en eau), une tranche : 8 à 21 g. À déconseiller dans les régimes hypocaloriques.
- *Pain au gluten* : pain enrichi de 20 à 60 % de gluten. Assez insipide. Indiqué dans les régimes hyperprotéïques et les régimes contrôlés en glucides.

- *Pain aux germes de blé* : pâte à pain de froment (1 kg) + farine de gruau (500 g) + germes de blé (250 g) + eau, levure, malt et sel. Aspect : mie très serrée mais bien cuite. Présente la valeur nutritionnelle des éléments le constituant, soit plus importante que celle du pain ordinaire. Ceci est à considérer dans son introduction dans une ration.

Pains régionaux : conservation d'une partie d'un patrimoine gastronomique, action à encourager chez les artisans boulangers. Queques exemples :

- *Benoiton* : seigle noir et raisins de Corinthe, pain rond de 80 à 100 g (450 g de raisins secs pour 1 kg de farine), excellent avec le roquefort, le beurre, les terrines de foie.
- *Pain aux noix* : seigle aux noix, seigle noir et pâte à pain blanc : 250 g de noix ou noisettes pour 2 kg de pâte, ou 25 % de noix dans la pâte de blé.
- *Petit pain au cumin* : farine de froment, eau, levure, matières grasses, sel, poudre de lait, malt, grains de cumin.
- *Fougasse* (tout le sud de la France) : pâte à « pizza » en Italie, pâte à « *coca* » en Catalogne. Pâte de blé au levain très tendre, cuite rapidement dans un four très chaud, souvent légèrement brûlée dessous, souple. En Roussillon, elle est fourrée de fritons de porc : *fogassa de greixillons* ou *coca*.

Sur les rives de la Méditerranée, dès que le printemps arrive, on adore manger dehors. Deux solutions : ou on a la chance d'avoir une terrasse ou un jardin et l'on peut déguster toutes les préparations qui précèdent, ou bien on embarque tout son monde et l'intendance, et on part dans la nature. On a l'embarras du choix : mer, sable, rochers, forêt, pinèdes, garrigues, lac, rivière, et même montagne… Voilà une excellente occasion d'acheter un bon pain de campagne et de préparer quelques pains garnis. N'oubliez pas la nappe et les serviettes, c'est tellement plus agréable que les bouts de papier qui s'envolent et se trouent… Prenez aussi quelques coussins pour la sieste et la « limonette Milles » (une limonade de Perpignan datant du début du XXe siècle) pour les petits et les mémés, les messieurs s'occuperont de la cave.

Mais outre ces expéditions dominicales, vous avez l'opportunité de faire d'excellents petits-déjeuners, le matin, nutritifs et appétissants. Chez moi, en Catalogne, on appelle ce genre de collation *esmorzar de pagès* : « petit-déjeuner de paysan ». Chaque fois que je fais une sortie avec mes élèves de l'Atelier de cuisine catalane, nous nous arrêtons à l'entrée de Figueras, au motel Empordà, où sont joliment présentés tous ces pains garnis et d'autres encore, et je puis vous assurer que personne ne se fait prier pour petit-déjeuner catalan.

Enfin, rares sont les jours sans *pa amb tomàquet*, le pain à la tomate, au moins à un moment de la journée. C'est une véritable gourmandise que l'on peut grignoter à n'importe quelle heure. Ainsi a-t-il été célébré avec humour par Manuel Vasquez Montalbán dans ses *Recettes immorales* (éd. Le Mascaret, Barcelone, 1981, p. 37) : « Il est indispensable que les êtres et les peuples de la terre aient la sagesse d'assumer le pain à la tomate en tant que paysage fondamental de l'alimentation humaine. Plat-péché par excellence car il rend le péché simple et bon marché, accessible à chaque être humain. Plat-péché car il s'offre comme l'alternative à tout ce qui est transcendant – dangereusement transcendant – s'il se convertit en culture de la négation : ne faites pas l'amour, mais le pain à la tomate ; n'adhérez pas à l'OTAN, faites-vous du pain à la tomate ; ne votez pas à droite, mangez du pain à la tomate. N'importe où, en toutes circonstances. Du pain, de la tomate et du sel. Et après l'amour, du pain à la tomate et un peu de saucisson. »

Pain à la tomate
Pa amb tomàquet

Avant l'arrivée de la tomate, c'était tout simplement le *pa amb oli*, pain à l'huile frotté d'ail, que l'on retrouve à Malte : *hobz-biz-zejt* (appellation qui évoque l'origine arabe de la langue : *hobz*, « pain », et *zejt*, ayant racine commune avec l'*aceite* espagnole ou l'*azeite* portugaise), et à Majorque : *pamboli*, qui constituent, comme le *pa amb tomàquet* catalan, ces délicieux « mangers » informels si populaires, ayant pour base du pain imprégné d'huile, du pain imprégné de tomate. Le *pa amb tomàquet*, c'est aussi un dépannage, lorsqu'on n'a rien de prêt, très agréable pour accompagner des salades et des grillades.

Ingrédients à utiliser selon l'appétit de chacun :

- du très bon pain de campagne,
- de l'huile d'olive très fruitée,
- des tomates très mûres partagées en deux,
- des gousses d'ail bien fermes.

Couper de belles tranches de pain régulières et les faire légèrement griller.

Les frotter avec de la tomate, les saler et les arroser d'un filet d'une très bonne huile d'olive. Presser un peu les tranches pour qu'elles s'imbibent bien. Saler légèrement.

On peut éventuellement frotter la croûte avec une gousse d'ail, ce qui est préférable, mais tout le monde n'apprécie pas l'ail… (je veux dire les gens venant des contrées au-delà de la Loire).

Nota : Toutes les denrées sont mises sur la table et chacun confectionne à sa guise son *pa amb tomàquet*. Tant à Majorque qu'à Malte, il peut se garnir de fenouil marin, de câpres, d'olives, d'anchois, de thon. Toutefois, autant en Catalogne qu'à Majorque, l'ajout de jambon cru (*pernil*) – par exemple une tranche très fine de jambon serrano – lui devient indissociable, ainsi que certaines charcuteries. Mais une des gourmandises des Catalans, surtout lorsqu'ils ont été absents quelque temps de chez eux, c'est de mettre une petite omelette sur ce *pa amb tomàquet*… C'est divin !

Pita

Au Liban, on mange cette galette froide avec les salades ou chaude avec une garniture : crème d'aubergines *(voir p. 202)*, falafels *(voir p. 209)*, hommos *(voir p. 213)*. Mais cela n'exclut absolument pas son utilisation avec des salades d'autres pays... Essayez avec une *escalivada* catalane, ce n'est pas mal non plus.

Pour faire une douzaine de galettes :

- 15 à 25 g de levure de boulanger,
- 2 dl d'eau tiède,
- 600 g de farine de blé,
- 1 cuillerée à café de sucre en poudre,
- 3 cuillerées à soupe d'huile d'olive + 1 à 2 cuillerées pour badigeonner les ustensiles.

Cuisson : 8 à 10 min à 250° C.

Dans un saladier, délayer l'eau, le sucre et la levure.

Sur la planche à pâtisserie farinée, faire un puits avec la farine. Mettre au centre le mélange précédent et l'huile et faire tomber la farine en travaillant la pâte jusqu'à ce qu'elle soit homogène, souple et non collante.

Mettre cette pâte dans un grand saladier huilé. Recouvrir d'un film alimentaire et mettre à lever au tiède 20 min.

Diviser la pâte en 12 boulettes. Les étaler au rouleau en galettes de 4 à 5 mm d'épaisseur. Huiler la plaque du four, y déposer les galettes, les humecter d'eau au pinceau. Les laisser lever encore 20 min. Préchauffer le four.

Enfourner à mi-hauteur jusqu'à ce qu'elles soient à peine colorées et légèrement soufflées.

LE PAN-BAGNAT
Lou pan bagnat

À l'origine, c'était une façon des grands-mères niçoises d'utiliser le pain rassis. En effet, celui-ci était introduit dans la salade niçoise après avoir été émietté au pilon. Il s'imbibait d'huile et de jus de tomates et constituait ainsi un délicieux accompagnement. On retrouve d'ailleurs ce principe tout simple dans d'autres salades méditerranéennes. Le pan-bagnat actuel en est la formule moderne : le pain n'est plus dans la salade, mais la salade est dans le pain. Le « pain mouillé » d'aujourd'hui constitue un hors-d'œuvre facile en été, un repas complet en cas de pique-nique...

Pour 1 personne :

- 1 pain rond de 20 cm de diamètre environ, cuit à cet effet dans le comté de Nice (mais on peut prendre n'importe quel pain),
- 2 gousses d'ail,

– vinaigre de vin
– huile d'olive, sel, poivre
– 3 à 4 cuillerées à soupe de salade niçoise *(voir p. 144).*

Réfrigération : 1 h.

Partager le pain transversalement et creuser les deux parties.

Frotter à l'ail l'intérieur des deux parties. Humecter de vinaigre et arroser d'huile. Saler et poivrer.

Garnir les 2 moitiés de salade niçoise. Fermer le pain et le mettre au frais.

PAIN À L'HUILE ET AUX SARDINES
Pa amb oli i arengada

C'est un des éléments de l'*esmorzar* ou petit-déjeuner des vendanges, en pays catalan. C'est un souvenir d'enfance, car, alors, la rentrée scolaire ayant lieu le 1er octobre, et nous jouissions des plaisirs de septembre, comme les vendanges, la cueillette des figues, des pommes ou des poires, avec les rituels festifs que cela comporte.

Vers 8 h 30 ou 9 h, lorsqu'on avait déjà bien rempli des comportes, les hommes faisaient un feu avec de vieilles souches de vigne pour griller *arengades* et charcuteries diverses. Les femmes sortaient les serviettes du *sarrou* (besace), le pain et le vin, portaient la cruche d'eau fraîche et les agapes commençaient. Pour moi, c'était une grande fête, un changement total d'habitudes. De plus, j'étais gâtée avec la grappe de muscat la plus dorée, car mon père, le maître d'école, était, avec le curé, un des deux personnages les plus respectés…

Pour 1 personne :

– 1 ou 2 belles tranches bien larges de pain de campagne arrosé d'huile d'olive,
– 1 ou 2 sardines,
– vinaigre de vin,
– 1 grappe de raisin.

Griller les sardines, « tourne et retourne » sur les braises, et les poser toutes brûlantes sur la tartine. Les arroser d'un filet d'excellent vinaigre de vin.

À manger tout tiède, avec des grains de raisin encore enrobés de rosée.

(Voir également la recette des sardines grillées aux pommes, p. 107.)

Barques et maisons bleues. 1977, huile sur toile, 60 × 60 cm. Coll. privée.

PAIN GRILLÉ AUX LÉGUMES RÔTIS ET AUX ANCHOIS
Pa torrat amb escalivada i anxoves

Pour ma part, j'ai mangé de ce pain garni en attendant que les *calçots* (oignons tendres) soient prêts, à l'Espluga de Francoli, délicieux village situé près du célèbre monastère de Poblet, vivant d'une riche culture de l'olivier et de la vigne, notamment. L'huile d'olive de ce secteur est dorée comme le miel et son goût vous donne l'illusion de mâcher des olives. Village accueillant où le moindre petit restaurant ou bar affiche « complet » durant toutes les fins de semaine de la grande période des grillades de *calçots*, soit de fin janvier à fin avril. Toute la Catalogne, de Salses en France à Valence en espagne, se rend par autobus entiers à ce rituel culinaire.

Pour 1 belle tranche large de pain de campagne :

- 2 tranches d'aubergine grillées,
- 1/4 de poivron rouge grillé *(voir p. 67)*,
- 1 bel anchois à l'huile d'olive préparé *(voir p. 72)*, soit deux beaux filets,
- 1 filet d'huile d'olive première pression.

Faire griller la tranche de pain (si l'on peut sur des braises de sarments de vigne).

Découper de fines lanières d'aubergine et de poivron.

Poser la tartine de pain sur une petite assiette, y répartir l'*escalivada*, poser au-dessus les 2 filets d'anchois (4 s'ils sont petits). Arroser le tout d'un filet d'huile.

❖

ANCHOÏADE PROVENÇALE
Anchouiado

Recette de mon ami le docteur Bernard Ély, spécialiste des cuisines traditionnelles de Provence.

Pour 4 personnes :

- 4 jolis anchois salés préparés *(voir p. 72)*,
- 1/2 tête d'ail rôtie au four non pelée, badigeonnée au préalable d'huile d'olive,
- 2 à 3 cuillerées à soupe d'huile d'olive,
- 4 belles tranches de pain de campagne.

Peler l'ail rôti et en faire une pommade avec l'huile et les anchois, pommade que l'on étalera sur le pain.

❖

ANCHOÏADE CORSE
Salsa d'anchjoui

Pour 4 personnes :

- 8 jolis anchois au sel préparés *(voir p. 72)*,
- 1 petit oignon blanc haché finement,
- 1 grosse figue mûre,
- 2 gousses d'ail,
- 3 cuillerées à soupe d'huile d'olive,
- 4 tranches de pain ou 8 suivant leur ampleur.

Passer au mixeur : les filets d'anchois, l'ail, la figue épluchée et 1 cuillerée à soupe d'huile.

Griller légèrement les tranches de pain, les arroser avec l'huile restante. Y étaler l'oignon haché. Le tasser avec le plat d'un couteau.

Étaler l'anchoïade sur les tartines et servir aussitôt, sinon le pain est trop détrempé.

TAPENADE

Préparation du bas Languedoc et de Provence, à servir sur de fines tranches de pain grillé, en accompagnement de salades, de crudités ou de viandes et poissons froids ou tout simplement sur de petits toasts d'apéritif.

Pour 6 personnes :

- purée :
  - 500 g d'olives noires à l'huile dénoyautées,
  - 8 filets d'anchois préparés *(voir p. 72)*,
  - 4 gousses d'ail,
  - 1 cuillerée à soupe de câpres bien égouttées,
  - 1 douzaine de belles feuilles de basilic bien fraîches,
- 1/2 dl d'huile d'olive environ,
- 18 petites tranches de pain baguette.

Mixer très finement tous les ingrédients jusqu'à obtention d'une purée fine.

Verser cette purée dans un mortier et, à l'aide du pilon, incorporer lentement l'huile jusqu'à obtention d'une pâte lisse, épaisse et homogène.

À tartiner sur des tranches de pain légèrement grillées et servir aussitôt. Elles sont moins fermes si elles doivent attendre.

CANAPÉS AU BEURRE D'ANCHOIS ET AUX POIVRONS
Pa amb anxoves i pebrots

Pour 4 personnes :

- 4 tranches de pain de mie carré très légèrement grillées,
- 4 œufs durs,
- 2 gros poivrons rouges grillés, pelés et épépinés *(voir p. 67)*,
- 1 beurre d'anchois :
  - 80 g de beurre fin,
  - 6 anchois salés préparés *(voir p. 72)*.

Mixer les anchois avec le beurre afin d'obtenir un beurre d'anchois. En tartiner les canapés.

Passer les jaunes d'œufs durs à la moulinette et en recouvrir les canapés. Les tasser.

Découper les poivrons en bandelettes de 1 cm de large, de la longueur du canapé.

Poser les bandes de poivrons rouges sur les canapés, en reconstituant le blason catalan soit 4 bandes rouges et 5 bandes jaunes de valeur égale.

Mettre dans un lieu frais, mais éviter le réfrigérateur qui les dessécherait.

Toasts de poutargue en Provence

On trouve la poutargue (œufs de poisson pressés) entourée d'une couche de paraffine pour l'empêcher de se dessécher. Il faut évidemment enlever cette couche ainsi que la membrane correspondant à la poche des œufs.

Préparer de petites tranches de pain grillé et y déposer des tranches fines de poutargue humectées d'un peu d'huile et de jus de citron.

❖

Petit pain rond au thon
Pa rodó amb tonyina

Recette catalane de petit encas.

Pour 1 personne :

- 1 petit pain rond individuel, bien souple,
- 1 cuillerée à soupe de thon au naturel bien écrasé,
- 1 cuillerée à soupe de mayonnaise *(voir p. 50)*,
- 1/2 pomme verte pelée et taillée en fines tranches.

Partager le pain en deux et le creuser légèrement. Mélanger le thon, la mayonnaise et la pomme dans un saladier.

Remplir chaque demi-pain du mélange et rassembler les deux moitiés en pressant bien. Consommer aussitôt.

Nota : Ne pas trop remplir les demi-pains, car en pressant cela risque de déborder !

❖

Sandwich à l'omelette
Entrepà de truita

Se mange en pays catalans, au petit-déjeuner (*esmorzar de pagès*), pour combler un petit creux dans l'après-midi, ou en accompagnement d'une salade catalane de votre choix.

Pour 1 personne :

- 2 tranches (moyenne épaisseur) de pain de campagne, bien régulières et sans trous,
- 1 gros œuf,
- 1 cuillerée à soupe d'oignon ou 1 fond d'artichaut émincé ou 2 cuillerées à soupe de champignons crus,
- 2 cuillerées à soupe d'huile d'olive,

– 1 noisette de beurre fin,
– sel, poivre blanc.

Cuisson : 2 à 3 min de chaque côté.

Battre vivement l'œuf en omelette, le saler légèrement et le poivrer.

Dans une petite poêle, faire fondre la garniture choisie dans l'huile chaude et la dorer très légèrement. Y verser l'œuf battu. Faire dorer de chaque côté comme une galette.

Hors du feu, enduire l'omelette de beurre, la plier en deux et la glisser rapidement sur le pain avec le jus. Fermer le sandwich et le manger tout chaud, de préférence.

PETIT PAIN AU LAIT AU JAMBON SERRANO
Pant blanc amb pernil

Se fait surtout en Catalogne Sud : Gérone, Figueras, la Costa Brava.

Pour 1 personne :

– 1 petit pain au lait partagé en deux,
– 1 joli tranche de jambon serrano découennée,
– 1 filet d'huile d'olive.

Passer rapidement la tranche de jambon dans l'huile chaude.

Arroser les deux moitiés de pain avec la graisse rendue à la cuisson et y enfermer le jambon tout chaud.

Manger immédiatement.

Nota : On peut faire la même opération avec une large tranche de *sobrassada* toute fraîche, débarrassée de sa peau.

PANINI AU FROMAGE
Panini alla griglia

Se prépare en Italie, pour accompagner de nombreuses salades de pâtes, de riz ou de légumineuses.

Pour 4 personnes :

– 4 cuillerées à soupe d'huile d'olive,
– 4 ou 5 tomates bien mûres, pelées, épépinées et hachées,
– 12 feuilles de basilic ciselées,
– 1 belle gousse d'ail,
– sel et poivre noir au moulin,

– 8 tranches de pain,
– 75 g de mozzarella, taillée en rondelles.

Cuisson : 10 min + 5 min.

Chauffer l'huile dans une petite poêle, y mettre les tomates et le basilic. Assaisonner, cuire à petit feu 10 min environ.
Toaster le pain et le frotter d'ail.
Étaler le coulis de tomate sur chaque tranche de pain, puis la recouvrir de fromage.
Placer les paninis sous le gril jusqu'à ce que le fromage fonde. Servir tout chaud.

BRUSCHETTA À LA TOMATE
Bruschetta con pomodoro

Pour 4 personnes :

– 4 cuillerées à soupe d'huile d'olive,
– 4 ou 5 tomates bien mûres, pelées, épépinées et hachées,
– 12 feuilles de basilic ciselées,
– 1 belle gousse d'ail,
– sel et poivre noir au moulin,
– 8 tranches de pain.

Macération : 10 à 12 min.

Arroser d'huile d'olive les tomates coupées en petits dés, les saupoudrer de basilic, et les assaisonner. Laisser macérer 10 à 12 min.
Frotter d'ail les tranches de pain bien grillées. Les mettre sur un grand plat, y répartir la préparation de tomates et servir rapidement.
Nota : Cet accompagnement est très agréable avec une salade de pâtes, ou avec la salade de *carn de perol* *(voir p. 124)*.

CANAPÉS AU JAMBON ET AU CÉLERI
Pa amb cambajó i api

Interprétation personnelle d'une salade de céleri en sauce vinaigrette. À présenter avec une salade de tomates ou de carottes râpées ou de pommes de terre.

Pour 4 personnes :

– 4 tranches régulières de pain de mie,
– 3 tranches fines de jambon cuit, découennées et hachées très finement,

– le blanc d'un pied de céleri haché finement,
– 1 cuillerée à soupe de beurre,
– 1 cuillerée à soupe de moutarde,
– 1 pincée de sel fin mélangée à 1 grosse pincée de poivre blanc.

Réfrigération : 1 h minimum.

Bien mélanger le beurre et la moutarde, et en tartiner les tranches de pain.

Saler et poivrer le céleri. Le répartir sur une moitié de chaque tartine et le tasser avec une fourchette. Tasser le jambon sur l'autre moitié.

Mettre les canapés au réfrigérateur, une bonne heure avant de les servir.

RAJOLES

On fabrique des carreaux de cuisine : *rajoles* ou *mocadors*, jaune et rouge ou bien jaune et vert, le partage des couleurs se faisant en diagonale, d'où le nom de « mouchoir » (triangle de tissu que l'on met autour du cou ou en serre-tête). Les fabriques les plus importantes et les plus célèbres sont à La Bisbal d'Empordà, capitale de la céramique. Ils m'ont inspiré ces tartines colorées.

Pour 4 personnes :

– 4 tranches de pain de mie légèrement grillées,
– 2 beaux poivrons rouges ou verts, grillés, pelés, épépinés *(voir p. 67)*,
– 4 jaunes d'œufs durs écrasés,
– 4 cuillerées à soupe de mayonnaise très ferme *(voir p. 50)*.

Réfrigération : 1 h.

Tartiner le pain de mie de mayonnaise.

Tailler les poivrons de façon qu'ils occupent la moitié de la tartine en diagonale. Parsemer l'autre moitié de jaune d'œuf.

Bien tasser et mettre au frais.

ROSTIDAS, QUICHET ET SAUSSUN

Ce sont des *companages* : « ce qui se mange avec du pain ». Pas d'apéritif en Provence, sans ces petites tranches de pain garnies.

• *Rostidas* : petites tranches de pain grillées, frottées d'ail, arrosées d'un filet d'huile d'olive, salées et poivrées.

• *Quichet* : piler des anchois préparés *(voir p. 72)* avec de l'ail et de l'huile d'olive afin d'obtenir une pommade. L'étaler sur de petites tranches de pain et les passer sous le gril 4 à 5 min.

• *Saussun* ou *sausson* : piler des amandes mondées avec des anchois préparés *(voir p. 72)* et des brins de fenouil marin. Ajouter un peu d'eau et un filet d'huile d'olive. Étaler cette pommade sur de petites tranches de pain grillé ou sur des croûtons. Certains les font avec des noix.

BIBLIOGRAPHIE

AGUSTI Miquel, *Llibre dels secrets d'agricultura, casa rústica i pastoril*, éd. Alta Fulla, Barcelone, 1988.

D'AMAT I DE CORTIDA Rafel, *Calaix de sastre*, 7 vol., Biblioteca Torres Amat, Barcelone, 1994.

ANDRÉ Jacques, *L'Alimentation et la cuisine à Rome*, Les Belles Lettres, Paris, 1961.

Anonyme andalou, *Livre sur la cuisine en Afrique du Nord et en Andalousie au temps des Almohades (kitab al-tabih, fi-l-Maghrib, wa-al-Andalus, fi'asr al-Muwahhidin)*, éd. D. Ambrosio Huici-Miranda, Madrid, 1965 (ouvrage obligeamment prêté par un collectionneur barcelonais).

APICIUS A. J., *L'Art culinaire*, textes et traductions de J. André, Les Belles Lettres, Paris, 1974.

ARJONA Carme, *200 receptes de cuina del tarragonès*, Cossetània Ed., Valls, Espagne, 2000.

ARON J.-Paul, *Le Mangeur du XIXe siècle*, Robert Laffont, Paris, 1973.

ARRIGHI, *La Vie quotidienne en Corse au XVIIIe siècle*, Hachette, Paris.

BALTHAZAR Alexandre, Laurent GRIMOD DE LA REYNIÈRE, *Manuel des amphitryons*, éd. A. M. Métailié, Paris, 1983.

BARAJAS Benavides, *Al-Andalus – La cocina y su historia*, Ed. Dulcinea, Motril, 1992.

BÈLÈZE G., *Dictionnaire universel de la vie pratique*, 1882.

BELLONCI Maria, *Lucrècia Borja*, Eliseu Climent Editor, Valence (Espagne), 1992.

BENNANI-SMIRES Latifa, *La Cuisine marocaine*, Sté Al Madariss, Casablanca, 1993.

BOIS D., *Les Plantes alimentaires chez tous les peuples et à travers les âges*, 2 vol., Le Chevalier, Paris, 1927-1928.

BOLENS Lucie, *La Cuisine andalouse, un art de vivre, XIe-XIIIe siècle*, Albin Michel, Paris, 1990.

BONNAURE André, *La Cuisine rustique*, Éd. Morel, Forcalquier, 1971.

BORDOY Rosselló G., *L'islam a les illes Balears*, Palma, 1968.

BOSCH Alfred, *L'atles furtiu*, Éd. Proa, Barcelone, 1997, Premi Sant Jordi.

BRAUDEL F., *La Méditerranée et le monde méditerranéen*, A. Colin, Paris, 1949.

CABESTANY J., RIERA F., *Hallazgos de cerámica medieval en la iglesia de Santa Maria del Pi*, Valbonne, 1978.

Les Cahiers de Cruulle, Les Écologistes de l'Euzière : « Les Salades sauvages », Domaine de Restinclières, Prades-le-Lez.

CASSASASI SIMÓ Lluís, *Fires i mercats a Catalunya*, Ed. 62, Barcelone, 1978.

CASTELOT André, *L'Histoire à table. Si la cuisine m'était contée…*, Librairie académique Perrin, Paris, 1978.

CAVENDISH Marshall, *Le llibro de les especies*, Pol. len Jaume Libros S.A., Barcelone, 1981.
CORRALES E. Martin, *Le comercio de Cataluña con le Levante otomano en el siglo XVIII, (1782-1808), VII Jornades d'Estudis historics locals - La Mediterrània*, Institut d'Estudis baleàrics, Palma de Majorque, 1991.
CRUZ CRUZ Juan, *La cocina mediterrànea en el inicio del Renacimiento*, La Val de Onsera, Rafael Salillas, Angués (Huesca).
COTTREL, *La Vie quotidienne au temps des pharaons*, 1959.
DELTEIL Joseph, *La Cuisine paléolithique*, Arléa - Pressses du Languedoc, Montpellier, 1990.
DUMAS Alexandre, *Mon dictionnaire de cuisine*, 10/18, Paris.
EIXIMENIS F., *Terç del Cristià*, 3 vol., E.N.C., Barcelone, 1929 (Pares Martí i Norbert d'Ordal).
Lo Cristià, Albert Hauf, Ed. 62 i La Caixa, Barcelone, 1983.
ESCRIBÀ F., *La ceràmica califal de Benetússer*, ministerio de Cultura, Valence (Espagne), 1990.
ESCUDIER J.-Noël, *La Véritable Cuisine provençale et niçoise*.
ÉTIENNE Christian, *La Magie de l'huile d'olive*, Édisud, Aix-en-Provence, 2000.
FABREGA Jaume, *La Cuisine catalane*, 7 vol., Ed. La Magrana, Barcelone, 1999.
GALLINA Anna-Maria, *Viatges de Marco Polo*, Ed. Barcino, Barcelone, 1958.
GODARD Odile, *Les Soupers de Schéhérazade*, Actes Sud, Arles, 1990.
La Cuisine d'amour, Actes Sud, Arles, 1985.
Health at the maltese table, Klabb Kotka Maltin Publication, 1992.
HERSCHER Ermine, *À la table de Picasso*, Albin Michel, Paris, 1996.
HIPPOCRATE, *De l'aliment*, texte établi et traduit par R. Joly, Les Belles Lettres, Paris, 1972.
Islam i Catalunya, Institut català de la Mediterrània, Museu d'història de Catalunya, AECI, éd. Lunwerg, 1999.
KHAWAM René, *La Cuisine arabe*, Albin Michel, Paris, 1970.
LAOUST-CHANTRÉAUX Germaine, *Kabylie, côté femmes*, Édisud, Aix-en-Provence, 1990.
LEIMGRÜBER Véronica, *Mestre Robert De Nola, Libre del coch*, étude, éd. Curial, Barcelone, 1982.
LÉVY-PROVENÇAL É., *Histoire de l'Espagne musulmane*, Maison-Neuve et Larose, Paris, 1953.
Islam d'Occident, Études d'histoire médiévale, Maison-Neuve, Paris, 1948.
LUCAS-DEBRETON, *La Vie quotidienne au temps des Médicis*, 1958.
MARTIRELLI Joan, Martí Joan de GALBA, *Tirant lo blanc*, 5 vol., Ed. Barcino, Barcelone, 1929.
MATVEJVITCH Pedrag, *Bréviaire méditerranéen*, Petite Bibliothèque Payot/251, Paris, 1995.
MAURIZIO A., *L'Histoire de l'alimentation végétale*, Payot, Paris, 1932.
MIGNON Édouard, *L'Heptaméron des gourmets*, éd. Régis Lehoucq, Lille, 1995.
Morin Étienne, *Une capitale musulmane sous Soliman le Magnifique*, éd. Albin Michel, Paris, 1987.
PENSO Giuseppe, *Les Plantes médicinales*, éd. R. Dacosta, Paris, 1986.

PIERA Josep, *L'Orient d'Al-Andalus, una cuina de frontera.*
POULAIN Jean-Pierre, *Manger aujourd'hui*, éd. Privat, Toulouse, 2002.
REBOUL J.-B., *La Cuisine provençale*, Tacussel, Marseille, 1895, 20e édition, 1947.
RENAUX Alain, *Le Savoir en herbe*, Les Presses du Languedoc, Montpellier, 1998.
RODINSON M., *La Fascination de l'Islam*, Maspero, Paris, 1980.
ROMI, *Histoire des festins insolites et de la goinfrerie*, éd. Artulen, Paris, 1993.
ROUANET Marie, *La Cuisine amoureuse courtoise et occitane*, éd. Loubatières, Toulouse, 1990.
SÉVERIN Rachel, *L'Horticulture en Roussillon*, Imprimerie Comet, Perpignan, 1911.
TABIKH Kitab al, *Livre de cuisine de Bagdad*, éd. Mossoul, 1934, présentation et traduction anglaise par A. J. Arberry *A Baghdad cookery Book*, Islamic Culture, Hyderabad, vol. XIII, 1939.
TELESE COMPTE Albert, *Catalunya/Catalogne, Mediterraneum, ceràmica medieval en España e Italia,* Viterbo, FAVI, Edizioni Artistiche, 1992.
THOREZ Jean-Paul, *Les Salades*, Actes Sud, Arles, 1999.
TRÉMOLIÈRES J., *Diététique et art de vivre,* Marabout, Verviers (Belgique), 1980.
Collectif, *La Vallée du Toulourenc,* Mutualité sociale agricole du Vaucluse, Avignon, 1987.
WAINES David, *In a caliph's kitchen*, Riad El Rayyes Books Ltd, 1989.

TABLE DES MATIÈRES

Achevé d'imprimer en juillet 2003
par l'imprimerie Beta à Barcelone
pour le compte des Presses du Languedoc.